집값은 잡을 수 있는 것인가

—

대한민국 집값의 현실과 전망

집값은 잡을 수 있는 것인가

대한민국 집값의 현실과 전망

이상현 지음

한울

차 례

들어가는 글

1875년 김옥균이 『치도약론(治道略論)』이라는 정책 책자를 발간했다. 다스릴 치(治)에 길 도(道) 자로, 길을 다스리는 방법에 대한 간략한 논의라는 뜻이다. 길 도 자를 쓰고 있지만 이 책은 도시에 관한 내용을 다루고 있다. 이 책을 토대로 종로 길을 보수하고 종로 양편을 침범하고 들어앉은 가가(假家)를 철거해서 조선 왕조가 500년 전에 만든 종로 길을 되살렸다. 그저 사람 다니는 길만 되살려서는 소용이 없다. 이 책은 사람이 만들어내는 온갖 폐기물을 제대로 처리하는 방법에 대해서도 이야기한다.

김옥균은 어쩌다 이런 도시 문제에까지 관심을 가지게 되었을까? 그의 학문적 관심은 아주 폭이 넓었다. 당시 사대부로서는 드물게 주식회사라는 경제 분야에도 미쳐 있었다. 그러니 도시 환경에 관심을 가졌다고 해서 아주 이상한 일은 아니었다. 김옥균은 확실히 전통적인 조선 사대부의 이미지와는 거리가 있는 인물이다. 그가 성장하던 시기를 보면 그럴 법도 하다. 형이상학적인 성리학에서 현실의 학문으로 눈을 돌리던 시절이었으니 김옥균 같은 인물이 나타난 것이 크게 이상하지는 않다. 하지만 『치도약론』 정도의 전문적인 내용을 담은 책이 나오기가 쉬운 일은 아니다. 뭔가 계기가 있을 법도 하다.

김옥균은 개화사상에 심취한 사람이었다. 새로운 문물을 직접 접하고 싶었을 것이다. 그는 1881년 부산을 떠나 일본에 도착했다. 일본에서의 숙식을 해결해 주고 활동비용을 지원해 줄 후원자가 필요했는데, 그런 역할을 기꺼이 맡아준 사람이 있었다. 메이지 시대의 영국형 계몽사상가로 잘 알려진 후쿠자와 유키치였다.[1]

후쿠자와 유키치는 일본의 선각자로 추앙받는다. 그는 경응의숙을 세우고 교육을 통해서 일본이 동아시아의 강대국으로 가는 길을 열어준 사람이다. 그가 얼마나 존경받는 인물인지는 만 엔짜리 지폐를 보면 알 수 있다. 거기에 등장하는 인물이 후쿠자와 유키치다.

후쿠자와 유키치는 요즘 유행하는 말로 흙수저였다. 그는 서양을 배우기 위해 파견된 일본 공식 사절단의 통역으로 유럽 여행길을 나섰다. 당시 강대국이었던 프랑스, 영국을 거치면서 후쿠자와 유키치는 서양 문물에 더욱 관심을 가지게 되었다. 사절단이 미국을 거쳐 일본으로 돌아올 때 그는 홀로 미국에 남았다. 서양을 더 공부하고 싶어서였다. 그가 미국에 남은 것은 그가 통역사였기 때문이기도 했다. 사절단 단원들은 하나같이 상류층이었으니 만리타국에 남을 이유가 없었다. 그들은 고국으로 돌아가면 잘나가는 인생길이 보장되어 있는 사람들이었다.

후쿠자와 유키치는 유럽과 미국을 거치면서 서양을 제대로 배운 후 고국으로 돌아와 서양을 알리는 책을 썼다. 이 책이 베스트셀러가 되었다. 일본에서 서양 문물에 관심이 있는 사람은 누구나 그의 책을 읽었고 많은 사람이 감명을 받았다. 후쿠자와 유키치는 내친걸음으로 교육 사업을 시작했다. 일본의 젊은 세대를 제대로 길러내 일본을 서양과 같은 강대국으로 만들고 싶다는 바람에서였다.

후쿠자와 유키치가 유럽사절단의 통역으로 따라나섰을 당시 유럽은 각국의 수도를 단장하는 사업이 한창이었다. 골목으로 가득 차 있던 도시 파리는 나폴레옹 3세와 오스망 백작에 의해 새롭게 태어났다. 큰길이 만들어지고 큰길을 따라 새로운 건물들이 들어섰다. 세계적으로 널리 알려진 파리의 명소 샹젤리제도 이때 생겨났다. 황제의 권위와 위엄을 세우는 데 이만큼 효과적인 정책이 없었다.

런던에서도 비슷한 일이 일어난다. 대로를 다시 세우고 인접한 건물을 잘 꾸몄는데, 이때 탄생한 것이 런던의 리젠트가다. 헤롯백화점이 있는 곳으로, 런던의 유명한 중심가다. 이 같은 수도 가꾸기는 파리나 런던 같은 당시 국제도시에서만 유행한 것이 아니었다. 러시아도 빠질 수 없었다. 상트페테르부르크도 당시 새로 단장되었다. 후쿠자와 유키치는 이런 세상을 보고 돌아왔으니 그가 감명 받지 않았다면 그게 더 이상한 일이었다.

후쿠자와 유키치는 일본으로 돌아와 동경 개조를 제안했다. 방법은 유럽의 수도 도시들이 채택한 방식과 비슷했다. 그는 도시계획 전문가가 아니니 크게 별다른 방법을 제안했을 리는 없다. 길을 정비하고 길을 따라 늘어선 건물을 단장했다. 길은 더 넓게 만들고 일본식 목구조인 건물을 기와조로 바꾸는 것이 주된 내용이었다. 하나 더, 하수 체계를 정비하는 데에도 방점을 찍었다.

후쿠자와 유키치의 집에서 기숙하던 김옥균이 그로부터 영향을 받은 것은 당연한 일이었다. 김옥균의 『치도약론』은 1883년에 일본 동경에서 발행되던 ≪시사신보≫에 「김옥균의 상서(上書)」라는 제목으로 처음 실렸다. 한양도 유럽에서 한창 유행하던, 그리고 동경까지 번진 수도 단장의 대열에 합류하자는 주장이었다.

조선 왕조는 개창할 당시 한양의 주간선도로인 종로를 50척으로 널찍하게 잡아놓았다. 주로 왕이 행차할 때 권위와 위엄을 드러내 보이기 위한 용도였다. 왕의 공식적인 행차는 수십 년에 한 번 있을까 말까 했으니 넓은 길이 항시 필요한 것은 아니었다. 마땅한 거처를 구하지 못한 서민들은 길 양쪽에 임시로 사용할 수 있도록 집을 지었는데, 이를 가가(假家)라고 불렀다. 가짜 집이라는 뜻인데, 왕의 행차가 있으면 철거를 하는 집이었기에 붙여진 이름이다. 당시에도 한양 도성 안에서는 주택난을 겪었다. 도성 안 쓸 만한 땅은 이미 소진되었기에 한양으로 늦게 이주한 양반들은 남산 밑 북향 언덕바지에서라도 살 터전을 마련해야 했다. 그래서 가난하면서도 자존심만 센 선비를 일컫는 말인 '남산골샌님'이라는 표현이 생겨났다. 하지만 평민들은 그마저도 어려워 수년이 지나도 쓰이지 않는 종로 길 한편에 자리를 잡았다.

김옥균이 살던 시대에는 한양 종로길이 가가로 인해 비좁았다. 더 큰 문제는 배설물 처리였다. 당시 한양에는 제대로 된 하수로가 없었다. 개천에 흘려보내거나 아니면 똥장군을 이용했다. 지게로 도성 밖에 버리는 방법이다. 양반집에서는 똥장군을 이용했지만 서민들은 똥장군을 이용하기가 쉽지 않았다. 그들은 그냥 작은 개천에 배설물을 내다버렸다. 김옥균이 살던 구한말 한양을 방문한 몇몇 서양인이 집필한 책을 보면 한양은 악취가 심해서 길을 다니기가 어렵다고 기록되어 있다.

『치도약론』은 김옥균이 조선에 돌아온 후 ≪한성순보≫ 1884년 윤5월 1일자에 실렸다. 일종의 공론화 작업이었다. 한성 부윤 박영효는 그보다 앞서 『치도약론』을 실행에 옮겼다. 1883년 1월의 일이었다. 박영효는 종로의 가가를 철거하고 종로변의 집을 단장했으며, 하수 처리 시설을 도입했다. 조선을 방문한 서양인 중 한 명이던 호머 헐버트는 자신의 책에서 『치도약론』에 따라 단장된 한양에 대해서도 기술했는데, 예전과 달리 악취도 나지 않고 길가의 집들은 잘 단장되어 보기가 좋다고 적고 있다.[2]

『치도약론』이 제대로 효과를 본 셈이었다. 수도를 단장하는 첫 단추를 잘 끼운 듯했다. 이대로 진행되었으면 해피엔딩이었을 테지만 어찌 역사가 그렇던가. 개화파가 일을 하나 제대로 처리했으니 이제 수구파가 나설 차례였다. 수구파가 개화파에게 잘했다고 나서서 칭찬했을 것이라고는 어느 누구도 생각하지 않을 것이다. 맞다. 수구파는 개화파가 한 일을 물고 늘어졌다. 종로가 정비되었고, 길가의 집들은 번듯해서 보기가 좋아졌으며, 배설물 악취도 제법 사라졌다. 수구파는 무엇을 가지고 트집을 잡았을까?

『조선왕조실록』의 기사를 보자. 한성 부윤이 무리하게 종로변의 가가를 철거하는 바람에 한양 사람 태반이 집을 잃고 한양을 떠나 한양이 텅텅 비게 되었다고 상소가 올라온 일이 기록되어 있다. 태반이 집을 잃었다는 주장, 그리고 한양이 텅텅 비게 되었다는 주장이 눈에 확 들어온다.[3] 당시 한양의 인구를 정확하게 파악하기는 어렵다. 하지만 『호구총수(戶口總數)』[4]에 따르면 1789년 한양의 인구는 19만 명이 좀 넘는 것으로 나와 있다. 종로변 가가를 철거해서 집을 잃은 사람도 분명 일부 있었을 것이다. 하지만 19만 명에 비하면 극히 일부였을 텐데, 한양 도성이 텅텅 비게 되었다고 읍소를 했던 것이다. 예나 지금이나 정책을 놓고 논쟁을 벌일 때는 과장이 심한 모양이다.

오늘을 살아가는 우리는 구한말에는 나라 살림이 무엇 하나 제대로 돌아가지 않았을 것 같다는 선입견을 가지고 있다. 조선이 곧 망한다는 것을 역사를 통해 알고 있기 때문일 것이다. 그런 난장판에서라면 몇몇 가가 사람들이 집을 잃은 사실을 가지고 한양이 텅텅 비었다고 과장해도 무방했을 것이다. 그때는 그런 시절이었으니 말이다. 그런데 지금도 상황은 동일하다. 양쪽으로 편을 갈라 한쪽이 무언가를 하면 다른 한쪽이 무슨 수를 써서라도 트집을 잡는다. 이런 정치 유전자가 있기라도 한 것인가 하는 의문이 들지 않을 수 없다.

2020년 전반기에 서울 집값이 가파르게 상승했다. 2017년부터 조짐이 보이기 시작했다. 당시부터 정부는 집값 대책을 내놓았다. 1차, 2차, 3차, 계속 이어지는 집값 대책을 보고 있자면 쏟아냈다는 말이 맞을 것이다. 2021년 2월까지 부동산 대책은 25차에 걸쳐 그야말로 문자 그대로 쏟아져 나왔다.

야당과 일부 보수 언론은 25차까지 늘어지고 있는 대책을 조롱했다. 무슨 대책이 스물다섯 번이나 나오느냐는 얘기였다. 스물다섯 번이 아니라 백 번이라도 대책이 나오지 말란 법은 없다. 스물다섯 번이든 백 번이든 효과가 있으면 될 일이다. 25차례의 대책이 조롱거리가 되는 것은 효과가 없기 때문이다. 야당과 일부 언론의 조롱의 초점은 효과 없는 대책을 계속 내고 있다는 것이고, 그만큼 부작용도 커진다는 데 맞추어진다.

정부는 25차례가 아니라고 말한다. 그것도 사실이다. 25차례 대책 중 일부는 앞선 대책에 대한 후속 절차이기 때문이다. 정부의 대책 발표는 이런 모양새다. 앞으로 이렇게 하겠다고 말한다. 그러면 그게 하나의 대책이다. 그리고 앞서 계획한 대책에 대한 실행 방안을 하나 내놓는다. 그러면 그게 두 번째 대책이 된다. 구체적인 방안을 하나 더 내놓으면 세 번째 대책이 된다. 이런 식으로 대책의 횟수가 늘어났다.

정부 대책의 횟수가 늘어나는 데 톡톡히 역할을 담당한 것은 '핀셋' 전략이다. 부동산 대책이라는 것은 주로 규제이고, 꼭 규제가 아니라 해도 시장에 미치는 영향이 지대하다. 시장이 매우 민감하게 반응하기 때문에 더욱 그렇다. 정부는 이런 과도한 영향과 민감한 시장의 반응을 우려해서 꼭 필요한 부분에 초점을 맞추려고 노력했다. 그런 노력에 대해 붙인 이름이 '핀셋' 전략이다. 핀셋처럼 정교한 전략이 잘 먹히기만 한다면 좋겠지만 그동안의 대책과 시장의 반응을 보면 핀셋 전략은 그다지 유효한 것 같지 않다.

핀셋 전략의 대표적인 부작용은 풍선효과다. 핀셋을 아무리 정교하게 써도 그 지역에만 효과가 있을 뿐, 다른 지역에서 또 다른 문제가 터져 나오는 것이다. 이런 사정을 정책 입안자들이 모를 리가 없다. 그래도 핀셋 전략을 고집한다. 부동산 문제에 대해 무차별적으로 대응하지 않고 선의의 피해자가 나오지 않도록 최대한 노력한다는 모습을 보여주고 싶은 모양이다. 성실한 노력과 섬세한 배려라고 봐주고 싶지만 핀셋 전략을 무반성적으로 사용하고 있는 것은 아닌가 의구심이 들 때가 있다. 핀셋이 부적절하다면 다른 도구를 사용할 필요도 있는데 여전히 핀셋 타령이다. 그럴 때는 핀셋에서 정교함을 느끼기보다는 무력함을 느끼게 된다.

25차례 대책은 선의에서 비롯된 것인데, 쓸데없이 차수만 늘려서 야당과 일부 언론에 조롱거리를 만들어주었다. 필요한 대책은 모아서 발표하고, 핀셋 전략과 함께 전면적인 전략을 같이 활용했더라면 25차례에 담길 내용을 5~6차례에 충분히 전달했을 것이다.

25차례라는 너무 많은 수는 차치하더라도 문제는 그 대책의 효과인데, 야당과 일부 언론은 25차례 대책 중 어느 것 하나에도 동의하지 않는다. 몽땅 다 잘못되었다고 이야기한다. 하나의 문제에 대해서 스물다섯 번을 내리 실패하는 것도 어려운 일이다. 절대적인 무능력이라면 이해가 간다. 또는 실패하겠다는 숨은 의도를 가지고 있다면 그럴 수도 있다. 하지만 절대적 무능력인 것도 아니고 악의적인 의도를 가지고 있는 것도 아닐 것 같으니, 스물다섯 번의 대책 중 어느 하나도 효과가 없다는 것은 지나친 과장인 듯싶다.

효과와 부작용을 나누어서 살펴봐야 한다. 효과가 없다는 것과 부작용이 있다는 것은 다른 이야기다. 많은 경우 부작용은 불가피하게 수반된다. 이럴 때는 효과와 부작용의 크기를 비교해 봐야 한다. 세상에 부작용이 전혀 없는 정책은 없다. 25차례 부동산 대책에 대한 야당과 일부 언론의 대응은 효과는 무시하고 부작용에만 초점을 맞춘다. 효과가 있든 없든 상관하지 않는다. 부작용만 상관한다. 제대로 된 비판이라면 효용과 부작용의 크기를 먼저 검토해 봐야 할 터인데, 그러한 검토를 거쳤는지 아닌지 알 수 없지만 효용에 대한 언급은 도통 없다.

다른 편이 잘한 일에 대해 인색하게 구는 것은 프레임에 대한 공포 때문이다. 효과를 검증하는 프레임에서는 불리한 국면으로 끌려 들어갈 가능성이 있다. 프레임 자체를 부작용에 맞추고 가야 안전하게 비판할 수 있다. 야당도, 정부의 부동산 정책을 비판하는 일부 언론도 25차례 부동산 대책 중 적어도 일부는 당연히 필요하고 효과를 기대할 수 있는 대응이라는 것을 잘 알 것이다. 하지만 자신들에게 불리해질 수 있는 프레임을 굳이 들고 나설 필요는 없다. 다소 비합리적이더라도 자신들에게 유리한 프레임을 선택해야만 하는 것이 요즘 정치 상황이다.

정부 대책의 효과를 검증하고 부작용을 최소화하는 방향으로 지혜를 모아야 한다는 원론적 진리는 쉽게 무시된다. 일단 불리한 프레임으로 끌려 들어가면 여당 또한 그런 기회를 놓치려 하지 않을 것이기 때문이다. 부작용에 초점을 맞춘 야당과 일부 보수 언론의 편파적인 비난도 이해가 간다. 정부 정책 가운데 어느 하나에라도 동의를 표하고 평가를 후하게 내리면 여당은 여당 나름대로 그런 프레임으로 몰고 가려 할 것이 분명하다고 믿기 때문이다. 정부와 여당이 보여준 행태를 보면 그것 또한 사실이다. 이처럼 프레임의 대립은 당파의 대립에 대응한다. 프레임과 당파가 대립하면 공익은 당파의 이익에 밀려나기 마련이다. 프레임의 대립이 무대의 주인공을 차지하고 있는 한 공익적 판단에 필수적인 효과와 정책 비용에 대한 비교는 설 자리가 없다.

정부가 내놓은 25차례 대책 가운데 쓸 만한 대책이 하나도 없었을까? 효과가 전혀 없는 정책은 없었을 것이다. 하지만 그 효과는 정책 비용과 비교해서 봐야 한다. 정책 비용 대비 효과가 미미하다면 그건 실패한 정책임이 틀림없다. 정부와 여당은 속마음으로라도 부동산 정책의 실패를 전혀 인정하지 않는 것일까? 아닐 것이다. 정부는 심심치 않게 보완책이라는 것을 내놓았다. 보완한다는 말을 공식적으로 사용했다. 이 말은 앞선 정책이 문제가 있다거나 적어도 불충분하다는 것을 인정하는 발언이다. 그런데 절대로 그렇다고 인정하지는 않았다. 말 그대로 보완책이라는 입장이다. 앞서 뭘 잘못해서가 아니라 잘되고 있지만 더 잘 되게 하기 위해서 보완한다는 입장이다.

정부와 여당의 속내도 야당이나 일부 언론과 다를 리 없다. 실패를 인정할 부분은 인정해야 한다는 걸 알지만 이것 역시 프레임의 문제다. 한번 잘못 인정하면 빠져나올 수 없는 프레임으로 빠져든다. 나는 이것을 개미지옥 같은 것이라고 생각한다.

2020년 8·4 대책은 문재인 정부가 개미지옥에서 빠져나오기 위한 새로운 시도였다. 그간의 규제 위주의 대책에서 공급을 동반하는 대책으로 전환했다. 그러나 8·4 대책의 실효성이 증명되기도 전에 김현미 국토부 장관이 "아파트가 빵이라면 밤을 새워서라도 만들겠다"라는 부적절한 발언을 함으로써 개미지옥의 불안감을 증폭시켰다.

문재인 정부는 2021년 2·4 대책으로 개미지옥 탈출을 다시 한번 시도한다. 이전 대책과 비교하기 어려울 정도로 강력한 공급 위주 집값 대책을 발표한 것이다. 2020년 8·4 대책이 규제와 공급의 균형에 중점을 두었다면 2021년의 2·4 대책은 전적으로 공급 위주의 대책이다. 정부가 배포한 "대도시권 주택 공급 획기적 확대 방안"이라는 보도자료의 제목에서 절실함이 느껴진다. '획기적'이라고 꼬집어서 말하고 있다. 낯이 뜨거워질 만도 한데 그런 것을 개의할 상황이 아닌 모양이다.

대책은 항상 실행력이 동반되었을 때만 기대한 효과를 볼 수 있다. 이를 위해 정부는 국토부 장관 교체를 앞서 실행했다. 변창흠 LH 사장이 김현미 장관의 뒤를 이었다. 공급 위주 대책으로 돌아서면서도 문재인 정부의 부동산 철학을 유지할 수 있는 절묘한 카드라고 정부는 생각했다. LH 사장으로서 주택 공급에 관한 경험이 풍부하고 공공 위주의 공급 방식에도 남다른 지식과 이론을 축적한 변창흠 신임 국토부 장관에게 거는 기대가 컸다.

변창흠 국토부 장관 후보자 청문회에서 몇 가지 문제점이 드러났지만 어느 후보자라도 있을 수 있는 정도의 흠결로 마무리되었다. 정부와 여당은 노무현 정부에서는 시도하지도 못했던 공공 위주의 공급 정책을 성공적으로 완수할 수 있는 기회라고 보았고 야당은 그런 정부의 기대를 마냥 즐겁게 바라볼 수만은 없었다. 그렇다고 해서 적극적으로 반대할 수도 없는 상황이었다. 문재인 정부는 이제 정말로 개미지옥에서 벗어나는 순조로운 첫발을 뗀 듯 싶었다.

LH 공사 투기 사건이 터졌다. 공공 개발 대상지로 발표된 광명, 시흥에 LH 공사 임직원들이 땅을 사둔 사실이 적발되었다. 공사 본연의 임무를 망각하고, 청렴의 의무를 저버리고, 불법적인 투기를 한 것이다. 문재인 정부가 줄곧 지켜온 부동산 철학을 굽히면서까지 벗어나려고 했던 개미지옥이 다시 열렸다. 집값 문제를 높은 곳에서 넓게 바라볼 여유를 갖기 어려워졌다. 정부는 개미지옥에서 탈출하는 것이 유일한 바람이고 야당은 그런 희망에 동참할 마음이 없어 보인다.

정치판의 두 주인공은 이제 의도적인 편협함으로 무장하고 상대를 비난하게 될 것이다. 야당은 LH 공사 투기 사건을 소위 말하는 구조적 문제로 끌고 가고 싶을 것이다. LH라는 거대한 공적 조직이 부동산 관련 정보를 독점하고 시장을 좌지우지하기 때문에 발생한 일로 보고 싶어 한다. 반면 정부는 이번 사건을 개인적인 일탈로 인한 불법 행위 정도로 보고 싶어 한다. 양편 다 공공연한 노림수가 있다.

야당은 정보 독점과 과도하게 부여된 공권력으로 인해 적절한 감시가 불가능한 LH 주도 공공 개발보다는 시장에 의해 효율적인 통제가 가능한 민간 주도 개발이 합리적이라는 주장을 펴게 될 것이다. 매우 합리적인 비판이지만 문재인 정부의 공공 위주 공급 정책을 실행하는 주력 기관이 바로 LH라는 사실에 노림수가 숨어 있다. 2021년 발표한 2·4 대책 중 물량 면에서 가장 많은 부분을 차지하는 '정비 사업'과 '도심공공주택복합사업'을 책임질 수 있는 기관은 사실 LH뿐이다. 야당의 주장대로 LH가 작금의 투기 사건을 반복 재생산할 수밖에 없는 구조를 가졌다면, 또한 LH 주도보다는 시장에 기반을 둔 민간 주도 개발로 전환해야 한다는 주장이 힘을 얻는다면, 문재인 정부의 공공 위주 공급 정책은 시작도 해보지 못하고 좌절될 것이다.

정부가 LH 공사 투기 사건을 개인적 일탈로 몰아가려는 것도 귀결점은 야당과 같다. 당연히 지향하는 방향은 정반대다. 야당은 공공 위주의 공급 정책을 좌절시키려 하고, 정부는 공공 위주의 공급 정책을 지켜내려 한다.

집값 문제에 관한 한 언제나 개미지옥 근처를 헤매고 있는 정부와 야당이 LH 공사 투기 사건과 관련해서 보여줄 것은 이 사건을 지나치게 부풀리거나 지나치게 축소하려는 시도가 전부일 것이다. 편파적인 비난이 아닌 진정한 해결책을 원한다면 LH 공사 투기 사건과 집값 문제 전체를 조감해 볼 필요가 있다. 그리하면 합리적인 해결책은 야당의 주장도 아니고 정부의 바람도 아니라는 사실을 알게 될 것이다. 사실 합리적인 해결책은 두 극단의 중간 어디쯤엔가 있으며, 단 한 가지로 똑떨어지는 정답은 있지 않다.

집값 문제를 어렵게 만드는 것은 정부와 야당의 불협화음인데, 이들이 협력하지 못하는 것은 개미지옥에 빠질 수 있다는 두려움 때문이다. 개미지옥을 피해서 올바른 해결책을 찾아 나아가려면 부동산 문제를 조감(鳥瞰)할 수 있어야 한다. 지금부터 부동산 문제의 전체 지형을 보기 위해 좀 더 높이 올라가 보자.

제1장

집값 문제를 보는 조감도

1. 장님 코끼리 만지기

사회적으로 이슈가 되는 문제에는 어김없이 장님들이 나타난다. 코끼리의 코를 만진 장님은 우리 앞에 닥친 문제가 둥글고 길쭉하다고 한다. 코끼리의 등짝을 올라타고 손으로 쓸어본 장님은 문제가 평평하고 널찍하다고 한다. 코끼리의 상아를 만진 장님은 문제가 단단하고 뾰족하다고 한다. 이 장님들은 실제로는 한 번도 코끼리를 본 적이 없다.

눈을 뜨고 코끼리를 본 사람은 오히려 말을 하지 못한다. 자신이 직접 코끼리를 보긴 했지만 장님들 호들갑에 자신이 본 게 맞는지 자신이 없기 때문이다. 못 본 사람은 자신 있게 이야기하고 직접 본 사람은 머뭇거린다. 자신 있게 이야기하려면 전체를 다 보지 않아야 한다. 볼 수 있는 자도 말을 하려면 이제는 눈을 감아야 한다. 그래야 장님처럼 속 편하게 자기가 만지는 것이 문제의 전부인 양 말을 할 수가 있다. 말을 안 하면 더 좋겠지만, 말을 해야만 한다면 장님이 되어야만 한다. 눈 뜬 장님이 되어야 하는 것이다.

원래 눈 뜬 장님은 눈을 뜨고도 제대로 보지 못하는 사람을 조롱하기 위해서 만든 말이다. 그런데 이제는 스스로 나서서 눈 뜬 장님이 되고 싶어 하는 사람이 많다. 한마디 말을 거들려면 눈 뜬 장님이 되어야만 하기 때문이다. 원래부터 장님이었던 사람은 그나마 낫다. 멀쩡히 눈을 뜨고 장님 행세를 해야 하는 사람은 다소 고역일 것이다.

서울의 집값이 문제다. 2020년 초반부터 집값 오름세가 심상치 않았다. 통계의 어느 쪽을 바라보느냐에 따라 정도의 차이는 있다. 아파트를 기준으로 한 주택거래가격지수(2019년 1월 100.0 기준)는 2017년 5월 84.1에서 2020년 7월 107.9로 상승했다. 28.3%가 상승한 셈이다. 주택거래가격지수는 평균값을 기준으로 한다. 그런데 동일한 기간에 거래된 집값의 중간치를 보면 상황이 좀 달라 보인다. 2017년 5월 아파트 중위매매가격은 6억 634만 원이었으나 2020년 7월에는 9억 2787만 원을 기록했다. 상승폭은 53%다. 노무현 정부 출범 시기와 비교하면 우선 아파트 기준 주택거래가격지수는 2003년 2월 50.2에서 2020년 7월 107.9로 상승했으니 상승폭은 214.9%다. KB주택가격동향 통계에서 중위가격은 2008년 12월 이후 조사되기 시작했기 때문에 노무현 정부 출범 이후 중위가격 상승폭은 알 수 없다.[1]

집값 상승을 평가하는 지수로는 전통적으로 주택거래가격지수라는 것이 사용되었다. 이 지수는 전체 평균 개념을 이용한다. 아파트 매매를 기준으로 주택거래가격지수를 보면 문재인 정부가 출범한 2017년 5

월 이후 28.3%가 올랐다. 정부는 주택거래가격지수를 가지고 현재의 집값을 보고 싶어 한다. 그러면 작금의 집값 상승은 큰 문제가 아니라고 볼 수도 있다. 하지만 다른 쪽에서는 중간값으로 보고 싶어 한다. 그러면 현재 집값 상승은 야단이 난 모양새다. 집값을 두고 야단법석이 일어났다. 너도나도 나서서 한마디씩 한다. 나도 여기에 끼어드는 셈이니, 그 야단법석꾼 중의 하나임은 인정하고 시작하자.

어떤 이는 유동성이 문제라고 한다. 시중에 돈이 많이 풀려서 그렇단다. 정부의 재정지출이나 통화정책이 유동성을 좌우하는데, 이런저런 이유로 재정지출을 늘리고 통화량을 늘리다 보니 자연히 그 돈이 부동산으로 몰려가서 집값이 오른다는 이야기다. 이런 이야기를 하는 사람은 영락없이 경제를 좀 안다고 생각하는 사람들이다. 또 어떤 이는 세금제도가 잘못되었다고 한다. 세금을 올려서 부적절한 수요를 차단하자는 게 정부의 목표인 것 같은데 애먼 사람만 죽어난다는 세평을 더한다. 이런 이야기를 하는 사람은 분명 부동산 유통업과 관련이 있는 사람이다. 다른 한편에서는 서울 집중을 이야기한다. 서울에 일자리가 계속 늘어나고 집중 현상이 수그러들지 않으니 그에 따라 주택 수요가 늘고 연이어 주택 값이 상승하는 것은 당연한 현상이라는 이야기다. 이런 소리를 하는 사람은 국토개발 쪽에 관련이 있는 사람이다.

이런저런 얘기들 중에서 정부 입장에서 가장 뼈아픈 얘기는 공급이 문제라는 지적이다. 물건 값이 오르는 이유는 수요에 비해 공급이 따라주질 못하기 때문이라는 경제학 원론적 입장을 철두철미하게 신봉하는 사람들이 주로 하는 얘기다. 수요와 공급의 법칙이라는 경제학의 원론적 법칙을 얘기하자면 우선 그 시장이 정상적으로 작동하는 시장인가를 따져봐야 하는데, 그런 노력은 아예 없다. 그냥 공급이 부족해서 그렇다고 한다. 시장이 잘 작동하는 건 당연한 것으로 전제한다. 이들은 대개 경제나 경영 쪽과 관계된 사람들이다.

원래 장님이어서 그런지 눈 뜬 장님이 되어야만 해서 그런지는 개개인의 사정이라 모두 다 알 길은 없다. 하지만 그들이 달고 나오는 타이틀과 이력을 보건대, 한사코 눈 뜬 장님이 되려고 하는 것만 같다.

2. 집값에 영향을 미치는 요인과 조절 방법

치솟고 있다는 집값에 대해 한마디 제대로 하려면 넓은 시야가 필요하다. 눈을 뜨고 있어야 할 뿐만 아니라 뜬 눈의 시야도 제법 넓어야 한다는 얘기다. 이유는 분명하다. 집값에 영향을 미치는 요인들이 간단치 않기 때문이다.

집값에 영향을 미치는 요인들을 살펴보자. 크게 보면 두 가지 요인이 있다. 한편에는 수요가 있고 다른 한편에는 공급이 있다. 이런 범주적 접근이 포괄성을 보장하기에 용이하다는 것은 다들 잘 알고 있을 것이다. 큰 범주에서 작은 범주로 세분화해서 들여다보면 세부 요인을 놓치는 것을 방지할 수 있다. 미리 간략하게 얘기하자면 수요에 영향을 미치는 요인으로는 인구, 인프라, 유동성, 법제도가 있다. 공급에 영향을 미치는 요인으로는 토지와 건물이 있다. 이제부터 이 요인들에 대해 살펴보려 한다.

그림 1-1 **집값에 영향을 미치는 요인**

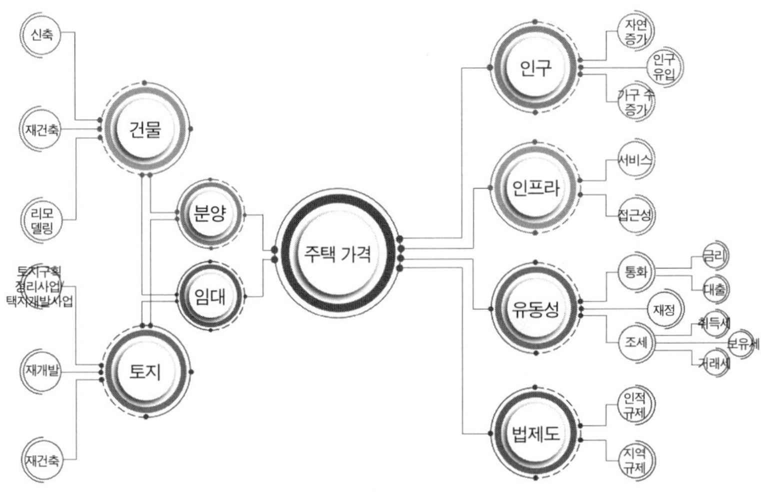

1) 수요적 측면

(1) 인구

수요에 영향을 미치는 요인 중에서 가장 직접적인 요인은 인구다. 인구 중에서도 집 없는 인구가 가장 직접적인 영향을 미친다. 하지만 직접적인 영향이라는 것이지 가장 영향이 크다는 얘기는 아니다. 집이 없어도 집 살 돈이 없으면 수요에 전혀 영향을 미치지 못하기 때문이다. 인구 요인을 세부적으로 살펴보면 그 안에는 ① 자연 증가, ② 인구 유입, ③ 가구 수 증가라는 세부 요인이 있다.

인구의 자연 증가는 출산정책으로 조절해 왔다. 1960년대 2500만 명대에서 2000년대 5000만 명대로 증가하는 기간 동안 정부는 출산억제 정책을 펼쳐왔다. 제도와 행정적·재정적 이익 및 불이익을 주는 방법을 사용했다. 서울의 주민등록인구는 2011년 1058만 1728명을 정점으로 2020년 1001만 3781명으로 하향세를 보이고 있다.[2] 소폭 감소하고 있는 상황이다.

전국적으로는 인구 감소가 아직 나타나고 있지 않다. 통계청의 인구주택총조사에 따르면, 대한민국 내국인 인구는 2010년 4799만 761명, 2015년 4970만 5663명, 2018년 4997만 7951명으로 미미한 증가 추세를 유지하고 있다. 그러나 출산율이 지속적으로 저하되고 있음을 감안할 때 향후 인구는 감소할 것으로 예상된다. 통계청의 장래인구추계에 따르면 대한민국의 전체 인구는 2028년에 5194만 명으로 정점에 이른 후 인구 감소 추세가 뚜렷해지면서 2067년에는 3929만 명 수준(1982년 수준)으로 감소할 것으로 예측하고 있다.[3] 인구 감소는 다양한 문제를 불러올 것으로 예상된다. 따라서 인구 감소 속도를 둔화시키거나 인구 규모를 유지하기 위한 정책을 시행할 필요가 있다. 더 시급한 것은 우리나라의 적정 인구 규모에 대한 판단이다. 목표 인구 규모를 설정하고 그 목표를 추구하는 인구 정책을 지속적으로 실행해야 한다.

인구 유입이라는 면에서 보면, 1970~1980년 고도 성장기에는 서울로 향하는 인구 유입에 대해 방관하는 정책을 펼쳐왔다. 당시 이미 서울의 과밀을 우려해서 더 이상의 무분별한 확장을 방지한다는 명목하에 그린벨트를 도입했다.[4] 더 적극적으로는 수도 이전을 계획하기도 했는데, 이는 북한의 위협으로부터 상대적으로 안전한 수도를 확보하겠다는 복합적인 이유 때문이기도 했지만 서울의 과밀을 해소하기 위한 방법의 하나이기도 했다. 그러나 결과적으로 볼 때 이 기간은 서울로의 인

그림 1-2 **대한민국 총인구 및 인구성장률(1960~2067년)**

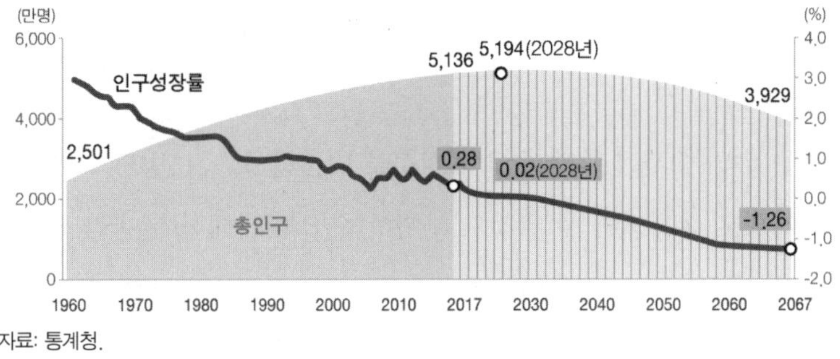

자료: 통계청.

구 유입을 불가피한 것으로 보고 방치한 느낌이다.

인구 유입을 가장 적극적으로 통제하는 정책은 노무현 정부에서 실시되었다. 세종시로 행정수도를 이전하고 지방에 혁신도시를 건설해서 국가균형발전을 시도했다. 한편으로 보자면 국가균형발전이지만 다른 시각에서 보자면 서울로의 인구 유입을 억제하고 서울의 팽창을 조절한다는 측면도 분명 있었다. 서울 인구 유입을 조절하는 유효한 정책적 수단으로는 국가균형발전만 한 것이 없다.

인구의 증가만큼이나 가구 수 증가도 주택 수요에 직접적인 영향을 미친다. 우리나라는 1970년대 이후 1인 가구 비율이 지속적으로 증가하고 있다. 과거에는 비도시 지역을 중심으로 1인 가구가 증가했다. 주원인은 사별로 인한 1인 가구의 증가였다. 가구원 수가 자연 감소하면서 생긴 현상이다. 이런 경향이 최근 들어 달라졌다. 도시 지역을 중심으로 1인 가구가 증가하는 현상을 보이고 있다. 1인 가구 증가의 원인은 독립가구의 자발적 발생이다. 1인 가구가 증가하는 주원인은 청년층의 상황 및 인식의 변화다. 시장조사 전문기업 마크로밀엠브레인은 결혼에 대한 가치관의 변화, 개인주의의 확산, 청년세대의 경제적 어려움으로 인한 미혼 증가가 1인 가구 증가의 주원인임을 설문조사를 통해서 밝히고 있다.[5]

가구 수의 증가가 주택 수요에 영향을 미치는 것도 분명하고 여기에 정책적으로 대응해야 하는 것도 분명하지만 이에 대한 문재인 정부의 능동적인 반응은 전혀 확인되지 않는다. 1인 가구의 증가를 그냥 불가피하게 일어나는 하나의 현상으로만 보고 있다고 해도 과언이 아니다. 그러나 현재의 상황은 1인 가구의 증가에 대한 정책적 방향을 정립할 것을 요구하고 있다.

(2) 인프라

인프라 요인은 ① 교통 시설, ② 생활서비스 시설, ③ 일자리로 나누어 볼 수 있다. 인프라가 집값의 주요 원인이라는 것을 흔히 놓친다.[6] 하지만 생각해 보면 간단하다. 내가 살고 있는 집 근처에 전철역이 생겨서 교통 편의성이 높아지면 집값이 오르는 것은 당연하다. 내 집 근처에 근사한 문화체육시설이 생겨도 마찬가지로 집값이 오른다. 내 집 인근에 일자리가 많이 생겨도 집값이 오른다. 인프라는 집값의 원가를 구성한다. 마치 비싼 자재를 써서 잘 지은 집이 비싼 것과 같은 이치다.

서울의 교통 편의성은 시기를 막론하고 제고되어 왔다. 전후 복구가 본격적으로 시행된 1960년대 이후 서울에서 전국으로 통하는 고속도로가 신설되었고 철도가 추가 및 개선되었다.[7] 서울의 영향권이 확대될 때마다 외곽에서 서울로 진입하는 간선도로가 추가되었다. 서울 내부적으로는 도로가 확충된 것은 물론이고 서울 전역을 서비스 대상으로

포함하는 전철망이 거미줄같이 조밀하게 건설되었다.[8]

2000년대 이후에는 서울로의 접근성을 획기적으로 증가시키는 인프라들이 건설되었다. KTX는 전국적 차원에서 서울 집중을 가속화했다.[9] KTX보다 더 큰 영향을 미치는 교통 인프라로는 GTX를 꼽을 수 있다. GTX(Great Train Express)는 수도권 광역 급행 철도망을 일컫는다. 말 그대로 수도권을 서비스 대상으로 하는 지역적 교통망이지만 GTX는 KTX에 비해 더 큰 서울 집중 효과를 불러올 것으로 예측된다.[10]

서울 땅속이 십여 개의 전철 노선으로 인해 더 이상 빈틈이 없어지자 대심도 철도라는 것이 등장했다.[11] 기존 지하철보다 더 깊은 곳을 통과하게 해서 지하의 전철망을 겹으로 쌓아놓겠다는 계획이다. 서울과 타 지역 간의 교통 편의성은 고속도로를 확충하는 데서 시작해 철도망 확충, 간선도로망 확충, KTX 건설, GTX 건설로 줄기차게 제고되었다. 서울 내부의 교통 편의성은 도로 확충에서 시작해 전철로 제고되었고 대심도 철도로 인해 더욱 강화될 것으로 예상된다.

서울의 교통 편의성 제고에 큰 영향을 주는 시설이 또 하나 제안되었는데, 바로 영동대로 지하 광역교통 환승장이다. 영동대로 지하에 인근 도시를 연결하는 광역 교통 체계의 허브를 만든다는 계획이다. 이 계획의 특징은 교통 편의성만 제고되는 것이 아니라 이 시설을 이용하는 유동 인구를 대상으로 하는 각종 시설이 들어차면서 생활서비스 시설도 같이 향상된다는 점이다.

교통 편의성 제고는 당연히 집값 상승으로 이어진다. 집의 성능이 좋아지는 것이니 집값이 오르는 게 당연하다. 그런데 교통 편의성 제고가 집값 상승의 원인이 된다고 해서 교통을 일부러 불편하게 만들 수는 없는 노릇이다. 교통의 편의성을 제고하면서도 서울의 집값을 올리지 않는 방법은 다른 지역의 접근성을 동시에 제고하는 것이다.[12] 이 문제에서도 인구 유입을 조절하기 위한 방법으로 시행되었던 국가균형발전이 하나의 가능한 답이 된다. 서울의 교통 편의성만 제고되면 당연히 상대적으로 서울의 집값은 비싸진다. 이를 해결하기 위해서는 지방 도시의 경쟁력을 제고하는 수밖에 없다.

서울에서는 생활서비스 시설 역시 교통체계와 함께 끊임없이 확충되어 왔다. 공급자는 민간일 때도 있었고 서울시일 때도 있었다. 영업이익을 전제로 하는 민간 시설과 서울시가 공급하는 공공시설은 끊임없이 확충되어 왔고 지금도 현재 진행 중이다. 대표적인 사례로 들 수 있는 것은 기존 동대문운동장을 철거하고 새로 건설한 DDP 같은 시설이다. 생활서비스 시설이 확충되면 그만큼 집의 성능이 좋아지니 이 또한 당연히 집값 상승의 요인이 된다. 여기서도 같은 딜레마가 발생한다. 집값이 오른다고 생활서비스 시설을 확충하지 않는 것은 말이 되지 않는다. 집의 성능을 향상시키면서 집값을 통제할 수 있는 방법은 전국적으로 집의 성능을 향상시키는 것밖에 없다. 그렇다면 이 또한 국가균형발전 이외에는 방법이 없다는 얘기다.

도시의 인프라를 구성하는 가장 중요한 요소는 아마도 일자리일 것이다. 집이 아무리 보기 좋고 살기 좋아도 인근에 일자리가 없다면 헛일이다. 일자리는 집의 성능을 발현하게 해주는 원초적인 전제다. 따라서 일자리가 많다는 것은 집의 성능을 최대로 발현시키는 조건을 충족하는 것이며 이에 따라 집값이 오르는 것은 당연하다.

2013년 이후 서울의 주민등록인구는 감소하고 있지만 일자리는 지

그림 1-3 **서울시 사업체 종사자 수 추이(단위: 명)**

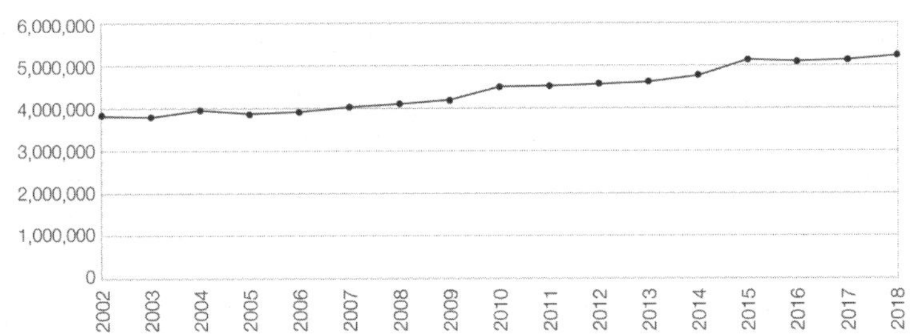

자료: 서울 열린데이터광장, "서울시 사업체현황 종사자수(산업대분류별/동별/성별) 통계"(2020), http://data.seoul.go.kr/dataList/10939/S/2/datasetView.do(검색일: 2020.01.22).

속적으로 증가하는 추세를 보이고 있다. 2013년 서울시의 사업체 종사자 수는 458만 5090명에서 2018년에는 521만 936명으로 증가했다. 약 60만 개 이상의 일자리가 창출된 것이다.[13] 이는 가구 수가 60만 개 정도 증가할 수도 있다는 뜻이며, 한 가구의 경제활동 인구를 1.5명 정도로 본다면 90만 명 정도의 인구 증가 효과가 발생한다는 의미이기도 한다. 인구수와 가구 수가 이 정도 증가한다는 것은 주택이 그만큼 더 필요해진다는 것을 의미하기도 한다.

일자리는 다양한 정책을 통해서 통제 가능하다. 특정 지역에 특정한 종류의 일자리가 증가하는 것을 금지할 수도 있고, 다른 지역으로 일자리 유인정책을 실시해서 일자리 증가를 견제할 수도 있다. 박정희 정부 이후 역대 거의 모든 정권은 서울 과밀을 이유로 서울의 일자리 증가를 견제하는 정책을 사용해 왔다. 하지만 이런 정책은 별로 효과가 없었다. 2002~2018년 기간에도 서울의 사업체 종사자 수는 완만한 증가세를 보였다.

일자리 증가를 정책적으로 억제할 필요성을 느끼지 않을 수도 있다. 여기까지는 정책의 실패라고 볼 수 없다. 하지만 일자리 증가가 주택 수요 증가로 이어질 것이라는 판단은 필요했다. 정부는 서울시의 주택보급률이 95%를 상회하는 상황에서(2017년 기준 주택보급률은 96.3%다) 멸실로 인한 주택을 보충하고 무주택자를 대상으로 한 주택을 공급하는 데서는 효과적인 정책을 운용했다고 볼 수 있다. 그러나 일자리 증가로 인한 주택 수요를 적극적으로 고려하지 못한 것은 분명한 정책적 실패로 볼 수 있다.

수요 요인 중에서 인프라와 관련된 해결책은 서울과 경쟁할 수 있는 도시를 육성하는 것뿐이라고 할 수 있다. 서울시가 서울시의 재원을 통해서 인프라를 확충하는 것을 억제할 어떠한 명분도 현실적 방법도 없기 때문이다. 이런 면에서 본다면, 다시 말해서 국가의 장기적 발전에서 볼 때 서울 집중화를 피해야 하는 상황이라고 본다면, 이에 대한 대책으로는 국가균형발전만 한 정책을 찾아보기 힘들다고 할 수 있다.

(3) 유동성

집값을 올리는 주범으로 종종 지목되는 것이 유동성이다. 유동성에 주요하게 영향을 미치는 요인으로는 세 가지가 있다. 첫째는 재정정책이고, 둘째는 한국은행의 통화정책이며, 셋째는 조세제도다. 조세는 유동성과 직접적인 연관은 없다. 조세는 유동성을 창출하지는 않기 때문이다. 하지만 조세는 유동성을 축소할 수 있고 유동 속도에 영향을 미칠 수도 있다. 증권거래세가 증권 거래를 축소시켜 투기 규제의 효과를 발휘하는 것과 마찬가지의 효과를 여기서도 기대할 수 있다.[14]

정부의 재정지출이 많아지면 시중에 유동성이 증가한다. 이렇게 증가된 유동성이 경제 순환에만 사용된다면 더 바랄 것이 없겠지만 그런 일은 절대 일어나지 않는다. 시중의 유동성이 개인 수중에 들어가면 십중팔구는 자산에 투자된다. 자산이라고 하면 주식과 부동산이 대표적이다. 유동성은 부동산보다 주식시장으로 더 쏠린다. 주식시장은 부동산보다 상대적으로 적은 돈으로도 투자가 가능하기 때문이다.

재정지출로 인한 유동성 증가가 부동산 가격 폭등과 무관하지 않다는 주장도 있기는 하지만 그런 주장은 설득력이 떨어진다. 어느 한 개인이 갑자기 부동산 구매를 할 수 있을 정도로 재정지출 효과가 단시간에 나타나기는 어려운 일이다. 종종 재정지출 확대와 부동산 가격 상승이 맞물리는 현상을 보이기도 하지만 재정지출 확대가 부동산을 구매할 수 있을 정도의 가처분소득 증가로 이어지는 데 걸리는 시간을 고려해 보면 그것은 일종의 착시에 가깝다고 해야 할 것이다.[15] 또한 재정정책이 집값만을 대상으로 운용되거나 집값을 주요 목표로 운용되는 것이 아니라는 점을 감안한다면 재정지출로 인한 유동성 증가를 부동산 가격 상승과 관련 지어 논의하는 것은 생산적이지 못하다.

재정정책에 비해 통화정책은 집값에 미치는 영향이 크다. 통화정책은 주로 금리를 이용한다. 금리를 이용해서 시중에 풀리는 돈의 양을 조절하는 것이다. 금리가 낮아지면 시중에 돈이 많이 풀린다. 특히 대출을 특별한 방향으로 규제하지 않는다면 통화정책에 의한 유동성은 뚜렷한 방향으로 증가된다. 낮은 금리와 대출 규제 완화로 인해 증가한 유동성은 곧장 부동산으로 쏠린다.[16] 하지만 금리정책 또한 집값만을 고려하거나 집값을 최우선으로 고려하는 정책은 아니므로, 부동산 가격 문제와 관련해서는 대출 규제만 집값과 관련한 고려의 대상이라고 보는 게 합리적이다. 금리가 어떠하든지 간에 결국 유동성은 대출이라는 관문을 통과해야만 하는데, 이 단계에서 부동산 가격에 영향을 미치는 유동성을 조절할 수 있기에 더욱 그렇다. 혹자는 통화정책이 투자 선호도 자체를 바꿀 수 있기 때문에 저수익 금융자산에서 고수익 부동산으로 유동성이 이동할 수 있고 그로 인해 집값에 영향을 미칠 수 있다고 주장하기도 한다. 하지만 이는 장기적으로 발생 가능한 현상으로, 단기간에 걸친 집값 폭등의 요인이 된다고 보기는 어렵다.

집의 수요에 영향을 미치는 요인으로는 조세제도를 빼놓을 수 없다. 부동산에 관련된 세금은 세 가지다. 살 때 내는 취득세, 가지고 있는 동안 내는 보유세, 그리고 팔 때 내는 양도세다. 이 세 가지 세금 모두 부동산 수요를 억제하는 작용을 하는 것은 분명하다. 그런데 대상에 따라 이 세 가지 세금이 다르게 작동한다. 대상이 누구냐에 따라 양도세가 잘 먹히기도 하고, 보유세가 더 효과를 보기도 한다.

얼핏 생각하면 양도세만 강력하게 부과해도 실거주 목적이 아닌 투자적 혹은 투기적 가수요는 잡을 수 있을 것 같다. 부동산을 이용한 투자나 투기의 목적은 당연히 팔고 나서 얼마나 남느냐의 문제이기에 그렇다. 양도세를 차액의 100%로 책정하면 집은 투기는 물론이고 투자의 대상이 될 수도 없다. "아, 그러네. 간단한 문제였네"라고 생각하는 사람은 없을 것이다. 우리나라 국민은 대부분 부동산 전문가 수준이니 그렇게 순진하게 생각하지는 않을 것이다. 양도세 100%라면 비이성적인 부동산 가격 상승 문제는 간단하게 해결될 것처럼 보인다. 그런데 양도세 100% 정책에는 치명적인 문제가 있다. 바로 조세정책이라는 게 상황에 따라 변화가 많다는 점이다.

어떤 이들은 어느 정부에서 양도세 100%를 시행한다 해도 머지않아 정권이 바뀌면 정책도 바뀔 것이라고 여긴다. 특히 집을 사서 돈을 벌어 보겠다는 생각을 가진 사람이라면 더욱더 그렇다. 보수와 진보가 번갈아가며 정권을 잡는 최근의 상황을 보면, 어느 한쪽이 양도세를 100%로 만들더라도 다른 정권에서는 양도세를 낮출 가능성이 적지 않다.

노무현 정부는 2004년에 1가구 3주택 이상자에 대해서는 60%, 1가구 2주택자에 대해서는 50%의 세율을 적용하는 중과세를 시작했다. 이명박 정부는 2009년 1가구 2주택자에 대해서는 누진세율을 적용하고 1가구 3주택자에 대해서는 45%의 세율을 적용해 다주택자에 대한 중과세 제도를 완화했다. 이런 기조는 같은 보수정권이라고 볼 수 있는 박근혜 정부에서도 이어졌다. 박근혜 정부에서는 2014년 이후 양도분부터 다주택자 양도소득세 중과세제를 폐지했다. 진보정권이라 할 수 있는 문재인 정부에 들어서면 상황은 또 달라진다. 2017년 8·2 부동산 대책으로 조정대상지역 내 주택 양도 시 양도소득세 중과 및 장기보유특별공제 적용을 배제하고, 조정대상지역 내 1가구 1주택 비과세 요건에 거주요건을 추가하며, 이와 함께 분양권 전매 시 보유 기간에 관계없이 양도소득세율 50%를 적용함으로써 과세를 증대한 것이다.[17]

정권이 바뀌면 양도세도 바뀔 거라는 믿음은 매우 근거 있다. 양도세 중과세 여부가 보수와 진보를 구분하는 정책이 되고 말았다. 이로써 양도세 중과대상 계층과 보수 정당은 운명공동체 수준의 동맹이 되었다. 여기서 재밌는 것은 양도세 중과대상이 아닌 계층과 진보 정당 간에는 동맹 관계가 그다지 성립하지 않는다는 점이다.

노무현 정부 초중반에 서울 집값이 큰 폭으로 상승했다. 노무현 정부는 집값을 잡는 데 실패했다고들 하지만 집값이 노무현 정부 기간 동안 상승을 멈춘 것도 사실이다. 집값 상승이 멈춘 것은 오를 만큼 올라서일 수도 있고 노무현 정부의 부동산 대책이 일부라도 성공을 거두었기 때문일 수도 있다. 좀 더 현실적이고 합리적으로 생각하자면 두 가지 다 작용했을 것이라고 보는 것이 맞다. 집값이 오를 만큼 올랐기에 상승을 멈추었다거나, 좀 더 노골적으로 표현해서 노무현 정부가 부동산 대책과 관련해서 잘한 것은 하나도 없다고 평가하는 사람들은, 집값은 그냥 놔두면 된다든지 혹은 시장에 맡겨만 두면 된다고 주장하는 것이다.

노무현 정부 이후 이명박 정부 초기에는 약한 상승세가 이어졌다. 가격 상승 자체는 전 정부에 비해 크게 우려할 만한 상황은 아니었다. 하지만 "서울 등 도심 인근에 공급이 부족하여 주기적인 시장 불안이 야기"된다고 보았다.[18] 이명박 정부의 대응은 확실했다. 양질의 주택을 공급하는 것이었다. 이명박 정부는 그린벨트를 헐어 좋은 위치에 평균적인 평형 이상의 주택을 공급하는 방법으로 집값을 안정화시키는 데 성공했다.

거시적 경제 상황이 나쁠 때라면, 특히 경기가 침체 국면을 맞이하고 있을 때라면 경기 진작이 필요하다. 이럴 때 주택은 정책 담당자들의 마음을 쉽게 유혹한다. 집값에 상승 여력이 있다고 판단되면 경기 진작에 필요한 정도로만 집값을 활용하고 싶어진다. 박근혜 정부는 이 방법을 선택했다. 독배를 마셨다고 표현해도 좋을 것이다. 노무현 정부 후반과 이명박 정부 기간을 지나는 동안 눌러왔던 주택 거래를 촉진하기 위해 여러 가지 정책을 동원했다. 담보인정비율(LTV)을 조절하고 각종 세제에도 손을 댔다.

조세 제도는 얼마든지 변할 수 있다고 믿는다면 집을 사서 돈을 벌려는 사람들이 선택할 전략은 분명해진다. 정권이 바뀔 때까지 기다리는 것이다. 더 적극적으로는 보수 정당에 대한 일상적인 지지에 나설 수도 있다. 집이라는 자산은 금과도 달라서 지니고만 있는 게 아니지 않은가. 거주를 하거나 임대료를 받으면서 기다리는 것이니 그리 어려울 것도 억울할 것도 없다. 부채를 과도하게 안고 산 것만 아니라면 말이다. 이래서 보유세가 불가피해진다. 보유세는 보유하고 있는 기간 내내 부담해야 하는 세금이다. 언젠가 세법이 바뀌어서 양도세를 감면해 주는 날이 올 수도 있겠지만 그 시간을 버티기 어렵게 하는 것이 보유세다. 아무리 세법이 바뀌어도 이미 낸 세금을 돌려주는 건 불가능하다.

보유세가 실수요 이외의 수요를 억제하는 데 효과적이기는 하지만 집 한 채를 거주 목적으로 보유하고 있는 사람들에게 부담을 주어서는 안 된다. 미국 정치계에서 자신을 민주적 사회주의자로 소개하는 버니 샌더스는 재산세 경감을 주장했다. 2016년 미국 대통령 후보 경선에서도 그랬고 2020년 대통령 후보 경선에서도 마찬가지였다. 진보 중에서도 급진적 진보로 분류되는 그가 마치 보수 진영에서 할 법한 재산세 경감을 주장했다는 것은 선뜻 이해하기 어렵다. 하지만 그의 주장이 은퇴 후 신규 소득이 없는 상태에서 고가의 주택에 부과되는 재산세로 인해 궁지로 몰리는 노인을 배려하기 위한 것임을 알게 되면 이해하기 어렵지 않다. 그러니 보유세는 다주택자와 1주택자를 제대로 구분할 줄 알아야 한다.

취득세 또한 불요불급한 수요에 영향을 준다. 취득세가 올라가면 기대할 수 있는 집값 상승도 그만큼 커야 한다. 그런 상승을 기대할 수 없는 상황이라면 취득세는 분명 수요를 억제하는 역할을 한다. 하지만 취득세는 집에 대한 투자 혹은 투기적 수요를 제어하기에는 힘이 부족하다는 느낌을 지울 수 없다. 취득세는 집 구매비용에 포함되기에 팔 때 되찾을 수 있는 금액이다. 잘만 팔면 된다는 생각을 가지게 한다. 더 문제가 되는 것은 잘 팔려는 생각으로 취득세를 집값에 얹어서 생각한다는 점이다. 그래서 취득세가 오히려 집값을 올리는 작용을 한다는 의견도 있다. 그런 의견이 전혀 타당하지 않은 것은 아니다.

(4) 법제도

주택 관련 법제도에는 실수요자 우선원칙이 철저하게 적용된다. 실수요자가 아닌 경우라면 경제적 불이익을 줄 수도 있고 형사적 처벌도 가능하게 되어 있다. 수요자에게는 실수요자임을 증명하도록 강제할 수 있으며, 실수요자에게는 주택 구입과 관련된 각종 혜택(주로 대출과 조세)을 부여한다. 반대로 실수요자가 아니라고 판단되는 경우에는 각종 불이익(대출 규제, 징벌적 조세)을 줄 수 있고 처벌할 수도 있다.

법제도 적용은 크게 두 가지 방향으로 실행된다. 하나는 인적 규제이고 다른 하나는 지역적 규제다. 인적 규제는 적절한 수요자가 아닌 자, 즉 실수요자가 아닌 자에게 불이익을 주는 방법이다. 다주택자에 대한 대출 규제가 대표적인 인적 규제 사례다. 반면 장기 무주택자에게 혜택을 주는 것 또한 법제도를 이용해 혜택을 부여하는 인적 규제 사례다.

지역적 규제는 특정한 지역 내에서 일어나는 주택 거래 행위를 특정한 방향으로 계도하는 방법이다. 계도의 방향은 주로 실수요자가 아닌

자를 가려내는 행위를 좀 더 구체적이고 적극적으로 실행하는 것이다. 투기지역 지정, 투기조정지역 지정이 대표적인 사례다. 규제 지역이 되면 각종 혜택이 면탈되고 적정한 거래 여부에 대한 상세한 감독 대상이 된다.

2) 공급적 측면

이제는 공급 측면에서 주택의 가격에 영향을 미칠 수 있는 요인들에 대해 살펴보자. 공급에서 이슈가 되는 것은 두 가지다. 하나는 토지이고 다른 하나는 건물이다. 토지를 확보할 때에는 각종 혜택과 편의가 제공될 수도 있고 반대로 각종 불이익과 규제가 가해질 수도 있다. 건물을 지을 때에도 마찬가지다. 혜택, 불이익, 규제, 그리고 처벌을 가할 수 있다.

(1) 토지

토지를 확보하는 방법이 문제다. 토지를 확보하는 방법은 크게 두 가지다. 하나는 빈 땅을 집 지을 만한 택지로 바꾸는 방법이고 다른 하나는 이미 택지인 땅을 다시 사용하는 것이다. 1980년대까지만 해도 서울과 서울 인근에는 빈 땅이 제법 많았다. 그러니 이 시기까지는 빈 땅을 택지로 바꾸는 사업을 통해 집 지을 땅을 확보했다. 이를 위해 마련된 방법이 토지구획정리사업이나 택지개발사업 같은 것이다. 양자 간에 약간의 차이가 있기는 하지만 그런 세세한 것까지 알 필요는 없다. 두 가지 다 빈 땅을 택지로 만들기 위한 주요한 방법이었다는 것만 알아도 된다.

토지구획정리사업은 '토지정리구획정리사업법'에, 택지개발사업은 '택지개발촉진법'에 근거를 두고 있다. 대개 법이 그렇듯이 사업의 정의 및 그 사업을 진행시키는 과정과 관련된 규칙들이 나열되어 있다. 그중에서 가장 중요한 대목은 토지 확보를 용이하게 하기 위해서 중앙 정부나 지방자치단체, 그리고 공사와 같은 공공기관뿐만아니라 민간에게도 토지를 수용할 수 있는 권한을 부여한다는 점이다.

어찌 보면 초법적이라 할 수 있는 이런 토지 수용 권한은 민간도 토지를 확보할 수 있게 해줌으로써 더욱 확대되었다. 이를 위해 만들어진 법이 '도시개발법'이다. 사업 지역 내에서 지주들 2분의 1 이상의 동의로 사업면적의 3분의 2 이상을 확보하면 전체를 수용할 수 있게 해준다.[19] 나머지의 의사는 무시해도 좋다는 얘기다. 다른 시각에서 보면 대단한 사유재산권 침해다. 하지만 공공의 이익을 위해서 일부 개인의 이익을 과감하게 무시하면서까지 토지 확보를 용이하게 해준 것이다.

서울과 서울 인근에 빈 땅이 소진되고 나면 할 수 있는 일은 있는 땅을 좀 더 쓸모 있게 사용하는 일일 것이다. 쓸모 있게 사용한다고 했지만 골자는 용적률을 높이고 각종 건축기준을 낮추어서 같은 땅이라도 더 많은 집을 짓게 해준다는 얘기다. 이런 일들을 재개발이나 재건축이라고 부른다. 재개발이나 재건축에 모두 '재'라는 글자가 들어가서 비슷해 보이기도 한다. 하지만 내용을 보면 분명하게 구분된다. 재개발은 주로 저밀도를 고밀도로 개발하는 것이라서 개발을 통해 확보되는 용적이 늘어난다. 재건축은 기본적으로 용적은 동일하다고 보면 된다. 하지만 재건축도 어느 정도 용적이 늘어나는 것이 일반적이다. 이러다 보니 재개발과 재건축이 헷갈릴 만도 하다.

'도시개발법'이나 재개발, 재건축 관련 법은 필요에 의해서 만들어진 것이다. 그 필요란 땅을 수월하게 확보하는 것이었다. 집에 대한 실질적인 수요가 많았고 그에 따라 많은 집을 지어야만 했기 때문이다. 하지만 2010년을 넘어서면서 상황이 좀 달라졌다. 필요한 수량은 얼추 충족되었다고 볼 만한 상황이 되었다. 달라진 상황을 대표하는 게 바로 서울시의 주택보급률이다. 서울시의 주택보급률은 2018년 95.1%를 기록했다. 가장 높을 때는 2014년으로, 당시 주택보급률은 97.9%에 도달했다.[20] 97%라고 해도 나머지 3%는 부족한 것 아니냐고 반문하면 곤란하다. 주택보급률 안에 오피스텔이나 셰어하우스 같은 것은 포함되지 않았기 때문이다. 주택보급률 계산에서 주택으로 잡히지 않는 거주 유형에 의해서 적지 않은 수의 주택이 공급되고 있다는 점을 감안한다면 97%라는 주택보급률은 실질적으로 100%에 가까운 상태를 뜻한다고 해도 과언이 아니다.

주택보급률 100%에서 추가적으로 집이 공급된다는 것은 빈집이 발생한다는 것을 의미한다. 다주택자의 집이 전세로도 월세로도 나가지 않을 수 있다는 얘기다. 2020년 현재 서울에서 거주환경이 열악한 일부 주택에서 발생하는 빈집과는 질적으로 다른 빈집이 발생하는 것이다. 이렇게 되면 다주택자의 주택 유지비용이 갑자기 늘어나게 된다. 다주택자가 대출을 얻어 집을 마련한 것이라면 심각한 상황이다.

주택보급률이 100%인 상황에서는 더 이상의 집은 필요 없다. 추가적인 주택 공급은 빈집 발생으로 이어지기 때문이다. 집을 더 짓기보다는 있는 집을 잘 활용하면서 집의 상태를 개선하는 것이 옳은 방법이다.

주택보급률이 낮은 상황에서는 주택 보급을 촉진하기 위해 다양한 정책을 실시하는 것이 마땅하지만 주택보급률이 100%인 상황이라면 더 이상 택지를 확보할 필요가 없다는 얘기다.

주택 공급이 필요한 정도는 주택보급률을 비롯한 여러 가지 지표를 통해서 판단한다. 주택을 많이 공급해야 한다고 판단할 때와 주택이 충분하다고 판단할 때의 정책 방향이 달라지는 것은 당연한 일이다. 1985년 주택보급률은 69.8%였다. 당연히 주택 공급의 필요성이 크다고 판단할 수밖에 없는 상황이었다. 이런 맥락에서 주택 공급에 가장 우선적으로 필요한 택지를 공급하기 위해서 '택지개발촉진법'을 제정하고 한시적으로 운영했는데, 이 법은 택지 확보를 용이하게 하는 것이 최우선의 목표였다. 이후 주택 공급 상황은 점차 개선되었고 1997년에는 주택보급률이 95%에 도달하게 되었다.[21] 그러자 더 이상의 추가 공급이 절박하지 않은 상태라고 판단하고 '택지개발촉진법' 폐지를 시도했다. 더 이상 집을 지어서 빈집이 생기지 않게 하려는 조치였다. 이런 조치는 박근혜 정부 후기부터 이미 시작되었고 문재인 정부 또한 이런 기조를 이어갔다. 박근혜 정부는 "주택 공급 물량을 시장 상황과 수요에 맞게 적정 수준으로 조절하겠다. 공공분양주택의 공급 물량을 기존 연 7만 호에서 2만 호로 축소하고, 수도권 그린벨트 내에서 새로운 보금자리 지구를 더 이상 지정하지 않겠다. 현재 추진 중인 공공택지 등 개발지구에 대해서도 지역별 수급여건을 면밀히 분석하여 주택 공급 물량과 시기를 조절하겠다"라고 공표했다.[22] 문재인 정부 시기에 기획재정부에서 작성한 문건을 보면, 박근혜 정부의 부동산 정책 방향에 대해 개발 위주 시대에 정립되었던 각종 정책을 폐지하거나 개정했다고 긍정적으로 평

가하면서 대표적인 사례로 '택지개발촉진법' 폐지, 청약제도 개편 등을 들고 있다.[23]

문재인 정부는 제2차 장기주거종합계획(2013~2020) 수정계획에서 중앙정부 중심, LH 중심에서 벗어나 중앙-지방-민간의 협력적 주거복지 거버넌스를 구축함으로써 실수요자 중심의 주택시장으로 관리할 것임을 천명하고 나섰다.[24]

새로운 땅을 만들기 위한 노력을 그만두었을 뿐만 아니라 있는 땅을 더 효율적으로 사용하려는 노력도 이전처럼 하지 않았다. 재개발이나 재건축이 예전만큼 필요하지 않게 되었던 것이다. 재개발은 저밀도 주거지를 고밀도화하는 작업이기에 더욱더 그 필요성이 줄어들었다. 재건축은 노후 주택을 갱신한다는 의미가 더 크기 때문에 재개발과는 다르지만, 재개발과 마찬가지로 재건축도 인근 집값을 올리는 부작용을 낳는다는 것을 수십 년에 걸쳐 경험했기 때문에 재개발, 재건축을 통한 토지 확보도 어렵게 하는 방향으로 가닥이 잡혔다.

박근혜 정부와 문재인 정부는 신규 택지 공급에서는 의견을 같이했지만, 재개발, 재건축을 통한 택지 공급 문제에서는 다른 방향을 선택했다. 박근혜 정부는 재개발, 재건축을 통한 택지 공급은 기존처럼 열어두고 있었던 데 반해, 문재인 정부는 재개발, 재건축을 통한 택지 공급을 더 제한하는 방향을 선택했다. 박근혜 정부에서는 서민 주거 안정을 위한 주택시장 정상화 종합대책에서 "과도하고 불합리한 규제를 적극 개선하겠다. 분양가 상한제의 신축적 운영, 불합리한 토지거래허가구역의 해제, 주택정비사업에 대한 규제 개선 등을 추진하겠다. 노후아파트의 주거환경 개선과 내구연한 증대를 위해 15년 이상 경과된 아파트에 대하여 안전성이 확보되는 범위 내에서 '수직증축 리모델링'을 허용하는 방안을 강구하겠다"라고 밝히고 있는 것처럼 재개발, 재건축의 가능성을 열어두고 있었다.[25]

문재인 정부에서는 투기과열지구 내 재건축조합 지위 양도 요건 강화, 투기과열지구 내 분양권 전매 제한, 투기과열지구 내 정비사업 분양분 재당첨 제한, 재개발 시 서울의 경우 임대주택 의무공급 비율을 10%로 확대 등의 정책을 통해 사실상 재개발, 재건축을 규제하는 정책을 시행했다.[26]

이처럼 정부나 지방자치단체는 정책적 수단을 활용해 토지가 필요할 경우 법을 동원해서 토지 수용을 용이하게 하고 반대의 경우 같은 법을 다르게 적용해서 토지 수용을 어렵게 한다.

(2) 건물

건물은 신축, 재축, 리모델링의 방식으로 시장에 공급된다. 집이 필요하면 신축, 재축, 리모델링을 권장하는 방식으로 공급을 늘릴 수 있다. 신축, 재축, 리모델링을 할 때 혜택을 부여하면 건물의 공급이 원활해진다. 반대로 혜택을 감경하거나 규제를 추가적으로 부가하면 건물 공급을 줄일 수 있다.

건물 공급을 원활하게 하는 방법으로 사용되는 대표적인 사례는 선분양 제도다.[27] 건물을 완공하기 전에 분양을 하고 건물 대금의 일부를 받아서 건물을 완공할 수 있게 하는 것으로, 다른 나라에서는 찾아보기 힘든 제도다. 이 제도로 인해 건설사들은 적은 초기 자본으로 사업을 수행할 수 있다. 선분양 제도는 대량의 주택 공급이 필요하지만 공급을 담당할 민간 사업자의 재정적 역량이 충분하지 않은 상황에서 민간 사업자를 육성하는 정책의 일환으로 시행된 특별한 제도라고 볼 수 있다. 따라서 대량의 주택 공급이 더 이상 필요하지 않고 재정적 역량을 갖춘 민간 사업자가 충분히 구축된 상태라면 더 이상 유지할 필요가 없는 제도이기도 하다. 선분양 제도가 마냥 좋은 면만 있는 제도는 아니기 때문이다.

선분양의 부작용은 다양하다. 공사가 제대로 완료되지 않아 선납입금을 떼이는 경우가 가장 대표적이다.[28] 한편 선분양은 분양권을 전매하는 방식으로 투기 목적으로 사용되는 경우도 허다했다. 이러한 여러 가지 부작용을 우려해 상가 건물의 경우에는 선분양제도가 폐지되었지만 주거 용도인 경우에는 선분양제도가 여전히 시행되고 있다. 모델하우스는 바로 이 선분양제도 때문에 탄생했다. 완공된 건물을 파는 것이 아니다 보니 완공된 모습을 보여주기 위해 모델하우스를 짓는 것이다.

건물 공급을 제한하는 정책적 수단도 많다. 대표적인 것으로는 분양가 상한제가 있다.[29] 분양가 상한제는 본질적으로 공급 자체를 제한하기 위한 수단은 아니다. 말 그대로 분양 가격을 통제하기 위한 수단이었고 지금도 여전히 주요한 목적은 과도한 분양가를 제한하자는 데 있다. 분양가는 토지 원가와 건물 원가에 붙는 이윤으로 결정되는데 이때 이윤의 폭을 상식적인 수준으로 제한한다는 것이 분양가 상한제의 골자다. 분양가 상한제가 최초로 도입된 것은 박정희 정부 때다. 중동 특수로 인해 국내로 유입된 오일 달러 때문에 주택시장에 수요가 크게 발생하고 이로 인해 주택 가격이 폭등하면서 도입된 제도다.

분양가 상한제가 적용되면 주택 가격을 잡는 효과보다 이윤 축소에 따른 시공사의 공급 물량 축소가 먼저 발생한다. 시공사의 이윤이 축소되기 때문이다. 이윤이 축소된다고 해서 시공사가 장기적으로도 건설 물량을 축소하는 일은 벌어지지 않는다. 하지만 단기간 동안이라면 얼마든지 공급 물량을 축소할 수 있다.

집값 문제에서 한마디 거들고자 한다면 위에서 언급한 집값에 영향을 미치는 요인 전반을 이해해야 한다. 경제 전문가는 유동성을 얘기하고, 부동산 중개사나 조세 전문가는 세제에 대해 언급하고, 국토개발 전문가는 국가균형발전에 대해 얘기하고, 다른 많은 사람들은 원론적 경제학을 도입해서 수요공급의 법칙을 얘기하지만, 집값은 그렇게 부분적으로 봐서는 해결될 수 있는 문제가 아니다. 모든 관점이 교호적으로 얽혀서 결과를 만들어내기 때문이다. 예를 들자면 조세는 유동성과 관련이 있고, 공급은 국가균형발전과 관련이 있다. 대출을 늘려서 집 수요를 늘리는 일은 장기적으로는 유동성에서 문제를 일으킨다. 서울에 공급을 늘리는 일은 국토의 균형발전전략과 상치되는 결과를 불러온다. 어느 것 하나를 다른 것과 무관하게 고립적으로 운용해서 집값 문제를 해결할 수 있는 방법은 없다. 집값은 큰 그림에서 봐야만 한다.

지금까지 시장에 공급되는 주택의 수요와 공급에 영향을 미치는 요인들에 대해 살펴보았다. 지금까지의 내용만으로도 충분히 복잡해 보이지만 주택시장을 복잡하게 만드는 요소들이 더 있다.

보통 시장은 물건을 살 돈이 있는 사람과 팔 물건이 있는 사람들이 모이는 장소다. 대개는 그렇다. 그런데 주택시장은 좀 다르다. 흔히 니즈(needs)와 수요(demand)를 구분해야 한다고 한다. 니즈는 단순히 필요를 뜻한다. 수요는 지불 능력이 있는 필요를 뜻한다. 보통의 시장에서는 니즈를 고려하지 않는다. 보통의 시장에서는 살 돈이 없는 사람은 입장이 불가하다. 하지만 주택시장은 그럴 수 없다. 살 돈이 없는 사람에게는 공짜로라도 집을 줘야 한다. 집 없이 살 수 있는 사람은 없기 때문이다. 그렇기에 공공이 주요한 공급자의 한 축으로 엄연하게 존재해야만 하고 공공임대라는 제도도 불가피하게 요구된다.

주택시장은 이중화되어 있다. 구매력이 있는 사람들을 위한 수요에 부응하는 시장과 그렇지 못한 사람들을 위한 니즈에 부응해야 하는 시장이다. 구매력이 있는 사람의 특징은 이미 주택을 가지고 있는 경우가 많다는 것이다. 구매력이 없는 사람은 주택을 소유하지 못한 경우가 많다. 무주택자인 경우가 많다는 얘기다. 이들에게 구매력이 있는 사람의 시장은 그림의 떡이다. 이들을 위한 주택시장이 별도로 존재해야만 한다. 국가라는 이름이 붙으려면 수행해야 할 당연한 의무다. 그래서 주택시장은 이중화될 수밖에 없다.

주택의 가격에 미치는 영향력의 측면에서 보면 당연히 구매력이 있는 사람들의 시장이 더 크다. 하지만 주택시장에서 취급되는 주택 물량의 수로 보자면 구매력이 없는 사람들을 대상으로 하는 시장의 규모가 더 크다. 어느 한쪽이 다른 한쪽보다 더 중요하다고 말하기 힘든 구조다. 원론적으로는 돈이 있는 사람의 시장은 민간이 책임지고, 돈이 없는 사람의 시장은 공공이 주로 책임진다고 보면 된다. 민간이 무주택자에게 임대하는 영역은 기존 주택 보유자의 시장과 무주택자의 시장이 교차하는 지역이다. 두 개의 시장이 존재하지만 별개의 것으로 취급할 수 없는 이유가 여기에 있다. 전월세는 두 개의 시장을 연결하면서 주택 문제를 어느 한쪽만 만족시켜서는 안 되는 구조로 만드는 원인으로 작용한다. 교차 지역의 존재가 집값 문제를 더욱더 복잡하게 만들고 있는 것이다.

3. 문재인 정부의 집값 대책

문재인 정부는 집권 초기만 하더라도 집값에 대한 부담을 전혀 느끼지 않아도 좋을 것처럼 보였다. 불과 몇 년 전만 해도 떨어지는 집값 때문에 대출을 늘려서 집을 사라고 권장할 정도의 상황이었기 때문이다. 박근혜 정부에서 벌어진 일이었다. 집값이 심하게 오르는 것도 문제이지만 집값이 떨어져도 문제가 된다. 자가보유율이 높으면 더욱 그렇다. 선거에서 불리해지기 때문이다. 집값이 떨어지면 현재의 부도 줄어들고 미래의 부에 대한 기대도 줄어든다. 이로 인해 소비가 억제되고 경기는 더욱 침체 국면을 맞이하게 된다.[30]

박근혜 정부 당시 최경환 지식경제부 장관은 대출을 해서라도 자기 집을 가지라고 공개적으로 권유했다.[31] 거시경제에서 벌어진 문제를 집으로 해결해 보려는 시도였다. 주택 소유자를 대상으로 하는 주택담보대출이 불러올 수 있는 신용창조와 화폐창조의 효과를 기대한 정책이었다.[32] 당시 집값은 약간 하락세를 보이고 있었으니 맥락이 닿는 시도라고 볼 수 있었다. 이 시도로 인해 집값은 약한 상승세를 보이기 시작했다. 약한 상승세는 정부든 국민이든 누구나 다 긍정할 수 있는 추세다. 이런 약한 상승 추세가 대대적인 상승으로 이어질 것이라고는 누구도 생각하지 않았을 것이다. 혹시 그런 예상을 한 사람이 있다면 노무현 정부 시절 집 투자로 돈을 번 사람들일 것이다.

이런 약한 상승세인 상황에서 집값에 대한 걱정을 하지 않는다는 것은 그럴 만한 일이라고 볼 수도 있다. 하지만 걱정하지 않을 만한 일이라는 것이지, 걱정하지 않아도 된다는 얘기는 아니다. 걱정을 하지 않아도 좋을 시기에 미리 앞당겨 걱정할 줄 아는 혜안을 가진 정부라면 더 바랄 나위 없이 좋다.

집값에 대해 신경을 쓰지 않아도 되는 상황은 곧 지나가버렸다. 최경환 장관의 정책이 효과를 본 것인지, 다른 이유가 겹쳤는지는 누구도 확언할 수 없다. 이것에 대해 구체적으로 분석한 연구가 없으므로 심증은 가더라도 이렇다 저렇다라고 확실하게 말할 수 있는 사람은 없다. 어떤 이들은, 특히 문재인 정부는 최경환 장관 시기에 시행된 정책의 부작용이 이제 나타나는 것이라고 생각하고 싶어 한다. 또 반대편에서는 정책적 부작용이 아니라 수요와 공급의 관계에서 공급을 지나치게 줄였기 때문에 당연히 발생한 문제라고 생각하고 싶어 한다. 또 다른 일부의 생각은 또 다르다. 재미로 보자면 이 의견이 제일이다. 노무현 정부 시기에 서울에서 집 투자로 돈을 번 사람들이 문재인 정권이라는 진보 정권의 등장 자체를 집값 상승의 신호탄으로 보았다는 주장이다.

노무현 정부 후반부터 박근혜 정부 말기까지 집값은 숨고르기를 하는 듯했다. 약한 등락을 반복하는 추세를 5~6년 이상 이어갔다. 주식 시장을 빗대서 얘기하자면 노무현 정부 초기에 폭등한 이후 조정 국면을 이어간 것인데, 2008년 미국발 금융위기라는 악재를 고려하더라도 조정 국면이 너무 오래간다는 생각이 만연했다. 뭔가 계기만 있다면 조정 국면을 벗어나서 반등할 수 있을 것이라는 예상 혹은 기대를 하기에 충분했다.

무엇이 기폭제가 되었는지 알 수 없지만 문재인 정부가 출범한 시기부터 집값이 서서히 오르기 시작했다. 수요는 공급과 관련이 있고, 공급이 고정된 상태라면 수요 증가는 가격 상승으로 이어진다는 것을 투자에 관심이 있는 사람이라면 누구나 잘 알고 있다. 가격 상승이 일종의 신호탄 역할을 한 것이다. 투자 시장에서 수요를 촉발하는 것은 가격 상승이다. 수요가 많아져서 가격이 오르는 것은 경제학 원론이고, 가격이 오르면 그 가격을 따라 수요가 늘어나는 것은 투자 시장의 생리다. 가격이 오르기 시작하면 더 오를 것을 예상하고 수요가 더 발생한다. 문재인 정부 초기에 발생한 집값 상승은 이렇게 해석할 수도 있다.

오르면 더 산다는 시장의 생리에 경제학 원론이 가세하고 나섰다. 문재인 정부는 분명하게 천명했다. "실수요가 아니면 공급도 없다." 공급이 고정된다는 것을 선언한 셈인데 시장에서 공급이 고정되면 가격이 오른다는 경제학 원론을 확신하는 투자자들이 늘어난 것도 이상하지 않았다. 수요에 부응하는 시장에 참여할 수 있는 구매력을 가진 사람들은 "노무현 정부 때처럼만 하면 된다. 정부의 저항이 분명 있을 테지만 주춤거리지 않고 밀고 나가면 그때만 한 수익을 얻을 수 있다"라고 생각했을 수도 있다. 이들의 생각을 받쳐주는 다른 지점은 집값을 떨어뜨리는 일은 어느 정권도 감히 하기 힘든 일이라는 것이다. 집값이 떨어지고 은행이 부채를 회수하지 못하는 일이 벌어지는 것은 정부로서도 감당하기 힘든 일이다. 그렇기 때문에 사람들은 정부가 집값을 잡네 어쩌네 해도, 혹 그로 인해 집값이 기대만큼 오르지 않는다 해도 쪽박을 차는 일은 절대로 없을 것이라는 믿음을 가지게 되는 것이다.

문재인 정부 들어 집값은 대세 상승하기 시작했다. 정부의 주장대로 주택거래가격지수를 보더라도 상당한 정도로 상승했다는 것은 부인할 수 없었고, 야당이나 일부 언론의 주장대로 중위가격으로 보자면 폭등하고 있는 게 사실이었다. 문재인 정부가 집값에 대한 걱정을 놓을 수 있었던 시간은 매우 짧았다. 정부가 출범하자마자 마치 기다렸다는 듯이 집값은 상승하기 시작했다. 그래서 정부는 서둘러 그리고 부지런히 부동산 대책을 내놓기 시작했다.

부동산 대책은 수요 측면에서 가용한 방법이 있고 공급 측면에서 가용한 방법이 있다. 수요 측면에서는 인구, 인프라, 유동성, 조세, 법제도를 활용할 수 있고, 공급 측면에서는 토지와 건물을 활용하는 정책 수단을 사용할 수 있다.

문재인 정부는 실질적 주택보급률 100%에 꽂혀 있는 모양새다. 여기서 추가적으로 주택을 공급한다는 것은 자칫 주거 공실률을 높이는 부작용을 가져올 수도 있다고 판단하는 듯하다. 다른 한편에는 일부 부동산 투기꾼들에게 먹잇감을 내주고 싶지 않다는 마음도 있었던 것 같다.[33] 이런 마음가짐은 대수롭지 않은 수준을 넘어선 주택 가격 상승을 경험한 이후에도 여전한 듯 보인다. 좋다 나쁘다를 떠나서 그 부분에서의 일관성만큼은 높이 살 만하다. 이런 마음가짐을 기본으로 갖고 있다면 집값 조절을 위해서 편한 마음으로 쉽게 꺼내 들 수 있는 카드는 수요를 줄이는 것이다.

인구나 인프라를 조정하는 것은 효과를 보기에 너무 긴 시간이 걸린다. 먼저, 인구 분산을 유도하는 건 10년, 20년이 걸려도 이루기 힘든 일이다. 그렇다면 인프라는 어떤가? 서울 집값을 잡자고 서울의 인프라를 일부러 나쁘게 만들 수는 없는 노릇이다. 그게 아니라면 서울 인근 도시의 인프라를 서울 수준으로 끌어올려야 되는데 이것도 10년이 걸릴지 20년이 걸릴지 모를 일이다. 이제 남은 것은 유동성과 법제도다. 이것들이라면 단기간에 효과를 볼 수 있다.

1) 수요적 측면

(1) 유동성

2020년 4월 이후 집값이 가파르게 상승하면서 한때 유동성이 집값 상승의 주범으로 지목되었다. 정부의 재정지출이 문제라는 얘기다. 특히 코로나로 인한 재난지원금 등으로 과다하게 늘어난 유동성이 부동산 시장으로 흘러 들어가면서 집값이 오른다는 주장이 제기되었다. 하지만 이것이 매우 빈약한 이론이라는 것을 조금만 생각해 보면 누구나 알 수 있다. 정부가 지출한 돈이 그 짧은 시간에 시장을 돌아 어느 특정 개인의 주머니로 다 몰려간다는 게 상식적으로 가능하겠느냐는 말이다. 그것도 서울에 있는 집을 한 채 살 수 있을 정도로 많은 양의 돈이 어느 특정 개인의 주머니로 들어간다는 것은 상상도 할 수 없는 일이다.

이렇게 현실적으로 불가능하다는 사실과 함께 고려해야 하는 것은 정부의 재정정책이 유동성 조절만을 목적으로 하는 것이 아니라는 점이다. 국가 경제 운용에 필요한 돈을 사용하는 것이 주된 목적이라는 점을 인지해야 한다. 정부 재정지출의 주요 대상은 집값이 아니라는 점을 명심해야 한다는 것인데, 이렇게 보면 재정지출로 인해 시중의 유동성이 지나치게 증가했다고 해서 여기에 집값 상승의 책임을 물을 수는 없다. 집값이 상승한다고 재정지출을 줄일 수는 없는 일이다. 이런 상식을 갖추는 데에는 오랜 시간이 걸리지 않았다. 그 사이에 정신을 차렸는지 유동성 얘기는 쏙 들어갔다.

유동성을 좌우하는 다른 요소는 통화정책이다. 특히 금리가 주요 원인이다. 통화정책에는 다양한 요소들이 복잡하게 얽혀 있지만 중요한 건 하나다. 금리 운용을 통해서 시중의 통화량을 조절한다는 얘기다. 물론 통화주의 입장에서 보면 더 복잡하고 어려운 설명이 필요하겠지만 어찌되었든 큰 그림으로 볼 때 금리는 시장의 유동성을 조절하는 효과적인 도구임에는 틀림없다. 금리를 이용한 통화량 조절 이외에 다른 방법이 있을 수 있다는 주장에 대해서는 반박할 필요도 없고 설득력 있는 반박도 불가능하다. 중요한 것은 금리가 통화량을 조절하는 가장 확실한 수단이라는 것이다.

정부가 직접적으로 금리를 조절할 수 있는 것은 분명 아니다. 중앙은행이 금리정책을 최종적으로 결정한다. 한국은행은 정부로부터 독립된 조직이라서 한국은행의 통화정책이 간혹 정부의 재정정책과 엇박자를 내기도 하지만 대체로는 같이 간다고 봐도 무방하다. 이렇게 보면 금리는 통화량을 조절하는 확실한 도구이고 이를 통해 유동성 조절이 가능하다. 결국 금리는 집값에 영향을 미칠 수 있다는 말이 된다. 정부는 집값을 조절하는 도구로서 금리라는 방법을 손에 쥐고 있는 셈이다.

금리를 통해 집값을 조절할 수는 있지만 문제는 금리 또한 집값을 최종 목적으로 운용되는 정책이 아니라는 점이다. 금리를 통한 통화정책이 포괄하고 있는 대상들 중에서 집값은 아주 사소한 일부이다. 금리 변화 시 집값으로 체감되는 정도가 다른 것들에 비해 크기 때문에 때로 집값을 가장 중요한 것으로 착각하는 경우도 적지 않지만 집값은 거시경제의 아주 작은 일부에 지나지 않는다.

금리가 집값을 조절하는 데 유용한 도구일 수는 있지만 집값을 잡기 위해 금리를 조정하는 것은 합리적이지 않다. 그보다는 차라리 주택 매수와 관련된 대출을 규제하는 것이 훨씬 현실적이다. 금리도 대출을 규제하는 기능을 한다. 금리를 올린다는 것은 대출을 어렵게 만드는 것이고, 반대로 금리를 내린다는 것은 대출을 쉽게 만드는 것을 의미하기 때문이다. 그런데 대출도 역시 금리정책의 일부일 뿐이다. 대출을 조절하는 것 자체를 목적으로 금리를 이용할 필요는 없다.

대출 규제와 관련해서는 금리 같은 거시적 수단보다 더 적절한 수단이 있다. 바로 대출 자체를 관리하는 것이다. 대출의 목적을 규제하고, 목적별로 대출의 한도를 규제하며, 세부적으로 금리를 달리 적용하는 방법이다. 정부는 은행에 대한 대출 지도라는 방법으로 부동산 구매를 목적으로 하는 대출 자체를 규제할 수 있고, 대출의 한도를 규제할 수 있으며, 금리를 달리 적용하도록 지도할 수 있다. 재정정책이나 통화정책은 워낙 거시적인 정책이어서 집값을 조절하기 위한 도구로 사용되기는 어렵다. 하지만 이런 대출 규제는 미시적 적용이 가능하며 매우 현실적인 효과를 가져온다.

문재인 정부는 그렇게 했다. 첫 번째 부동산 대책은 담보인정비율(LTV)을 강화하는 것으로 시작했다.[34] 2017년 6월 19일이었다. LTV 강화는 부동산으로 향하는 돈줄을 확실하게 차단하는 효과가 있다. 이 정책은 단기간에 효과를 볼 수 있으며, 거시적 경제 측면에서 볼 때 다른 부분에 미치는 파급효과가 작다. 동반되는 부작용이 작다는 얘기다. 문재인 정부가 그렇게 했지만, 부동산 가격 급등을 마주한 정부라면 누구라도 그렇게 했을 것이다. 이런 상황에서 대출 규제를 강화하지 않는다면 그것이 오히려 비판받을 소지가 크다. 어쨌든 집값 대책의 시작은 유동성을 조이는 것으로 시작했다.

유동성을 조절하는 방법으로는 대출을 규제하는 것 이외에 조세를 이용하는 방법이 있다. 조세가 유동성 자체를 조절할 수는 없다. 하지만 유동성이 이미 확보된 상태에서 유동하려는 동력을 차단하는 데는 확실히 효과적이다.[35] 문재인 정부는 2017년 7월 17일에 거래세와 보유세를 강화하는 대책을 발표했다. 2017년 8월 2일에는 양도세를 강화했다. 이로써 유동성과 관련된 모든 수단을 동원한 셈이 되었다.

유동성을 조절해서 집값을 조절하는 정책은 우선 빠르게 효과를 볼 수 있다는 장점이 있다. 다른 한편 정책 수단으로서 유동성 조절이 우선적으로 고려되는 이유는 정책의 집행과 수립 과정이 이미 기존의 법률로 시스템화되어 있기 때문이다. 생짜로 뭔가를 만들어내지 않아도 되므로 편리하고, 기존의 법률에 의거하기 때문에 야당의 반발을 피하기에도 좋다.

유동성을 조절하는 방법은 여러 면에서 매우 효과적이다. 하지만 당연히 부작용도 있다. 유동성 조절은 개별적으로 적용하기 어렵다. 이러다 보니 흔히 말하는 선의의 피해자가 나오기 쉽다. 투기적 목적을 지닌 사람인 아닌 실수요자 입장에서도 유동성 조절로 인해 곤란을 겪는 경우가 적지 않게 발생한다. "줄곧 별다른 조치를 취하지 않다가 왜 내가 집 좀 장만하려고 하니 그러냐?"라는 하소연이 발생할 수 있다. 그리고 이런 하소연은 들어줘야만 한다.

문재인 정부는 2018년 7월 5일 유동성 조절을 위한 대출 규제책에 대한 보완책을 발표했다. 신혼부부, 한부모 가족, 청년을 대상으로 금융 지원을 강화하는 대책이었다. 유동성을 조절하기 위해서 전체적으로 묶되 실수요자를 대상으로 선별적으로 유동성을 지원하는 방법이었다. 2020년 7월 10일에는 LTV, 총부채상환비율(DTI)과 관련해서 서민 소득기준을 완화했다. 이 역시 실수요자는 집을 살 수 있도록 지원하기 위한 대책이라 할 수 있었다. 전반적인 유동성 조절로 인해 피해를 보는 선의의 피해자를 구제하기 위한 대책이었다.

(2) 법제도

대출 규제 다음으로 신속한 효과를 볼 수 있고 여타 부분에 미치는 부작용을 최소화할 수 있는 방법은 법제도로 규제를 하는 것이다. 문재인 정부의 최초 부동산 대책에는 역시나 법제도가 포함되었다. 인적·지역적 규제를 통해서 수요를 누그러뜨리려는 의도였다. 2017년 6월 19일에는 LTV 강화와 함께 민간택지에서 분양한 주택에 대해 전매 금지 기간을 확대했다. 투기성 수요를 차단하기 위한 목적이었다. 투기를 목적으로 하는 사람이라면 집을 사서 빨리 팔수록 좋을 것이다. 반면 실수요자라면 주택 구매 후 특별한 일이 일어나지 않는 한 상당 기간 머물러 살 것이다. 전매 금지 기간을 확대하는 것은 실수요자에게는 별일이 아니지만 투기꾼들에게는 상당한 부담으로 작용한다.

2017년 6월 19일 대책에는 조정대상지역 추가가 포함되었다. 조정대상지역으로 지정되면 대출 규제가 가능해지고 토지거래를 엄격하게 감시할 수 있다. 2019년 1월 8일에는 임대주택 사업자에 대한 관리를 강화하는 대책이 발표되었다. 임대주택 사업자들이 주택을 과도하게 주택을 구매해 집값 상승을 견인하고 있다는 판단 때문이었다. 2020년 6월 17일에는 법인에 의해 투기가 발생한다고 판단해서 법인의 투기를 제한하는 강력한 대책을 발표했다.

2) 공급적 측면

(1) 토지

문재인 정부는 수차례에 걸친 대책으로 수요 측면에서 집값을 조절하려고 시도했다. 동시에 공급 측면에서도 집값을 통제하기 위한 정책을 실행했다. 공급 측면에서의 대책이지만 실상은 수요와 더욱 밀접하게 관련되어 있었다. 실수요가 아닌 투기적 수요를 차단하는 정책이었기 때문이다. 우선 토지 부분에서 공급을 제한했다. 2017년 8월 2일에는 재개발, 재건축 기준을 강화했으며, 안전진단 강화, 거주기간 제한 확대 등의 대책이 실행되었다. 이는 재개발, 재건축을 하지 못하게 함으로써 토지 공급을 제한하는 결과를 가져왔다.

주택 가격이 오른다는 것은 수요가 공급을 초과하고 있다는 의미다. 이런 상황에서 가격을 낮추자면 공급을 늘려야 했다. 하지만 정부 대책은 이와는 반대로 가고 있었다. 신도시 사업 규모의 대규모 택지 공급을 중단하는 한편, 재개발, 재건축 기준을 강화함으로써 공급을 축소시키는 부정적인 결과를 만들어내고 있었던 것이다. 정부는 경제학의 원론적 법칙인 수요-공급의 법칙을 거스르고 있었다. 공급을 늘려서 가격을 떨어뜨려야 할 시점에 공급을 줄임으로써 가격 상승을 부추기는 상반된 정책을 실행했던 셈이다.

정부의 변명을 들어봐야 한다. 아무런 이유 없이 그랬을 리는 없다. 정부의 설명은 이렇다. 신도시 사업과 같은 대규모 택지 공급 중단을 지속한 것은 당연히 주택보급률 때문이다. 주택보급률이 실질적으로 100%에 가까운 상황에서 추가적인 대규모 택지 공급은 불필요하고 또 부적절하다고 판단했다. 이런 판단에 머뭇거림이 없었던 것은 그런 판단이 이미 박근혜 정부에서부터 시작되었기 때문이다.

재개발, 재건축을 축소한 첫 번째 이유는 과거 경험으로 볼 때 재개발, 재건축이 인근 지역의 주택 가격을 상승하는 데 견인차 역할을 해왔고 이번에도 그럴 것이라고 판단했기 때문이다. 과거 수십 년 동안 재개발, 재건축은 해당 재개발, 재건축 지역 내 주택의 가격 상승을 불러왔고, 인근의 주택 가격 상승에 영향을 주었으며, 이런 주택 가격 상승효과는 서울시 전체로 파급되는 효과를 보여왔다. 경험적으로 볼 때 부인할 수 없는 사실이며 다수의 연구들이 이를 학술적으로도 뒷받침하고 있다.[36] 재개발, 재건축이 공급 확대 효과를 발휘해 주택 가격을 안정화시키는 방향으로 작동하기보다는 반대로 주택 가격 상승을 조장할 것이라는 정부의 우려는 타당했다.

한편 재개발, 재건축은 시장에 공급효과를 불러일으키기에는 현실적으로 공급 규모가 작다는 것도 고려되어야 한다. 재개발, 재건축을 통해서 공급을 확대하면 수요에 부응함으로써 가격을 안정화할 수 있다는 주장은 이와 같이 두 가지 이유에서 설득력이 떨어진다. 주택 공급효과를 기대하기 어려운 상황에서 해당 지역과 인근 지역의 주택 가격 상승이라는 부작용을 불러올 수 있다면 정부가 재개발, 재건축 규제를 강화하는 것은 주택 가격 상승을 저지하기 위한 방편이라고 볼 수 있다.

규제만으로 가격을 통제하기 어렵다는 것을 인정한 정부는 토지 공급을 확대하는 계획을 서둘러 발표했다. 2018년 9·21 대책에서 3기 신도시 계획을 언급하고 12월 19일 남양주 왕숙지구, 하남 교산지구, 인천 계양지구를, 2019년 5월 7일에 고양 창릉지구와 부천 대장지구를 신도시 대상 지구로 발표했다.

3기 신도시는 2기 신도시에 비해 위치 조건이 좋았지만 그럼에도 불구하고 시장의 반응은 기대 이하였다. 여전히 더 좋은 위치의 양질의 주택에 대한 요구가 수그러들지 않았다. 정부는 이에 대응해서 서울 내 재개발, 재건축을 적극적으로 실시하는 계획을 발표했다. 그러나 공공 주도라는 조건을 내걸면서 재개발, 재건축 참여자 및 건설사의 호응을 끌어내는 데는 그다지 성공적이지 않은 모양새다.

(2) 건물

정부는 공급 측면에서 집값 상승을 억제할 또 다른 대책을 발표했다. 2017년 9월 5일, 민간택지에 대해서 분양가 상한제를 실시했다. 분양가 상한제는 공급이라는 측면에서 볼 때 중단기적으로 공급을 제한하는 기능을 한다. 건설사 입장에서는 이윤이 적어지면 사업의 추동력이 떨어지기 때문이다. 하지만 그런 효과는 중단기적이다. 건설사 입장에서 마냥 사업을 안 하고 있을 수만은 없다. 장기적으로는 분양가 상한제를 실시하더라도 공급 축소 효과가 유지되지는 않는다. 정부는 분양가 상한제를 실시하면 건설사가 분양가 상한제를 실시하기 이전에 이미 사업에 착수한 물량을 시장에 내다 팔려고 하기 때문에 단기적으로는 공급이 증가할 수도 있다고 주장했다. 그 말도 사실과 크게 다른 것은 아니다. 하지만 단기적이라기보다는 초단기적이라고 해야 맞을 것이다. 어찌 되었든 분양가 상한제는 중단기적으로 공급이 축소되는 부작용이 있는 것은 분명하다.

공급을 늘려서 집값을 잡아야 할 판국에 분양가 상한제를 실행함으로써 공급을 줄이는 정책을 시행했으니 정부는 시장의 상황에 또 역행한 셈이었다. 그런데 여기서도 정부의 변명을 들어봐야 한다. 과거의 경험으로 볼 때 신규 분양은 주택 가격 상승을 견인하는 방향으로 작용해 왔다는 점에 유의해야 한다. 신규 분양 주택은 새 건물인 까닭에 당연히 인근 주택과 비교해서 높은 가격을 형성하게 된다. 그런데 여기서 가격이 얼마나 높은가가 중요하다. 새 건물을 짓기 위해서 투입된 원가 대비 적정 이윤이 추가된 금액 정도라면 자본주의 시장 경제에서 별 불만을 제기할 일이 아니다. 문제는 적정 수준 이상의 이윤이 부가되는 경우다. 특히 주택 가격이 상승하고 있는 국면에서는 이윤의 적정성을 따지지 않고 구매하는 경향이 발생한다. 또한 항상 문제가 되어온 건설사의 분양 가격 담합의 가능성도 있다.[37] 토지와 건물의 원가가 공개되지 않는 상황에서 소비자들은 적정 원가를 추정할 방도가 없다. 그러다 보니 이윤의 적정성을 따지는 것은 불가능한 일이다. 이런 상황을 이용해 건설사는 가능한 한 많은 이윤을 남기기를 원하게 되고 그에 따라 가능한 한 높은 분양가를 책정한다.

신규 분양 시에는 이러저러한 상황으로 인해 가격이 부풀려지고, 이 가격은 곧장 인근에 영향을 미쳐서 인근의 주택 가격을 상승시키는 동력으로 작용한다. 이런 이유 때문에 정부는 단기적으로 공급 축소의 효과가 발생하더라도 분양가 상한제를 실시하는 것이 옳다고 보는 것이다.

4. 주요 쟁점

1) 수요적 측면

(1) 인구 및 인프라

주택 가격 상승을 견인하는 수요 측면의 요소인 인구와 인프라를 다루는 문제에서 정부를 비판하는 진영의 주요 논점은 다음과 같다. 우선 인구 측면에서는, 그동안 자연적 인구는 증가하지 않았지만 가구 수 증가가 수년간에 걸쳐 지속되고 있음에도 불구하고 정부는 아무런 조치를 취하지 않았다는 것이다. 또한 서울의 인프라는 교통 편의성은 물론 생활서비스 시설을 확충하는 측면에서나 일자리를 창출하는 측면에서도 확대 성장이 지속되고 있는데 이를 간과했기에 주택 수요가 급격히 증가했고 이로 인해 주택 가격 상승이 불가피해졌다는 것이다.

정부 입장에서는 가구 수 증가를 확인하고 있었지만 어찌할 방도가 없었을 것이다. 가구 수 증가는 주로 1인 가구의 증가로 인해 벌어지는 일인데, 이게 전체적으로 볼 때 나쁜 일인지, 혹은 그냥 두어도 되는 무해무익한 일인지, 혹은 어떤 면에서는 이득이 될 수도 있는 변화인지조차 가늠할 수 없는 상황이기 때문이다. 이럴 때는 그냥 두는 것 외에 방법이 있을 리 없다.

곤란한 문제는 인프라 성장 때문에 벌어지는 집값 상승이다. 인프라는 집값의 원가를 높여 결국 집값을 상승시키는 이유가 될 뿐만 아니라, 서울로의 집중을 가중시키면서 순환적으로 집값을 높이는 방향으로 작용한다. 정부는 한편으로는 서울 집중을 완화한다고 하면서도 다른 한편으로는 서울의 인프라를 지속적으로 확충함으로써 현실적으로는 서울 집중을 방관하는 자세를 보여왔다는 비판에 대해서는 변명의 여지가 없다. 특히 일각에서 노무현 정부가 시작한 국가균형발전 정책을 지속적으로 추진하지 않은 결과라고 비판하는 대목에서는 더더욱 변명의 여지가 없다.

이때 여당이 구원투수로 나섰다. 국가균형발전을 지속적으로 추진하지 않은 실정을 인정하고 앞으로는 잘하겠다고 밝힌 것이다. 노무현 정부 이후 이명박, 박근혜 정권을 거치면서 유명무실해진 국가균형발전 정책을 이제라도 성실하게 추진하겠다고 나섰다. 가장 현실적인 방안으로 중단된 행정수도 이전을 재추진하고 느슨해진 혁신도시 사업을 적극적으로 추진하겠다고 공표했다.[38] 이즈음에서 야당은 일이 이상하게 돌아가고 있다는 사실을 깨달았다. 헌법재판소 덕에 겨우 꺼놓은 불씨가 되살아나는 모양이 된 것이었다. 잠잠해진 불을 들쑤셔서 불씨를 살리는 모양새가 되었으니 아차 싶었을 것이다. 야당은 진화에 나섰다. 지금 당장은 작은 불씨라고 볼 수 있지만 큰불이 되면 걷잡을 수 없어질 수도 있는 노릇이었다. 집값에 비하면 행정수도 이전이나 혁신도시 사업은 수십 배나 더 큰 중대한 문제이자 엄청난 잠재적 폭발력을 가지고 있었다.

김종인 당시 미래통합당 비상대책위원장은 청와대와 국회를 세종시로 이전시키자는 열린민주당의 제안에 대해 헌재 판결을 뒤집을 수는 없다고 반박했다.[39] 이에 여당의 차제에 헌법을 수정하면 된다고 응수했다. 여당의 헌법 개정 논의에 탄력을 더해준 셈이었다.[40] 이것도 잘못 걸려든 모양새다. 여당의 반응에 대해 김종인 측은 무대응이 상책이었다. 더 이상 아무런 주장도 내놓지 않았다.

일부 언론에서도 "'세종천도론' 비용청구서 뽑아보니"라는 기사로 가세했다.[41] 이런 기사도 여당에게는 좋은 기회였다. 그렇지 않아도 어려운 갖가지 거시 경제적 상황에 코로나가 겹쳐서 양적 완화가 필요한데 구실이 없던 차였다. 한국형 뉴딜 운운하며 구실을 찾던 차에 좋은 핑계를 준 셈이었다. 울고 싶은데 뺨 때려준 격이다. 기왕에 계획한 한국형 뉴딜과 결합시키면 명분도 좋았다. 이에 대해서도 야당은 더 이상 대꾸를 하지 않았다.

인구와 인프라 문제라면 언제나 궁극의 대책은 국가균형발전밖에 없다. 서울의 인구 유입력을 떨어뜨리자고 1인 가구로 독립하는 사람들에게 불이익을 줄 수도 없는 일이다. 서울이 서울시 재정으로 자신들 도시의 인프라를 확충해서 더 살기 좋은 도시로 만들겠다는데 그걸 못하게 막을 방도는 없다. 해결책이라면 오로지 서울 이외 도시의 경쟁력을 강화해서 서울만큼은 아니더라도 비슷하게 만드는 방법밖에 없다. 그러자면 국가균형발전이 필요하고, 그런 맥락에서 행정수도 이전은 대단히 훌륭한 명분을 얻었다.

정부와 여당 입장에서는 자신의 잘못을 인정함으로써 매 한 대 맞고 수십 배의 보상을 얻는 셈이다. "정말 잘못했습니다. 다시는 그러지 않을게요. 앞으로 정신 차려서 해보겠습니다"라고 하니 야당은 묵묵부답이다. 아마도 "제발 정신 차리지 말아주세요"라고 말하고 싶을 것이다.

수요 중에서 인구 및 인프라 측면은 이렇게 논쟁이 정리되는 형국이다. 여당은 지속적으로 국가균형발전과 행정수도 이전 논쟁의 불씨를 살리려고 할 것이고 야당은 거기에 넘어가지 않으려고 할 것이다. 이 국면에서 야당의 방책은 인구 및 인프라와 관련한 논의에서 입 닫고 있는 것밖에는 없다. 정부와 여당 입장에서 인구와 인프라 문제는 꽃놀이 패다. 언제라도 상황이 더 나빠지면 다시 꺼내들면 된다.

(2) 유동성

유동성 측면에서 보자면, 야당은 여당에 대해 재정정책과 통화정책을 싸잡아서 혼내줄 기회라고 생각했지만 잠시 냉정을 되찾고 보니 좀 오버였다는 게 판명되었다. 이 부분에 대해서는 야당도 더 이상 비난도 비판도 하지 않는다. 정부와 여당도 비슷한 입장이다. 이 부분에 대한 최초의 비난에 무리가 없는 것은 아니었지만 뭔가 아직 드러나지 않은 암초가 있을 수도 있다. 찜찜한 구석이 없지 않다 보니 정부와 여당도 그냥 넘어가자는 형세다. 여당이 확실한 방향을 잡거나 혹은 야당이 재정정책과 통화정책에서 새로운 이슈를 발굴하지 않는 한 이 부분에서의 논쟁은 더 이상 없을 것 같다.

유동성과 관련된 부분에서는 조세정책이 핫 이슈다. 핫 이슈이기는 하지만 정부의 정책이 불법적이지 않다는 게 문제다. 이러다 보니 야당의 입장은 조세정책에 위헌적 요소가 있을 수 있다고 비판하는 수준에 머무른다.

비판의 초점은 조세정책을 실현하는 과정에서 선의의 피해자가 발생할 수 있다는 점에 맞춰진다. 투기적 수요를 잡기 위해 조세정책을 실시하고 있는데 실수요자가 피해를 보는 억울한 경우가 생긴다는 것이다. 정부는 공공연하게 인정하지는 않지만 선의의 피해자가 있다는 사실은 부인하지 못한다. 그러다 보니 개별적인 구체책을 내놓고 있다.

일반적 규제로 투기적 수요를 잡고, 불가피하게 혹은 정책의 정교함 미비로 인해 발생하는 선의의 피해자는 개별적으로 구제하는 방향으로 가닥을 잡았다. 결국 정책에 의해 선의의 피해자가 발생한다는 야당의 주장을 수용한 셈이다. 야당이 자신들의 주장을 수용하라고 요구한 것은 아닌데 정부가 바로 수용을 하니 머쓱해진 면도 없지 않았을 것이다.

이제 남은 것은 조세정책의 일부가 위헌적이라는 비판이다. 이 이슈에 대해서 야당이 직접 나서서 헌법소원 등의 행보를 취할 상황은 아닌 듯하다. 야당은 그저 개인적 차원에서 위헌을 주장하는 사람들이 많아졌으면 좋겠다고 생각하는 듯싶다. 그때 가서 그들을 적극 지원하든 뭘 하든 하면 된다. 현재로서는 화력을 거기에 집중할 필요도 없고 그래서도 안 된다고 생각하는 모양이다.

(3) 법제도

주택 실수요자에게는 혜택을 주고 수요자가 아닌 경우에는 불이익을 준다는 정책의 기본적인 방향이 정치권과 국민들 사이에서 긍정적으로 받아들여지고 있는 분위기다. 어떤 이들은 실수요와 투기적 수요를 구분하는 것조차 가능하지 않다고 주장하기도 하지만 대체로 실수요와 투기적 수요는 구분 가능하다. 투기적 수요로 판명된 행위에 대해서는 불이익을 줘야 하고 처벌도 가능하다는 사회적 분위기가 형성되어 있기 때문에 집값을 잡기 위한 법제도 운용에 대한 비판은 덜 정략적인 듯 보인다.

법제도를 이용한 규제는 인적·지역적 규제를 근간으로 하는데 이에 대한 비판은 대체로 규제의 허점을 질타하는 식이다. 그렇게 규제해서는 집값이 안 잡힌다고 훈수하는 것이다. 투기지역을 지정하고 그 지역에서 일어나는 투기적 행위를 규제하겠다고 정부가 나서고 있지만, 정부를 비판하는 측에서는 그래서는 풍선효과만 발생하고 실효성은 없을 것이라고 주장한다. 규제 효과를 확실하게 발휘하기 위해 규제 지역을 좀 더 넓게 잡으면 그 또한 반대한다. 지나친 규제는 자본주의적 자유시장 경제에서 어긋난다는 이유에서다.

인적 규제에서도 마찬가지 일이 벌어지고 있다. 정부 정책 비판자들은 다주택자나 임대사업을 목적으로 하는 법인에 대한 규제가 실효성이 없다고 주장하고, 또한 그런 규제에 위헌적 요소가 많다고 비판한다.

수요에 대한 법제도 부문에서 벌어지고 있는 논쟁의 초점은 정책이 미숙해서 실효성이 없다는 비판이 주를 이룬다. 정책의 효과를 확실하게 발휘하기 위해 인적·지역적 범위를 확대하려고 하면 그건 위헌적이라고 반대한다. 하지만 그런 반대는 반대를 위한 반대일 뿐, 적극적인 반대로 확장되지 않는다. 이유는 투기적 수요에 대해서는 불이익을 주거나 처벌해야 한다는 사회적 공감대가 어느 정도 형성되어 있기 때문이다.

주택의 수요에 영향을 미치는 인구, 인프라, 유동성, 법규제에 관해서는 더 이상의 논쟁이 없을 것으로 보인다. 논쟁의 실익이 분명치 않기 때문이다. 정부와 여당의 정책이 이 부분에서 뚜렷하게 실패한 것도 아니고 법규제를 명백하게 위헌적으로 운용한 것도 아니다. 게다가 인프라와 관련된 논쟁에서 겪었던 암초가 어디에 숨어 있을지도 모를 일이다 보니 논쟁을 확대할 것 같지는 않다.

주택 수요 부분에서 더 이상의 논쟁이 이어지지 않는 데에는 이 외에 더 큰 이유가 있다. 정부 정책의 최대 약점이 공급과 관련된 이슈에서 드러나고 있는 것처럼 보이기 때문이다. 야당과 일부 언론의 공격의 초점은 분명하게 맞추어졌다. 바로 공급이다. 부족한 공급이 문제라고 비판하기 시작한 것이다.

2) 공급적 측면: 토지와 건물

야당과 일부 언론은 공급이 부족해서 주택 가격이 오르는 것이라고 정부의 정책을 비판하고 있다. 이에 대해 정부는 지난 정권에 비해 공급을 더하면 더했지 적게 한 적은 없다고 응수하고 있다. 홍남기 부총리 겸 기획재정부 장관은 2020년 8월 4일 '서울권역 등 수도권 주택공급 확대방안'을 발표하면서 "공급 측면에서 보면 최근 3년간(2017~2019년) 서울 아파트가 연 4만 호씩 공급되어 과거(2013~2016년) 대비 증가하는 등 공급 물량은 지속 확대되었다"라고 밝혔다.[42]

이 논쟁에서는 분명 정부의 말이 맞다. 부인할 수 없는 통계자료가 있다. 여기서 부인할 수 없는 통계라는 부분이 중요한데, 요즘은 야당이든 여당이든 자기편에 불리한 통계를 들이대면 통계가 조작되었다든지, 입맛에 맞는 통계만 골라 쓴다든지 하면서 승복하려 하지 않는다. 그런데 공급량이 이전 정권에 비해 많다는 통계량은 부인할 수 없는 명백한 자료라는 점이 중요하다. 이는 이미 문재인 정권 초기에 준비된 주거복지로드맵에 따른 결과들로서, 이 대책은 2017년 9월 5일에 일찌감치 발표되었고 일정 부분 계획대로 시행되었다.

숫자로 증명되는 이런 상황에서는 더 이상 공급 부족 때문에 주택 가격이 상승한다고 주장하기는 힘들 것이다. 그렇지만 물러설 수도 없는 일이다. 한번 물러서면 어떤 개미지옥이 기다리고 있을지 모르기 때문이다. 개미지옥을 피하자면 전체 그림을 봐야 하지만 그것도 여의치 않다.

정부 정책 비판자들은 문재인 정부가 이전 정부보다 더 많은 주택을 공급하고 있기는 하지만 시장에서 바라는 양질의 주택이 아니라는 점을 지적한다. 서울 집값을 좌우하는 시장은 서울의 주요 도심에서 가까운 곳이자, 원룸이나 1인 가구 주택 같은 작은 평형이 아니라 2인 가구 이상을 수용할 수 있는 평형 이상의 주택이라고 주장한다.

문재인 정부 들어 공급된 물량은 대체로 위치에 문제가 있다. 서울에서 너무 멀어서 서울의 집값에 영향을 줄 만한 위치가 못 된다. 그러니 아무리 지어봐야 서울 집값을 잡을 수는 없다. 일부 서울의 요지에 지어진 집들도 있다. 신혼부부, 청년 등을 대상으로 공급되는 집이다. 그런데 이 집들은 면적이 작은 편이다. 이걸 문제 삼는 것이다. 서울의 좋은 위치에 지어진 집들이 있기는 하지만 그러한 집은 면적이 너무 작아서 서울 집값을 잡는 역할을 기대하기는 힘들다는 비판이다.

문재인 정부 들어 공급한 많은 물량이 집값 조절과 동떨어진 직접적인 이유가 한 가지 더 있다. 이 시기에 공급된 물량은 많은 부분 공공개발의 성질을 띠기 때문이다. 구매력을 갖춘 기존 주택 보유자들이 참여할 수 있는 시장이 아니라 2부 리그라는 얘기다. 1부 선수들은 아예 입장이 불가능한 '그들만의 리그'다.

정부의 기존 공급 정책에 대한 비판은 결국 1부 리그 시장에서 좋아할 물건이 아니라는 점으로 요약된다. 기존 주택 보유자들이 구매할 수 있으면서 향후 가격 상승을 기대해도 좋을 만한 물건을 내놓아야 한다는 주장이다. 좋은 곳에 위치하고 2인 가구 이상 수용할 수 있는 규모이면서 일반 분양을 하는 물량을 내어달라는 얘기다. 표면적으로는 그러한데 좀 더 깊은 속내가 있다.

좋은 위치에 2인 가구 이상을 수용할 수 있는 평형대에 단지 규모로 제공할 수 있는 곳이 서울에 있을까? 답은 재개발, 재건축뿐이다. 그런데 재개발은 시간이 오래 걸린다는 점을 감안하면 가장 좋은 답은 재건축이다. 정부의 공급 정책을 비판하고 나선 사람들은 재개발, 재건축 규제 완화를 염두에 두고 있다고 볼 수 있다. 사실 이것만으로도 좋다. 어떤 식으로든 해결책을 가지고 비판하는 것이니 말이다. 그저 정부의 정책을 폄훼할 목적으로 비판하는 것보다는 훨씬 낫다. 더욱 나쁜 것은 양질의 주택을 공급할 방법이 없을 것이라고 판단하면서 양질의 주택을 내놓으라고 주장하는 경우다. 현재 서울의 상황을 생각해 보면 상식적이고 일반적인 방법으로는 양질의 주택을 공급하는 것이 쉽지 않다. 정부 정책 비판자들은 비판자로서의 특권을 아주 잘 이용하면서 정부를 몰아붙인다.

정부는 한 발 물러섰다. 2020년 5월 6일 문재인 정부 최초로 정비사업 활성화 방안을 발표했다. 정비사업이란 재개발, 재건축의 다른 말에 불과하다. 결국 시장 논리를 주장하는 세력의 뜻대로 재개발, 재건축을 활성화하겠다는 계획을 발표한 셈이다. 그러나 정부도 고집이 있어 보인다. 딱 한 발만 물러섰다. 정비사업, 즉 재개발, 재건축을 활성화하기는 하겠으나 공공이 나서서 하겠다고 한 것이다. 투기적 성격의 사업을 추진해서 개발 이익을 챙기는 것은 용납하지 않겠다는 의지의 표현이다. 표면적으로는 민간 위주의 재개발, 재건축 사업이 집값 상승으로 이어지는 공급의 부작용을 피해가기 위해서라고 주장하지만 말이다.

정부는 정비사업만으로는 공급이 충분하지 않다고 판단했다. 이에 2020년 8월 4일에는 수도권 공급 확대 방안을 발표했다. 이 안의 특징은 기존의 3기 신도시나 때로는 1, 2기 신도시보다 위치가 좋은 택지를 대거 포함하고 있다는 점이다. 8월 4일 대책안이 발표되기 전 일부 그린벨트를 해제해서 택지로 활용하는 방안도 적극 고려되었다. 이 모든 게 양질의 주택을 공급하기 위해서였다.

여론의 향배를 물어볼 양인 듯 주요 언론을 통해 흘러나온 그린벨트 개발 가능성에 대해서 의외의 반응이 나왔다. 의외라고 볼 수 있지만 어쩌면 당연한 반응일 수도 있다. 서울의 좋은 위치에 주택을 공급해야 한다고 주장하던 야당과 일부 언론이 그린벨트 개발은 절대 안 된다고 나섰던 것이다.[43] 그린벨트를 제외하고는 서울에서 좋은 위치를 찾기가 쉽지 않다. 그린벨트는 안 되고 어찌되었든 좋은 위치를 내놓으라는 주장은 결국은 재개발, 재건축을 활성화해 달라는 것이다. 혹은 방법이 없다는 걸 알면서도 정부를 곤란하게 만들려는 의도일 수도 있다.

일부 언론이나 야당 쪽의 주장만 들어봐서는 재개발, 재건축이 정부에 의해서 절대적으로 금지되어 있는 것처럼 보인다. 정부는 재개발, 재건축에 대한 규제를 강화 혹은 정상화한 것인데 주요 언론과 야당은 마치 정부가 재개발, 재건축을 원천적으로 금지하고 있는 것처럼 주장한다.

일부 언론과 야당은 과거에 시행되었던 가장 좋은 조건으로 재개발, 재건축을 허가해 달라고 주장하고 있는 것이다. 재개발, 재건축 대상인 주택을 소유한 계층은 과거에 가장 좋았던 조건보다 나쁜 조건으로는 재개발, 재건축을 하지 않겠다는 심산인데, 그들의 마음을 적극 반영한 것이다. 재개발, 재건축에 편견을 가진 정부하에서 지금 당장 무리하게 재개발, 재건축을 추진하는 것보다는 다른 비전을 가진 정권이 들어서기를 기다리는 것이 더욱 현명하다고 판단하게 되었을 수도 있다.

정부는 2020년 8월 4일 대책 발표로 총 127만 호의 주택이 추가로 건설될 수 있다고 주장한다.[44] 주택 가격 안정화에 극적으로 성공한 노태우 정권하의 200만 호 건설보다는 못하지만 효과를 기대하기에 충분한 물량으로 판단하고 있다. 게다가 노태우 정권에서의 200만 호는 주로 신도시에 의존하고 있었지만 이번 경우는 서울 안 혹은 서울 도심에서 매우 인접한 곳에도 적지 않은 물량이 지어진다는 것을 고려한다면 가격 통제 효과는 대단히 기대할 만하다.

과거 정부와 문재인 정부의 집값 안정화 방법을 비교해 보자. 사실 문재인 정부의 방법은 매우 특별하다. 집값 안정화를 위해 적극적으로 노력하기 시작한 것은 노태우 정부였다. 주택 건설 200만 호로 대표되는 노태우 정부의 주택 정책은 철저하게 공급 위주의 정책이었다.[45] 노태우 정부는 서울 주변에 신도시를 건설하고 200만 호라는 막대한 물량을 공급하겠다고 선언했다. 결과적으로 200만 호를 다 채우지는 못했지만 집값을 잡는 데는 일정 부분 성공했다.[46] 이명박 정부도 비슷한 방법을 택했다. 그린벨트를 헐어서 보금자리 주택을 공급했던 것이다. 이명박 정부는 서울 요지에 평균 규모 이상의 평형대를 공공 주도로 공급했다. 이 또한 성공적이었다. 두 정부는 수요를 규제하기보다는 공급을 늘리는 정책을 택했고 결과적으로 성공했다.

노태우 정부의 성공에 대해서 그때는 좋은 시절이었다고 말하는 사람들이 적지 않다. 그때는 서울 인근에 택지가 많았기 때문이다. 그런데 그렇게만 볼 일은 아니다. 당시 분당 신도시가 처음 건설되었는데 그 무렵 서울 사람들은 그렇게 먼 곳에서 서울로 출퇴근하는 사람들을 쉽게 이해하지 못했었다는 사실을 기억할 필요가 있다. 지금으로서는 분당이 서울이나 마찬가지가 되어버렸지만 당시는 서울에서 매우 멀리 떨어진 곳이었다. 감각적으로 얘기하자면 지금의 동탄 정도 되는 거리였다고 봐도 될 것이다. 노태우 정부의 집값 안정화 성공은 높이 평가할 만하다. 단순히 서울 인근에 빈 땅이 많았기 때문에 집값을 쉽게 안정시킬 수 있었다고 폄하할 일이 아니라는 얘기다.

잘 알고 있는 것처럼 노무현 정부는 출범 초기 집값 폭등이라는 악재를 맞이했다. 노무현 정부의 초기 부동산 대책은 규제를 통해 투기적 수요를 억제하는 데 초점을 맞추었다. 종합부동산세, 양도소득세 등의 정책을 도입하거나 강화함으로써 부동산 투자를 차단하는 조세정책을 추진했다. 또한 투기과열지구 내 분양권 전매 제한, 재건축 임대주택의 건축비 및 건설비율 조정 등의 규제강화정책을 실시했다.[47]

노무현 정부의 후반기 대책은 공급에 초점이 맞추어졌다. 서울 인근에 신도시를 개발했던 것이다. 2기 신도시 사업이었다. 이때는 민간 건설사가 주도적으로 참여했다. 노무현 정부의 주택 정책은 장기적으로 보자면 성공했다고도 할 수 있다. 정부 출범 초기의 집값 폭등이 후반부로 가면서 진정되는 양상을 보였기 때문이다. 하지만 전체적으로 볼 때 그다지 성공적이지 않았다. 그 이유는 당연하게도 노무현 정부가 공급한 주택의 위치가 노태우 정부 때만큼 좋지 못했고, 다른 한편 민간 주도로 개발하다 보니 가격이 크게 저렴하지도 못했기 때문이다.

노무현 정부의 실패는 이명박 정부에게는 약이 되었다. 이명박 정부는 주택 가격 상승이 우려할 만한 상황이 아니지만 도심 공급이 부족해서 가격 불안정이 주기적으로 발생한다는 판단하에 선제적으로 공급을 결정했다. 과감하게 그린벨트를 헐어 도심에서 가까운 좋은 위치에 싼 가격의 아파트를 공급했다. 노무현 정부가 공급한 주택보다는 물론이고 노태우 정부가 공급한 주택보다도 더 위치가 좋았다. 가격 또한 공공주도 공급으로 저렴하게 공급했다. 아파트 가격 상승은 이명박 정부 기간 전체로 볼 때 1.7%에 불과했다.[48]

문재인 정부가 추진하는 부동산 정책이 특별한 이유는 정부 출범 초기부터 철저하게 수요 규제 위주의 정책을 고집했기 때문이다. 이런 시각에서 벗어나지 못한 주된 요인은 실질적으로 100%에 가까운 주택보급률이었다. 같은 맥락에서 서울에서 서서히 빈집이 나타나고 있다는 사실로부터 영향을 받기도 했다. 수요와 관련된 양적인 측면에서 보자면 서울은 분명 초과 공급 상태에 다가서고 있었다.

한편 문재인 정부의 이런 수요 규제 위주의 정책이 별다른 우려 없이 진행될 수 있었던 것은 주택 공급은 이미 충분하다는 판단을 문재인 정부만 했던 것이 아니었기 때문이다. 박근혜 정부 때부터 신규 주택 공급을 조절하기 시작했다. 정권이 교체된 상황에서 후속 정권은 전 정권의 정책을 이어 받을 때 마음이 가벼울 수 있다. 정책에 대한 주요 비판자들이 야당이나 야당에 동조하는 일부 언론이라는 걸 생각하면 특히 그렇다. 꼭 부동산 문제가 아니더라도 전 정권이 시작한 것이라는 식으로 책임을 회피하는 것만큼 손쉬운 방법도 없다.

문재인 정부는 서울시의 실질적인 주택보급률이 100%인 상황에서 더 이상의 공급을 요구하는 시장 수요는 실질적인 수요가 아니라고 판단했다. 그리고 실수요가 아니라면 수요를 억제하는 것이 옳다고 확신했다. 하지만 시장은 다르게 움직였다. 투기적 가수요는 억제할 수 있는 것이고 투기적 가수요를 억제하면 집값은 안정화될 것으로 예상했지만 시장 상황은 달랐다. 실수요에 부응하는 물량이 지속적으로 공급되고 있었고 가수요를 최대한 억제했지만 집값은 심상치 않은 상승세를 유지했다. 이런 상황에서 문재인 정부도 한발 물러섰다. 공급을 확대하기로 한 것이다. 물론 공공이 공급을 주도한다는 전제하에 말이다.

정부의 공급 확대 계획에 대해서 주요 언론과 야당은 이제 실현 가능성을 집요하고 따지고 든다. 가능성을 따져서 계획의 견고함을 보여달라는 것이 아니다. 정부 계획을 파헤침으로써 계획이 잘못되었고 전혀 실현 가능성이 없다는 것만 입증하려고 한다. 실현 가능성을 낮추는 가장 큰 비판은 역시 공공이 주도하는 정비사업에 초점이 맞추어져 있다. 한 일간지는 이렇게 기사 머리말을 뽑고 있다. "2000만 원 득 보려고 닭장 짓나?"[49] 공공이 주도하는 정비사업의 골자는 일정한 인센티브를 민간에 부여해서 정비사업을 실행하도록 하고 이익의 대부분을 공공이 환수하겠다는 것이다.

민간에 제공하는 인센티브로 가장 중요한 것은 용적률이다. 용적률을 상향 조정해서 현재의 재개발, 재건축에 비해서 이익을 더 남길 수 있도록 하겠지만, 그중 많은 부분을 환수하겠다는 얘기다. 기사에서 말하는 2000만 원이란 용적률 상향이라는 인센티브를 통해 얻을 수 있는 거주자 개별 가구당 이익이 2000만 원뿐이라는 주장이다. 공공 정비사업을 통해서 얻는 개인 이익이 2000만 원이냐 그보다는 좀 더 될 것이냐 하는 시시비비는 별로 의미가 없다. 요약해서 얘기하자면 공공이 주도하는 정비사업을 통해서는 기대를 실현할 수 없다는 것이다. 그렇다면 결론은? 이 정부하에서는 정비사업을 하지 않는 게 좋다는 것이다. 이 기사를 쓴 기자는 이 정부하에서는 정비사업을 하지 말라고 부추기는 셈이 되는 것이다. 보수정권이 들어서면 사정이 달라지고 기대했던 수익률을 실현할 수 있는 기회가 오지 않겠냐는 계산법이 숨어 있기도 하다.

이런 이유들로 인해서 정부 정책 비판자들은 정비사업이 계획대로 진행되지 않을 것이라고 점친다. 단순히 점치는 것이 아니라 그렇게 되길 바라고 있는지도 모르겠다. 정부의 계획대로 되면 안 되기 때문이다. 계획대로 되지 않아야만 이번 정부 내에서 정비사업을 하지 않고 다음 정권을 기다리는 보람이 있다. 이 정부가 일을 잘 해결하면 재개발, 재건축을 통해서 한몫 잡아보겠다던 기대는 또다시 적어도 10년 뒤로 밀어두어야 한다. 정부 정책이 효과를 거두면 내게 손해이고 실패하면 내게 이득이 된다면, 많은 사람들이 정부의 실패를 바라지 않을까? 비양심적이라고 탓할 일은 아니다. 다만 정부와 시장의 어긋남이 시작되는 지점이라고 할 수 있다.

신도시 개발 사업도 비슷하다. 재개발, 재건축이 주로 대상 주택 소유자의 이해와 맞물려 있다면 신도시 개발 사업은 건설사의 이해와 맞물려 있다는 점만 다를 뿐이다. 신도시 개발 역시 공공이 깊숙이 개입하다 보니 건설사의 수익률이 떨어질 수밖에 없다. 공공이 개입하는 이유는 분양가 상승을 억제하기 위해서이기도 하고, 시장에서 돈이 덜 되는 소형 평형과 임대용 주택의 의무 비율을 높이기 위해서이기도 하다. 이 지점에서 재개발, 재건축 대상인 주택을 소유한 사람들과 건설사의 셈법이 같아진다. 차라리 정권이 바뀔 때까지 기다리는 것이 낫다고 판단하게 된다. 이런 이유로 인해 신도시 개발 사업도 계획대로 진행되지 않을 것이라고 인지편향적인 예언을 한다. 예측이라기보다는 소망에 가깝다.

신도시 개발과 관련해서는 건설사의 입장도 재개발, 재건축 대상 주택 소유자의 속마음과 같다. 정부의 계획이 잘되면 건설사 입장에서는 좋을 것이 없다. 더 많은 이익을 남길 수 있는 기회가 사라지기 때문이다. 이것은 더 많은 이익을 남기는 방식으로 신도시 개발을 할 수 있는 땅을 소모한다는 의미이기 때문에 다시는 돌아오지 않는 기회라는 면에서 보자면 건설사는 재개발, 재건축 대상 주택 소유자보다 더 절실하다.

문재인 정부 들어 발생한 과도한 집값 상승에 대한 논쟁은 이렇게 정리해 볼 수 있다. 수요를 조절한다는 측면에서 볼 때 정부의 정책에 큰 오류는 없어 보인다. 일부 언론과 야당, 그리고 일부 시민들이 법의 위헌적 적용과 선의의 피해자 발생을 호소하기는 하지만 대세를 바꿀 정도의 파급력이 있어 보이지는 않는다. 따라서 이 문제에 대해서는 언론과 야당의 공세가 있을 것 같지는 않고 정부 정책의 판정승 정도로 봐도 좋을 것이다.

국가균형발전이라는 이슈는 여전히 잠복되어 있는 뇌관이다. 우연한 기회에 동력을 얻게 되면 정부를 포함한 여권이 공세를 취할 수 있는 유리한 지점이기는 하지만 지금 당장 이 이슈를 사용하기에는 무리가 있어 보인다. 국가균형발전이 장기적으로 볼 때 서울 집값을 조절하는 가장 효과적이면서 유일한 방법이기는 하지만 시간이 문제이기 때문이다. 단시간 내에 서울 집값을 잡아야 한다는 면에서는 선택할 수 있는 방법이 아니다. 하지만 여당은 이 이슈를 꽃놀이패로 인식하고 있는 것이 분명하다. 상황이 나빠지면 다시 꺼내 들 수 있다. 또한 상황이 더욱 유리해져도 본격적으로 꺼내 들 공산이 크다. 하지만 현재로서는 품속에 숨겨놓고 위협을 주는 정도로 활용하고 싶어 할 것이다.

인구와 인프라에 관한 한 여당이 선수를 잡은 모양새다. 야당은 처음에는 자신들에게 유리한 이슈인 줄 알고 무턱대고 달려들다가 아차 싶은 상황을 맞이했다. 이러지도 저러지도 못하고 있는 형세다.

논쟁에서 한편이 너무 밀리면 약자 편을 들고 싶은 생각도 좀 들기 마련이다. 약자에게 이런 조언을 하고 싶다. 국가균형발전의 전제 조건이라 할 수 있는 서울 과밀이 사실인지 반문하라고 말이다. 서울은 과연 진정 과밀인가? 지나치게 집중되어서 집중의 효과보다는 부작용이 더 크게 나타나고 있는 것이 사실인가? 그것을 사실이라고 증명할 수 있는 증거가 하나라도 있는가? 아마도 이 질문에 대한 명쾌한 답을 내지 못할 것이다. 누구도 그 문제에 대해 명쾌한 답을 요구하지 않았기 때문이다. 요구하지 않았으니 답에 대해 궁리해 봤을 리도 없다.

반면 과밀이 아닐 수도 있다는 증거는 꽤 있다. 우선 서울보다 더 과밀한 도시를 꼽아보면 된다. 뉴욕, 런던, 파리, 도쿄 같은 곳은 서울만큼 과밀하다. 그런데 이러한 도시들도 여전히 집중이 커지고 있는 실정이다. 뉴욕, 런던, 파리, 도쿄는 서울보다 먼저 집중화가 시작된 곳이니 과밀의 부작용도 먼저 나타났을 것이고 따라서 과밀 해소 대책도 심각하게 고려해 봤을 것이다. 그래도 여전히 그들은 과밀이라는 상황을 방치하고 있다. 극단적인 과밀 대책을 강구해야 할 정도로 여전히 과밀의 역효과가 뚜렷하지 않다는 증거일 수도 있다.

과밀이 아닐 수 있다는 간접적인 증거도 있다. 박정희 정부 당시 서울 과밀을 우려해서 수도 이전을 진지하게 고려한 적이 있다. 물론 이 경우는 북한의 위협으로부터 수도를 보전하고자 하는 다른 목적도 있었다. 하지만 어찌되었든 서울의 과밀이 심각하게 고려된 것은 분명하고 이를 해소하기 위한 대책으로 수도 이전을 검토했다는 것도 분명한 사실이다.

서울이 과밀이라고 생각했던 1975년 당시 상황을 살펴보자. 면적은 지금과 같이 627.06km^{2}다. 인구는 600만 명이었다.[50] 현재는 1000만이다. 과밀을 정량적으로 표현한다면 밀도가 최선일 것이다. 밀도가 지금의 반 정도밖에 되지 않는다. 지금의 눈으로 보자면 당시에 왜 과밀을 걱정했는지 이상할 정도다. 앞으로 50년 후쯤 이와 똑같은 상황이 벌어질 수도 있다. 지금 우리의 눈에는 서울이 과밀로 보일 수도 있지만 50년 후에는 또 다르게 보일 수도 있다는 얘기다. 흔히 서울 과밀을 얘기하지만 누구나 공감할 수 있는 과밀의 기준은 누구도 가지고 있지 않다.

현재 여권의 행정수도 이전 정책이 가지고 있는 치명적인 약점이다. 과밀을 주장하고 그 해결책으로 행정수도 이전을 주장하려면 반드시 이 같은 질문에 답할 수 있어야 한다. 이런 훈수를 두는 것은 단순히 약자의 처지를 응원하기 위해서는 아니다. 한반도의 운명을 뒤흔들고 후속 세대의 미래에 지대한 영향을 끼칠 중대한 일이기에 던지는 질문이다. 사실 아직 우리는 이에 대한 분명한 답을 가지고 있지 않다. 수도를 이전하기보다는 오히려 서울을 더 고밀도로 집중해야 발전과 성장이라는 측면에서 유리할지도 모를 일이다.

공급과 관련한 부분에서는 더욱 선명하게 정리된다. "잘되나 보자." 이거다. 계획만 놓고 보면 그럴듯하다. 공급 물량도 적지 않고 위치도 좋다. 계획대로만 된다면 향후 20년간 서울 주택 값은 보합세를 유지하기에 급급해질 수도 있다. 그러니 잘되면 큰일이다. 안 되기를 바라는 마음을 가지고 잘되나 보자고 할 수밖에 없다.

제2장

집값은 왜 오르는가?

1. 집값 상승의 조건

물건의 값이 오르는 것을 가장 명쾌하게 설명하는 것은 역시 수요-공급의 법칙이다. 수요에 맞추어서 물건이 공급되면 물건 값은 변동 없이 일정하게 유지된다. 수요-공급이 균형을 이룬 상태다. 이런 균형은 매우 동적이어서 시시각각으로 균형이 흔들린다. 갑자기 수요가 늘어나면서 공급이 수요를 따라가지 못하는 경우가 생기면 물건의 값이 오른다. 혹은 어떤 이유에서든지 수요는 여전한데 공급이 줄어도 물건 값이 오른다. 수요-공급의 균형점이 반대쪽으로 움직일 수도 있다. 수요가 줄어드는데 공급이 그대로이면 물건 값이 내린다. 수요는 그대로인데 공급이 늘어나면 그때도 물건 값은 내린다.

수요-공급이 균형점에서 어디로 이동하는지를 파악해서 물건 값을 공을 들여 변경할 필요는 없다. 이런 일은 시장이 알아서 해준다. 아니, 알아서 잘 해준다고 믿는다. 수요가 늘어나고 있는지 아니면 줄어들고 있는지, 공급이 줄어들고 있는지 아니면 늘어나고 있는지를 쉽게 알 수 있는 표시가 있다. 바로 가격이다. 가격이 오른다면 공급에 비해 수요가 늘었거나 수요에 비해 공급이 줄었다고 판단할 수 있다. 가격이 내린다면 공급에 비해 수요가 줄었거나 수요에 비해 공급이 늘어났다고 판단하면 맞다. 가격을 일정하게 유지하고 싶다면 수요와 공급을 조절하면 된다. 가격이 오르면 수요를 줄이거나 공급을 늘리면 된다. 가격이 내리면 수요를 늘리거나 공급을 줄이면 된다. 그런데 수요와 공급을 누가 맡아서 조절하는 건 아니다. 시장 참여자들은 그냥 경제적 이득이 큰 쪽으로 행동하면 된다. 수요자는 물건 값이 싸지면 더 사고 비싸지면 덜 사면 된다는 얘기다. 공급자는 반대로 하면 된다. 물건 값이 싸지면 덜 만들고 비싸지면 더 만들면 된다.

가격이 수요-공급의 법칙에 의해 결정된다고 하지만 꼭 그런 것만도 아니다. 재화의 종류에 따라서는 수요-공급의 법칙을 벗어나서 가격이 움직이기도 한다. 기펜재(Giffen's goods)나 위풍재(Prestige Goods, 威風財) 같은 것이 대표적이다. 기펜재는 가격이 하락하면 수요가 더 줄어든다. 흔히 연탄이나 고무신 같은 것을 예로 든다. 위풍재는 가격이 오르면 수요가 더 늘어난다. 과시하기 위해서라면 비쌀 때 사야 위풍이 더 산다. 백화점에서 파는 옷과 똑같은 옷을 아울렛에서 살 수도 있다. 하지만 사람들은 백화점에서 비싸게 주고 샀다는 것을 알리고 싶어 한다. 이것이 아마도 위풍재에 대한 가장 피부에 와 닿는 설명일 것이다. 공급량이 한정될 수밖에 없는 재화들도 있다. 골동품 같은 것들이 그러한 사레다. 이런 재화 역시 일반적인 수요-공급의 법칙에서 예외가 된다.

수요-공급의 법칙을 벗어나는 재화들도 있지만 수요-공급의 법칙을 벗어나는 상황도 있다. 수요-공급의 법칙이 이론대로 작동하려면 무엇보다도 시장이 정상적으로 작동해야 한다. 여기서 시장이 정상적으로 작동한다는 것은 수요와 공급이 어떤 특정한 힘에 의해서 의도대로 조절되어서는 안 된다는 것을 의미한다. 다른 말로 하자면 시장 참여자가 수요 측면에서나 공급 측면에서나 다수이면서 이들 다수가 일부 참여자의 의도에 의해서 좌우되지 않는 시장이어야 한다는 의미다.

시장이 정상적으로 작동하지 않는 것은 수요나 공급이 특정 참여자의 의지에 따라 결정될 때다. 때로는 수요와 공급이 특정 참여자에 의해 동시에 주도될 때도 있다. 어찌되었건 수요 혹은 공급을 독점하는 참여자가 있으면 시장이 정상적으로 작동하지 않는 상황이 발생한다. 공급을 독점하는 참여자가 있다면 공급을 줄일 필요도 없이 물건의 가격을 올릴 수 있다. 이때 물론 수요의 탄력성이라는 것이 공급 독점자의 시장 영향력을 결정한다. 수요의 탄력성이 적은 물건이라면, 즉 꼭 필요한 물건이라면 공급자가 가격을 올려도 울며 겨자 먹기로 살 수밖에 없다.

독점은 공급에서만 나타나는 것은 아니다. 수요에서도 독점이 나타난다. 수요를 줄여서 가격을 낮출 수도 있고 수요를 늘려서 가격을 높일 수도 있다. 구매자들이 담합을 하는 경우에 이것이 가능하다. 때로 수요-공급의 균형점을 강요할 수도 있다. 수요를 독점하고 있는 시장 참여자가 공급 가격을 일방적으로 지정할 수도 있다.

집값은 대체로 봐서는 수요-공급의 법칙에서 크게 벗어나지 않는다. 요약하자면 아래와 같다.

그림 2-1 **집값이 오르는 조건**

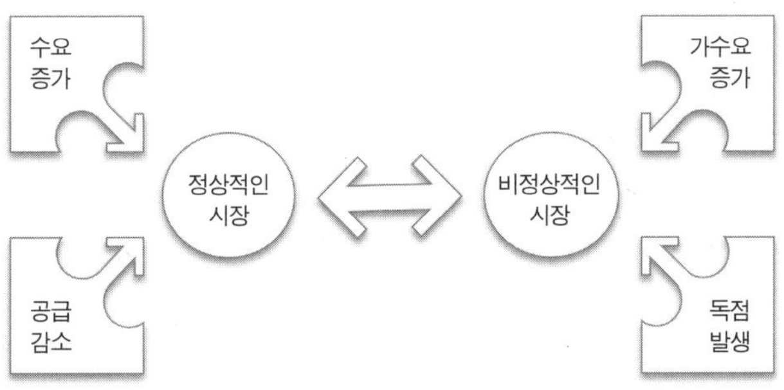

① 집에 대한 수요가 늘어나면서 공급이 그에 따라가지 못하면 집값이 오른다.

② 수요에 비해 공급이 줄어들면 집값이 오른다.

여기까지는 시장이 정상적으로 작동할 때의 얘기다. 시장에서 수요-공급의 법칙은 대체로 잘 작동하는 듯하지만 예외가 적지 않다. 시장에 독점적인 지배자가 나타날 때다. 수요와 공급에서 독점이 나타나면 재화의 가격은 더 이상 수요-공급의 법칙을 따르지 않는다. 수요와 공급 자체를 인위적으로 늘리고 줄여서 가격을 원하는 방향으로 움직이게 할 수 있다. 따라서 집값이 오르는 상황은 아래 두 가지 경우에도 발생한다.

③ 가수요가 증가하면서 공급이 따라오지 못하면 집값이 오른다.

④ 공급에서 독점이 발생하면 집값이 오른다.

2. 수요 증가

1) 수요 증가와 집값 상승

집값이 수요-공급의 법칙에 의해 결정된 대표적인 사례는 노태우 정부 시기의 주택 가격 상황에서 잘 드러난다. 노태우 정부 시기에는 과거 십수 년간의 경제성장과 인구 증가 및 서울 집중으로 인해 주택 수요가 증가하고 있었고 공급은 수요를 따라가지 못하고 있었다. 이때 집값은 수요-공급의 법칙에 딱 들어맞게 상승했다. 노태우 정부는 주택 200만 호 공급계획을 수립하고 대량의 주택을 공급했다. 결과 역시 수요-공급의 법칙에 딱 들어맞게 집값은 상당 부분 진정되었다.[1]

좀 더 시간을 거슬러 올라가면 중동 특수로 벌어들인 오일 달러가 국내에 유입되면서 집에 대한 수요가 증가되었다. 오일 달러가 국내에 들어오기 전에도 집에 대한 요구(needs)는 있었다. 하지만 구매력이 없었다. 그러다 보니 그런 요구가 시장에서의 수요가 되지는 못했다. 오일 달러 덕에 집에 대한 요구는 구매력을 갖춘 수요(demand)로 진화했다. 박정희 정부는 이렇게 해서 증가한 수요에 부응하기 위해서 공급을 늘리는 방법을 택하지는 않았다. 그보다는 분양가 상한제라는 방식을 도입했다. 건물의 가격 자체를 통제하는 방법이었다.

수요 증가에 의한 집값 상승은 노태우 정부 이후에도 거의 주기적으로 나타났다. 노무현 정부 초기, 이명박 정부 초기, 그리고 문재인 정부 초기에도 수요 증가에 따른 집값 상승이 나타났다. 수요 증가에 의한 집값 상승이 나타나지 않은 시기는 김영삼, 김대중, 박근혜 정부 때다. 김영삼, 김대중 정부는 IMF라는 초유의 경제적 위기 상황으로 인해 수요 증가가 없었다. 이때도 역시 인구 증가와 서울 집중 때문에 서울에서는 주택에 대한 요구가 지속적으로 증가했지만 구매력을 갖춘 수요가 아니었기에 집값 상승으로 이어지지는 않았다. 박근혜 정부 시기에 눈에 띄는 수요 증가가 나타나지 않은 것은 이명박 정부에서의 공급 정책 추진으로 주택 구매력이 다소간 소진된 상태인 데다가 거시적 경제 상황이 좋지 않았기 때문이었던 것으로 평가된다.

2) 수요 증가에 대한 정부별 대응 방법

수요 증가에 의한 집값 상승에 대응하는 방식은 정부별로 달랐다. 노무현 정부는 초반에는 수요를 통제해서 집값을 잡아보려 했다. 대출 규제와 법제도를 활용한 거래 규제가 그 중심에 있었다. 잘 알다시피 수요를 억제하는 이런 정책은 별반 효과를 보지 못했다. 결국 노무현 정부는 집권 중반 이후 공급을 늘리는 정책을 실시했다.

노무현 정부의 공급 정책에 대해서는 평가가 후하지 않다. 공급을 늘리기는 했지만 실기했다는 평가도 있고, 공급한 물량의 가격이 후속 이명박 정부 때만큼 시장이 선호할 만한 가격이 아니어서 집값을 진정시키는 효과를 크게 거두지 못했다는 평가도 있다.[2] 실기라고 평가한 부분에 대해서는 추가적인 언급이 필요하다. 실기라고 박하게 평가하는 것은 이미 오를 만큼 올랐다고 생각했기에 하는 얘기다. 그렇다고 해서 공급이 이루어지지 않았더라도 더 이상 오르지는 않았을 것이라고 확정적으로 판단하기는 어렵다.

노무현 정부가 정부 출범 초기에 집값 상승에 대처하기 위해서 수요 규제라는 방법을 택한 것은 시장에서 드러나는 수요의 성격에 의문을 품었기 때문이다. 시장에서 나타나는 수요가 실제 거주를 목적으로 하는 수요가 아니라 향후 시세차익을 기대하고 매수에 나서는 투자적 수요라고 보았다. 투자적 수요가 실제로 주택이 필요한 사람들의 기회를 박탈하거나 혹은 투자에 참여하지 못한 사람들을 결과적으로 착취하는 부정적 기능이 있다는 것은 분명하다. 하지만 시장에서 주택의 가격을 결정하는 데 주요한 역할을 한다는 것도 분명했다.

집값 상승에 대한 이명박 정부의 대응에는 망설임이 없었다. 공급을 늘리는 것을 대처방안으로 내놓았다. 공급의 효과가 분명하게 나타나려면 시장이 원하는 물건을 공급하는 것이 좋다. 이명박 정부는 그렇게 했다. 좋은 위치에 시장이 선호할 만한 평형대를 공급했다. 서울 강남을 비롯해서 요지에 위치한 그린벨트를 헐어 사용했다. 평형대도 전용면적 84m^{2}를 포함해서 저소득층 주거라는 이미지를 벗을 수 있는 정도의 규모였다. 이명박 정부의 대처는 신속한 효과를 보았다. 상승세의 기미를 보이던 집값은 매우 낮은 수준으로 통제되었다.

문재인 정부 들어서는 초기부터 집값 상승이 나타났다. 정부 출범 후 3년차 되는 해인 2020년에는 집값이 심상치 않은 조짐을 보이기 시작했다. 문재인 정부의 대처는 노무현 정부와 똑같이 시작했다. 수요를 규제하는 방법을 택했다. 대출을 규제하고 법제도를 동원해서 수요를 억제하려고 했다. 공급이 문제라는 야당과 일부 언론의 공세에도 불구하고 한동안 수요를 억제해서 집값을 잡아보겠다는 의지를 굽히지 않았다. 이런 배경에는 노무현 정부와 같은 상황 판단과 철학이 자리를 잡고 있다. 문재인 정부는 집값 상승을 견인하고 있는 수요는 투자적 수요라는 판단하에 집에 투자해서 얻는 이익은 불로소득이며 다른 사람들의 간접적 피해를 기반으로 한 착취적 행위라는 철학을 갖고 있는 것이다.

3) 수요 증가의 원인인 집중의 발생

대한민국 수립 이후 어느 정부를 막론하고 서울 집값이 상승한 주요 원인은 수요 증가였다. 수요가 증가하는 이유는 분명하다. 인구의 증가와 서울로의 집중이다. 여기에 지속적인 경제성장이 한 몫 단단히 한다. 경제성장의 결과로 구매력을 갖춘 계층이 꾸준하게 증가했다. 요구가 수요가 된 것이다.

이제부터 인구의 집중, 특히 서울로의 집중에 대해서 살펴보자. 서울로의 집중이 왜 발생하고 얼마나 더 집중될 것인지를 이해하는 것은 장래 수요 추세를 가늠하는 계기가 될 수 있다. 서울로의 집중을 이해해야만 서울의 집값 상승을 이해할 수 있다는 뜻이다.

서울로의 집중에서 주목해야 하는 것은 ① 집중은 왜 발생하는가, ② 언제까지 집중이 계속될 것인가라는 점이다. 서울로의 집중이 영원히 계속될 것이라고 생각하는 사람은 없다. 집중이 불가능해지면, 다시 말해서 물리적으로 고밀도화가 더 이상 불가능해지는 상황이 오면 무슨 일이 벌어질까? 두 가지 가능성이 있다. 하나는 서울에서 주택을 얻기가 더 어려워지면서 집값이 더 오를 수도 있다. 다른 가능성은 기업이든 주민이든 간에 서울 이외의 대안 도시를 찾아 떠나는 것이다. 이때가 되면 서울 집값은 일정하게 유지되거나 하락세에 접어들 것이다. 두 가지 가능성이 있다고 했지만 실상 이 두 가지 가능성은 연속된 하나로 볼 수 있다. 더 이상의 집중이 불가능해지면서 집값은 더욱 상승하겠지만 이는 일시적일 것이다. 곧 보합세 혹은 하락세로 들어설 것이다.

서울로 몰려드는 집중은 꽤나 오랜 역사를 갖는다. 조선이 한양에 도읍을 정한 이후 얼마 지나지 않아서부터 시작되었다. 고려가 망한 후 고려에 대한 향수와 의리가 아직 남아 있을 때에는 새로 도읍이 된 서울로 이주하기를 머뭇거리는 부류가 좀 있었다. 그것도 잠시였다. 수십 년도 지나지 않아 서울은 꽉 차게 되었다. 서울로 가야 하나 말아야 하나 머뭇거리던 일부 양반은 서울에서 땅 한 조각 찾기가 쉽지 않게 되었다. 이들은 남산 밑 즈음 자리를 얻어야 했다. 산비탈에 북향이니 지금으로 말하자면 달동네인 셈이다. 남산골샌님의 시작이다.

『호구총수』에 따르면 1789년 정조 13년에는 한양에 19만 명이 거주하고 있다. 한양을 제외하고는 대략 20여 개의 도시가 제법 규모를 갖춘 읍성이었다. 이들 읍성의 인구는 대개 1만 명 내외였다. 한양과 여타 도시의 인구 규모비가 20 대 1을 넘는 셈이니 이때도 서울 집중은 대단했다. 비율만 놓고 보면 지금의 서울보다 더하다고 볼 수도 있다. 그런데 좀 달리 볼 측면도 있다. 당시 인구가 740만 명이었으니 서울에 사는 비율은 3%가 조금 못 되었다. 현재 대한민국은 인구 5000만 명 중에 1000만 명이 서울에 산다. 대략 20%가 서울에 사는 셈이니 이 비율로 보자면 현대의 서울 집중이 조선 말기보다 훨씬 심하다. 그렇긴 해도 여타 도시와의 인구비가 20 대 1이 넘는 수치라면 확실히 당시 서울 집중도 대단했다고 봐야 할 것이다.

1935년 서울은 인구가 44만 명이었고 부산은 18만 명이었다. 서울 인구가 부산 인구의 2.5배 정도였다. 부산에 더해서 또 하나의 도시가 만만치 않은 규모를 갖추고 있었다. 평양이다. 당시 평양 인구도 18만 명으로 부산과 비슷했다. 그 외에도 대구, 천안이 10만 명 규모를 갖추고 있었다. 특이한 것은 춘천의 인구가 9만 명을 넘었다는 점이다.[3]

서울과 남한 대도시의 인구비로 보자면 1935년 이후 큰 변화는 춘천, 천안, 목포의 인구 규모가 상대적으로 크게 축소되었고 인천의 인구 규모가 상대적으로 확대되었다는 점이다. 대구와 부산은 서울 대비 인구 규모비를 이전과 동일하게 유지하고 있는 것이 눈에 띈다.

서울과 남한 주요 도시는 인구 규모비에서 전체적으로 큰 변화가 있었다고 보기 어렵지만 수도권 인구에서는 큰 변화가 있었다. 남한 인구는 1547만 341명에서 5000만 명으로 3.3배 증가한 반면, 수도권 인구는 1935년 245만 2691명에서 2020년 2000만 명으로 8.16배 증가했다.[4] 1935년 당시는 전체 인구의 15.84%가 수도권에 모여 산 반면 현재는 40%가 모여 사는 셈이다.

서울 집중을 살펴보려면 서울 거주자만 생각해서는 안 된다. 서울 밖에 거주하지만 서울을 생활 근거지로 삼고 있는 사람들도 있다. 2015년 기준 서울 외부에서 서울로 통근하는 인구는 132만 2657명이다.[5] 이들이 가구를 형성해서 살고 있다고 보고 평균적인 가구원 수 2.5를 곱하면 서울을 생활의 근거지로 하는 사람이 서울 밖에도 300만 명 있는 셈이다. 이렇게 보면 서울의 인구는 1300만 명이다.

박정희 정부가 들어선 이후 서울 과밀을 우려하기 시작했고 서울 집중을 완화하기 위해 갖가지 정책을 동원해서 지속적인 노력을 기울여

그림 2-2 **1935년과 2010년 주요 도시의 인구 규모 비교(단위: 명)**

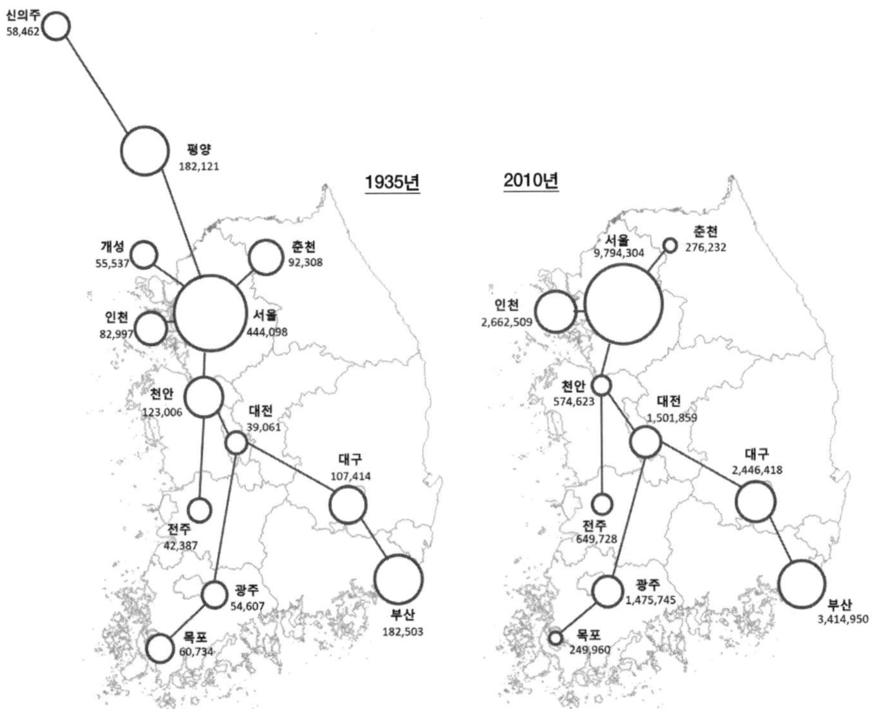

왔지만 서울 집중 현상은 좀처럼 개선되지 않았다. 딱 두 가지 예외적인 성공 사례가 있다. 하나는 신도시 개발이다. 노태우 정권에서부터 시작한 서울 인근 신도시 사업은 서울 대신 수도권 집중을 가속화시키는 결과를 가져왔지만 서울 자체의 과밀이 심화되는 추세는 완화시킬 수 있었다.

다른 하나는 노무현 정권에서 시도한 행정수도 이전과 혁신도시를 중심으로 한 국가균형발전이다. 이 사업은 최초 목표를 달성하지는 못했지만 서울을 포함한 수도권의 과밀을 제한된 공간적·시간적 범위에서나마 실질적으로 완화하는 긍정적인 결과를 얻을 수 있었다. 이 사업 이후 서울 인구가 감소하는 현상이 나타났다. 통계를 보면 서울의 인구는 2010년 1057만 5447명으로 정점을 찍고 이후 점차적으로 감소 추세를 보여 2019년에는 1001만 983명을 기록했다.[6] 전국적으로는 아직 인구 감소가 나타나지 않은 시점이라는 걸 고려하면 서울에서 유출되는 인구로 인해 나타난 결과라고 볼 수 있다. 이때 대한민국은 의도적인 수단으로 서울의 과밀을 해소할 수 있는 방법이 있음을 목격했다.

서울로의 집중은 왜 발생하고 왜 끊임없이 이어지는 것일까? '서울로의 집중' 하면 부정적인 이미지를 떠올리게 된다. 그러나 최초의 집중은 긍정적인 효과를 가져왔다는 점을 놓쳐서는 안 된다. 곧이어 설명하겠지만 집중은 도시 간 물자와 사람의 이동효율을 높여준다. 그런 이유로 집중은 시작된다.

분단 이전의 한반도에서는 서울이 그나마 높은 이동효율을 담보할 수 있는 위치였다. 전국의 중앙에 위치했으므로 전국 각지 어디에서나 접근이 용이한 편이었다. 하지만 분단 이후 서울의 위치는 실질적으로 국토의 최북단이 되었다. 이동의 효율로 보자면 아주 나쁜 위치가 된 것이다.

전국적으로 비슷한 크기의 도시가 산재해 있고 타 도시에서 수도로의 이동이 인구 규모에 비례해서 발생한다고 가정할 때, 수도가 가장자리에 있을 때(지금의 서울처럼)와 국토의 중앙부에 있을 때(대전을 수도라고 할 때)의 총 이동거리에는 상당한 차이가 있다. 대전이 수도이고 그곳에 현재 서울의 인구가 모여 있다고 보면 총 이동거리는 지금의 15.5%로

그림 2-3 **2020년 기준 주요 도시의 인구 분포**

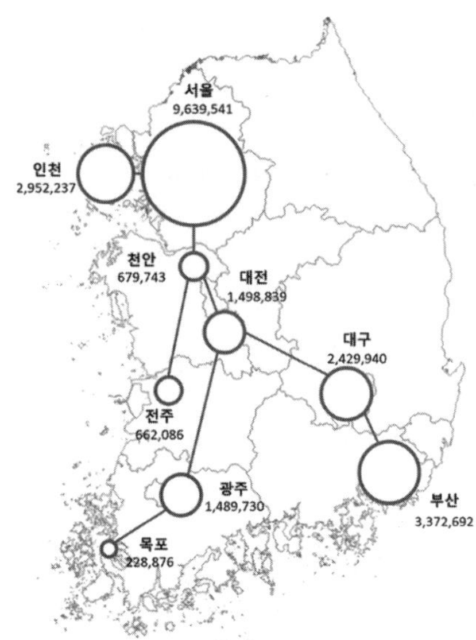

그림 2-4 **대전이 수도이고 현재 서울의 인구를 보유한다고 가정했을 때 각 도시의 인구 분포**

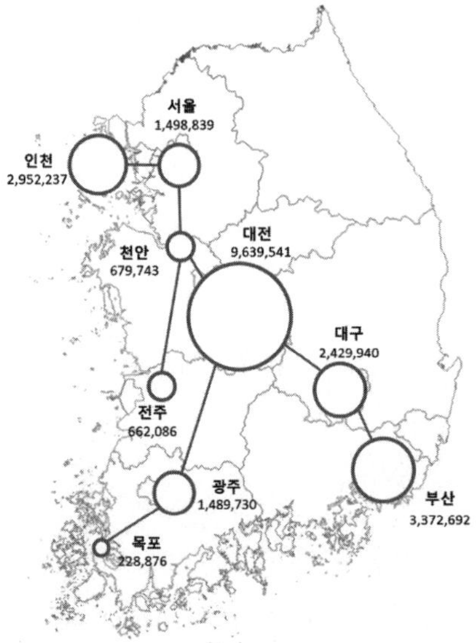

그림 2-5 **전국적으로 인구가 균등하게 분포된다고 가정했을 때 각 도시의 인구 분포**

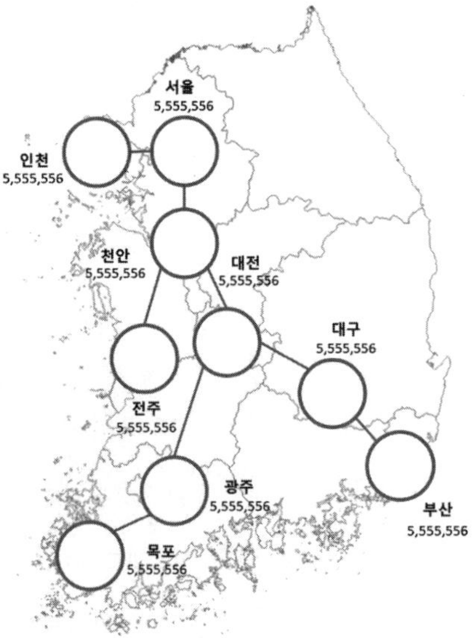

줄어든다. 물류비용이 15.5%로 줄어든다는 뜻이다. 반면에 전국적으로 수도를 포함하여 개별 도시들에 인구가 균등하게 분포되어 있다고 가정하면 총 이동거리는 현재의 192.8%로 늘어난다. 물류비용이 대략 두 배로 늘어난다는 뜻이다. 이 수치는 수도로의 집중이 왜 발생하는지를 분명하게 보여준다. 집중이 가장 높은 이동효율, 즉 가장 저렴한 물류비용을 보장하기 때문이다.

수도가 편심해 있기 때문에 발생하는 불필요한 이동비용 증가를 해소할 수 있는 방법은 뭘까? 방법은 간단하다. 모든 인구를 수도로 집중시키면 된다. 인구를 수도로 집중시키면 시킬수록 물류비용은 작아진다. 수도 집중이 가장 효율적인 방법이다. 물류비용의 효율만 놓고 보면 모든 사람이 서울에 모여 사는 게 가장 효율적이다. 서울이 너무 비좁다면 수도권에 몰려 살면 된다. 전 세계 어느 지역에서나 인구가 수도로 집중되는 현상이 나타나는 이유다.

집중에 의한 이동비용 최소화가 가지는 의미를 과소평가할 수 있어서 구구한 설명을 덧붙인다. 도시는 물자와 사람과 정보의 이동을 가장 잘할 수 있게 해주는 장치로 이해된다. 우리가 도시를 이루고 모여 사는 이유는 바로 물자와 사람과 정보의 이동효율을 최대화하기 위해서다. 수도로의 집중을 통해서 이동비용을 최소화할 수 있다는 것은 도시를 구성하고 사는 최상위의 목적을 실현하는 가장 효과적인 수단인 셈이다. 이렇게 보면 수도 집중 자체는 비난할 일이 아니다.

수도 도시로의 물리적 집중이 물자와 사람의 이동효율을 극대화한다는 것은 분명한 사실이다. 사람이 도시를 이루고 사는 또 하나의 이유인 정보의 이동효율은 눈에 직접적으로 보이는 것이 아니라서 판단하기가 그리 간단치는 않다. 사람이 누군가를 만나서 정보를 전달해야만 하는 시절이라면 정보의 이동효율에서도 집중의 효과를 기대할 수 있다. 그런데 전신을 통해 정보를 전달하는 방법이 발명된 이후에는 상황이 달라졌다.

전신의 발명 이후 인터넷이 도입되자 정보 전달은 또 다른 경지에 이르렀다. 전신은 정보의 생산자가 수용자를 지정해서 전달해야만 했다. 하지만 인터넷이 등장하면서 사정이 달라졌다. 정보의 수용자가 정보를 생산자로부터 능동적으로 획득할 수 있게 된 것이다.[7] 정보의 능동성이 더 확대된 셈이다. 이제 더 이상 도시는 정보 전달의 효율을 책임질 필요가 없어졌다.

이제 도시는 집중이나 분산 중 어떤 구조를 가지든 간에 도시의 구조와는 별도로 효과적으로 정보를 전달할 수 있는 체계를 갖추게 되었다. 이 얘기는 도시로의 집중이 필요한 이유였던 세 가지 요인이 두 가지로 줄었다는 것을 의미한다. 정말 그렇다면 도시 집중의 필요성이 그만큼 감소했다는 얘기도 된다.

그러나 도시 발전 현실은 그렇지 않다. 여전히 도시가 집중형 구조일 때 정보 전달이 효과적이라고 주장하는 연구와 경험이 있다. 두 가지 측면에서 여전히 도시로의 집중이 정보 전달에 효과적이다. 하나는 비공식적인 정보를 전달할 때다.[8] 이것을 다른 말로 하면 모여서 살다 보니 우연하게 접하게 되는 좋은 정보가 종종 있다는 얘기다. 자신이 하는 사업이나 연구에 필요한 정보를 적극적으로 찾지 않는다 해도 우연한 기회에 '얻어' 듣는 정보가 때로는 더 혁신적일 수 있다. 다른 하나는 인맥이라는 말로 단적으로 표현된다. 혈연이 아닌 학연, 지연을 가능하게 해주는 것은 같은 시간에 같은 지역에 산다는 것을 전제로 한다. 여전히 인맥은 현대 생활에서 매우 긴요한 고급정보를 전달하는 효율적인 통로다.

전신의 발명 이후 급성장한 정보 통신의 발달은 정보소통에서 물리적 인접의 중요성을 경감시킬 수도 있었지만 이른바 비공식적 접촉의 가치와 인맥의 가치가 여전하기 때문에 현실에서는 그런 효과를 발휘하지 못하고 있다. 여전히 정보의 이동에서도 집중의 효과는 충분히 유지될 수밖에 없다는 뜻이다.

물자와 사람과 정보의 이동효율을 생각하면 도시로의 물리적 집중은 아주 효과적인 도구이자 장치다. 이렇게만 생각하면 서울로의 집중은 계속되어야만 한다. 서울로의, 그리고 수도권으로의 집중은 앞으로도 쭉 계속될 것이다. 현재 수도권에 2000만 명이 몰려 살고 있지만 많다고만 할 수도 없다. 수도권의 평균 인구밀도를 서울 중에서 인구밀도가 가장 높은 서울시 양천구 정도의 인구밀도로 상정한다면 수도권에 대한민국 전체 인구 5000만 명이 모여 살아도 된다.

서울에서도 인구밀도가 가장 높은 양천구에 가보자.[9] 사람 살기 어려운 동네라는 생각이 드는 사람은 없을 것이다. 그러니 수도권의 평균 인구밀도의 기준을 양천구로 삼는다고 해도 큰 문제가 될 것 같지는 않다. 게다가 현재 인구가 감소되고 있는 추세를 생각해 보자. 어쩌면 3929만 명까지 인구가 감소할 것인데, 이런 정도라면 수도권에 몽땅 몰려와 살아도 별 문제가 되지 않는다.[10] 서울로의 집중은 미래의 대한민국 전체 인구 3929만 명이 모두 수도권에 모여 살 때까지 계속될 수도 있다.

4) 집중은 언제까지 계속될 것인가?

수도권에 인구 4000만 명 정도가 모여 살면 그걸로 끝일까? 아니다. 수도권에서도 중심으로 한 발짝이라도 더 가까이 가려는 노력은 계속될 것이다. 지금이야 더 집중할 공간적 여력이 있어서 문제가 덜 심각해 보인다. 문제는 그다음이다. 수도권의 인구밀도가 모두 양천구 수준이 되고 난 다음에는 어쩔 것인가? 그때 가서는 양천구가 대수냐, 인구밀도가 더 높아도 잘살 수 있다고 주장할 수도 있다. 그러면 물자와 사람과 정보의 이동효율이 더 좋아질 것이라고 생각하고 집중을 지속할 수 있을까?

서울로의 집중의 끝은 반세기 전 프랭크 로이드 라이트가 제안한 '마일하이 타워'로 끝이 날 것이다. 라이트는 1960년대 미국을 대표하던 건축가다. 그는 10만 명이 거주하는 1마일(약 1.6km) 높이의 고층 건축 프로젝트를 제안했다. 1000만 명이 살려면 그런 건물 100개면 된다. 4000만 명이라면 400개 정도면 충분하다. '마일하이 타워' 개념을 도입하면 서울 사대문 안에 4000만 명이 모여 살아도 된다. 그런데 정말 그렇게 살아도 될까? 우리 모두 정신병에 걸리지 않고 멀쩡한 정신으로 그런 도시에서 살 수 있을까? 이런 걱정은 하지 않아도 좋을 것 같다. 역사적으로 인간이 보여준 적응력을 생각하면 큰 문제가 없을 것이다. 하지만 그렇게 살 수 있다 해도 그렇게 살 필요가 있을까 하는 의문은 든다. 집중의 효과에 의문이 생긴다는 얘기다.

서울로의 집중은 분명 효과적인 방법이지만 우려도 있다. 도시로의 집중에 대한 우려는 과밀이라는 말에 함축되어 있다. 집중의 효과는 분

그림 2-6 **라이트가 제안한 마일하이 타워**

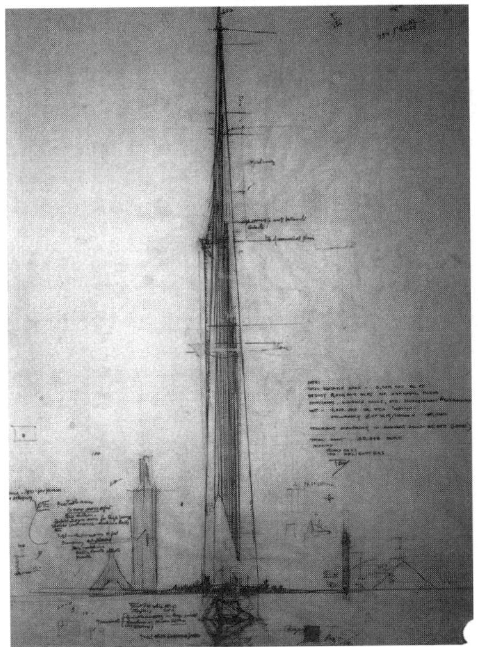

자료: Bruce Brooks Pfeiffer, *Frank Lloyd Wright* (TASCHEN, 2008), p.171.

명하다. 그런데 집중이 지나치면 과밀이 된다고 한다. 과밀은 도대체 무슨 뜻인가? 많은 사람들이 과밀을 얘기하지만 모두 개인적인 이론일 뿐이다. 모두가 인정하는 과밀의 정의는 없다. 이러니 과밀을 측정하는 명확한 기준은 더더욱 없다.

한 국가에서 수도로 집중하는 현상을 우려해야 할 상황으로 인식하려면 우선 과밀이 뭔지를 알아야 한다. 그리고 과밀이 사람들에게 어떤 손해를 끼치는지를 알아야 한다. 지금처럼 그저 과밀이어서 과밀을 해소해야 한다고 말해서는 설득력이 떨어진다.

경험적으로 살펴보자. 1970년대 초반 박정희 정부에서는 수도 서울의 과밀을 염려했다. 그러면서 했던 얘기는 당시의 신문을 보면 알 수 있다. 교통체증이 심각하고 공기가 나쁘다는 얘기가 전부다. 수도권 인구 집중으로 인해 경제 발전이 저해되고 국토개발 불균형이 초래된다고 주장하지만 왜 그렇게 되는지에 대해서는 별 말이 없다.[11] 좀 더 근본적인 원인을 파고 들어가더라도 여전히 교통체증과 공기 오염 정도를 이야기한다. 사람들은 도시의 과밀을 이 두 가지로 판단한다고 해도 그리 크게 틀리지 않다. 지금은 어떨까? 지금도 마찬가지다. 교통체증과 대기오염이 과밀을 구성하는 주요 요인이다.

교통체증과 대기오염은 사실 2000년 전에도 있었다. 로마 제정 초기, 그러니까 1세기 즈음에 로마는 $10km^2$ 안에 100만 명이 모여 살았다고 한다. 이 당시 사람들은 로마가 과밀이라고 불평했다. 불평하는 내용을 들어보자. 우선 교통체증이 심하다고 불평했다. 차도 없는 그 당시에 무슨 교통체증이냐고 의아해 할 수 있다. 당시 차는 없었어도 마차가 있었다. 로마 시내를 통과해서 움직이는 마차가 너무 많아서 사람들이 길을 다니기가 적지 않게 불편했던 모양이다. 마차는 단지 교통체증만 유발하는 것이 아니었다. 소음도 문제였다. 마차 다니는 소리가 얼마나 시끄러웠는지 야간에는 마차의 통행을 금지하기도 했다. 교통체증과 악취, 그리고 소음으로 대표되는 로마의 과밀은 네로 황제 기간의 행정문서를 통해서 분명하게 입증되고 있는 사실이다.[12]

공기 오염도 있었다. 로마가 제법 괜찮은 하수 체계를 갖추고는 있었어도 로마 전역을 깨끗한 상태로 유지하기는 어려웠던 모양이다. 로마의 후미진 동네에서는 악취가 풍겨났다. 악취를 더욱 견디기 어렵게 만드는 건 난방연료다. 난방으로 로마 공기는 숨쉬기에 좋은 상태는 아니었다. 로마나 박정희 정부의 서울이나 지금의 서울이나 과밀은 우선 교통체증과 대기오염으로 나타난다.

교통체증이나 대기오염, 소음 등이 과밀의 표지자로 흔히 거론되지만 물론 이것만 있는 것은 아니다. 과밀에 대해서 생각해 보자. 아직까지 과밀에 대한 정의와 과밀 상태를 판단하기 위한 기준조차 없지만 그것이 없다고 마냥 손 놓고 있을 수는 없는 일이다. 우선 이 글에서만이라도 이야기를 더 진행시키기 위해 '조작적' 정의라도 내려보려 한다.

우선 '과밀은 도시의 밀도가 높아지면서 도시가 발휘해야 할 기능을 제대로 발휘하지 못하는 상태'라고 보는 데서 시작하자. 여기에 대해서는 별 이견이 있을 리가 없다. 도시가 마땅히 발휘해야 할 기능을 살펴보면 우선 도시 생활을 적절하게 영위할 수 있게 해주는 생활환경이 필요하다. 생활환경이라는 것도 그렇게 명확한 용어는 아니다. 도대체 무엇이 생활환경이라는 것인가?

생활환경에 대한 개념을 확정하는 것조차 어려움이 있을 법하다. 이럴 땐 좋은 방법이 있다. 어떤 환경이 있다고 할 때 그 환경을 사람들이 어떤 방식으로 인지하는지 살펴보는 것이다. 사람은 눈, 코, 귀, 입, 그리고 피부를 통해서만 환경을 인지한다. 그 외의 방법으로 환경을 인지하는 사람이 있다면 그는 초능력자다. 도시뿐만 아니라 사람이 사용하는 도구나 장치는 모두 이런 환경에 해당된다. 도구나 장치를 조작한 결과는 눈, 코, 귀, 입, 그리고 피부를 통해서 인지된다. 이제부터 과밀은 눈, 코, 귀, 입, 피부, 즉 오감을 통해서 수용되는 지각의 질적 문제로 이해할 수 있다.

눈이 중요하게 여기는 것은 조망이다. 좋은 경관이 얼마나 많이 펼쳐지느냐 하는 것이다. 좋은 경관은 자연경관과 인공경관으로 나누어 볼 수 있다. 자연경관은 강이나 호수, 산 같은 것을 말한다. 좋은 조망을 형성하는 이 같은 자연경관은 있으면 좋지만 없다고 문제가 되지는 않는다. 다시 말해 과밀을 평가할 때 이런 것은 별로 상관이 없다는 뜻이다.

인공경관은 사실 하기 나름이다. 잘 디자인하면 된다. 예를 들어보자. 아파트를 배치하는 방법은 크게 보면 딱 두 가지다. 하나는 판상형이고 하나는 타워형이다. 판상형은 단위 주호를 옆으로 두 개 혹은 네 개를 붙여서 만들다 보니 널빤지 형상이 되어서 판상형이라는 이름을 가진다. 타워형은 중앙홀을 중심으로 단위 주호 몇 개를 사방으로 펼쳐지게 한 것이다. 이것은 판상형과 달리 양옆으로 길지는 않다. 날씬하면서 위로 솟은 모양이 된다. 타워를 연상시킨다. 그래서 타워형이라는 이름을 얻었다.

우리나라에 아파트가 처음 지어질 때는 모두 판상형이었다. 판상형을 사용하면 모든 주호를 남향으로 만들 수 있기 때문이다. 우리나라 정도의 위도에 위치하는 나라에서는 남향 빛이 아주 중요하다. 적도의 열대지역이라면 사정이 다르겠지만 말이다. 그래서 몽땅 남향이다. 판상형 아파트는 남쪽을 보면서 일렬로 늘어선다. 병풍처럼 늘어서 있어 지나다니는 사람들의 시야도 막고 바람길도 막는다. 이래저래 불만이 터져 나온다. 그래서 고안된 것이 타워형이다.

듬성듬성 여기저기에 배치해서 시야를 가리지 않으면서 바람길이 열리게 했다. 이런 식으로 인공경관은 조절할 수 있다. 그러니 과밀을 얘기할 때 인공경관도 큰 이슈가 되지 않는다. 그렇다면 남는 것은 조망의 양이다.

조망의 양은 이렇게 평가한다. 사람이 커다란 비눗방울 안에 들어가 있다고 생각하자. 사람은 어느 방향으로나 볼 수 있으니 조망 가용 면적은 구의 전체 표면적이라고 보면 된다. 이 중에서 일정 거리 이상으로 시야가 확보되는 표면적만 골라낸다. 일정 거리 이상으로 시야가 확보되는 표면적을 전체 표면적으로 나누면 조망의 양을 평가할 수 있는 기준이 된다.

밀도가 높아지면 대체로 조망의 양이 적어진다. 산골 외진 남향받이 경사지에 집을 지었다고 생각해 보자. 이 집에서는 멀리까지 보이는 시야가 많이 확보된다. 반대로 도심의 아파트를 생각해 보자. 앞뒤, 양옆 아파트에 가려 멀리까지 보이는 조망을 찾기 어렵다. 거실 창가에 바짝 붙어서 위쪽을 봐야만 겨우 먼 거리 조망이 조금이나마 확보될 것이다. 도시화에 따라 고밀도가 되면 조망의 양은 대체로 적어진다.

밀도가 조망을 좌우하는 것처럼 들린다. 그런데 조금만 잘 생각해 보면 그렇지 않다는 걸 알게 된다. 평지에 단독주택 단지를 만들었다고 상상해 보자. 분명히 저밀도다. 이와 달리 아파트를 지었다고 해보자. 높은 용적률로 인해 고밀도가 된다. 이 둘의 조망의 양을 비교해 보면? 저밀도인 단독주택보다 오히려 고밀도인 아파트가 조망의 양이 더 많다. 조망의 양은 대세적으로는 고밀도의 영향을 받지 않을 수 없지만 세세하게 보면 밀도보다는 지세와 건물의 형태에 의해서 더 큰 영향을 받는다는 것을 알 수 있다. 이렇게 놓고 보면 고밀도 때문에 조망을 걱정할 필요는 없다. 생활환경 중에서 눈에 들어오는 지각상태에 의해 좌우되는 조망만 놓고 보자면 아무리 높은 밀도라도 크게 걱정할 필요는 없다는 애기다.

코와 관련된 것은 냄새인데, 현대도시에서 냄새는 크게 문제 되지 않는다. 배수시설만 잘 확보되면 도시 차원에서 냄새 문제는 없다. 진짜 문제는 공기의 질이다. 귀촌, 귀어하는 사람들이 주로 하는 얘기가 공기가 좋아 살기 좋다는 것이다. 상대적으로 도시의 공기 질이 나쁜 것은 사실이다. 그런데 이 문제는 조만간 해결될 것 같다. 도시의 공기 질을 악화시키는 것은 원래 공장이었다. 그런데 공장은 도시 토지 이용 계획 시 용도에 따라 지역을 분리하는 조닝 제도에 의해 거주지로부터 멀리 격리된 지 오래다. 따라서 문제 될 게 없다. 문제는 난방과 자동차다.

난방에 의한 공기 질 오염은 지역난방으로 이미 대부분 해결되었다. 저밀도 단독주택 지역은 지역난방이 여의치 않아 개별난방을 하는데 그러다 보니 오히려 단독주택이 밀집한 지역의 공기 질이 더 나쁘다. 이 말은 고밀도가 되면 지역난방이 가능해지고 그로 인해 오히려 공기 질이 더 좋아질 수 있다는 얘기다.

아직까지도 해결하지 못한 문제는 자동차로 인한 매연인데 이것도 그저 시간문제일 것으로 보인다. 전기차가 해법이다. 전기차가 일상화되면 도시의 매연은 더 이상 걱정하지 않아도 된다. 이 얘기는 코로 겪는 고밀도 부작용도 조만간 사라질 것이라는 말이다.

청각적인 문제는 어떠한가? 도시에서 소음은 문제이기는 하다. 그런데 소음의 대부분이 자동차로 인한 소음이므로 이것 또한 전기차의 보급과 함께 과거의 문제가 될 가능성이 높다.

과밀로 인해 뭔가 나쁜 점이 생겼다고 할 때 그것을 인지할 수 있는 가능성 중 아직 검토하지 않은 것은 미각과 촉각이다. 미각과 촉각이 도시의 과밀과 전혀 별개의 문제라는 것은 논의하지 않아도 될 것이다.

결론적으로 보면 고밀도로 인한 생활환경 악화는 그리 걱정할 필요가 없다는 얘기다. 이런 문제는 건설 기술과 자동차 기술로 모두 해결 가능하다.

그다음은 이동이 문제다. 한자리에만 머물러 사는 것이 아니기에 이동의 효율성은 도시가 담보해야 할 기능이다. 이동이 가능하려면 길을 만들면 된다. 우선 땅 표면부터 시작한다. 땅 표면에 길을 만들면 된다. 집중이 심해지면 길이 교통량을 감당하지 못할 만큼 붐비게 되고 정체가 발생한다. 이럴 땐 우선 길을 넓히면 된다. 그러면 당분간은 살 만하다. 그런데 집중이 더 심해지면 교통체증도 슬슬 되살아난다. 그러면 이번엔 지하에 길을 만든다. 흔히 보는 지하철이다. 지하철도 당분간의 해결책이다. 지하철이 만들어져 접근성이 좋아지면 그 지역은 타 지역에 비해 경쟁력을 갖추게 되고 더 많은 사람들이 몰려들게 된다. 곧 교통체증이 되살아난다. 그러면 이제는 지하를 겹겹으로 사용하는 방법이 있다. 대심도 철도라는 것이다. 지하 50m 이하로 깊이 파서 전철이 지나가게 하는 것이다. 이렇게 하면 더 높은 고밀도도 가능하다. 하지만 땅 속을 이중 삼중으로 사용한다고 교통체증이 궁극적으로 해결되는 것은 아니다. 교통이 좋아지면 그만큼 더 많은 사람들이 몰려들 것이기에 그렇다. 그렇다면 이제 하늘에 길을 열면 될 것 같다는 생각도 든다. 이것은 단지 상상의 세계만은 아니다. 택배 드론에서 그 단초를 보고 있지 않은가. 조만간 드론 택시가 나오지 말란 법도 없다.

상황이 이쯤 되면 사람들은 조금 다르게 생각하게 된다. 과밀의 부작용은 얼마든지 해결할 수 있는 문제이므로, 이제부터 진짜 문제는 비용이라는 생각에 이르는 것이다. 과밀의 부작용을 해결하면서 집중을 유지하려면 비용이 얼마나 들 것인가가 문제가 된다. 그 비용을 따져보자면 도시를 만드는 데 드는 비용(투자비용), 그리고 도시를 유지하는 데 드는 비용(유지비용)을 같이 살펴봐야 한다.

효과가 크다면 비용은 얼마든지 들어도 좋다. 여기서 크다 작다는 비용 대비 효과의 문제다. 구체적인 기준은 상황에 따라 다르지만 일단 비용이 효과보다 커서는 안 된다. 비용 문제는 매우 복합적이지만 두 가지 입장으로 정리된다. 첫째는 도시를 만드는 비용을 주로 책임지는 투자자의 입장이다. 둘째는 도시를 유지하는 비용을 주로 책임지는 사용자의 입장이다.

우선 투자자의 입장에서 집중 문제를 생각해 보자. 집중이 심화되면 중심의 지가가 투자하기에 부적합할 정도로 상승한다. 투자자들은 하나의 중심으로만 몰리지 말고 중심을 여러 개 만들면 투자비용이 적게 들어 효과적일 것이라는 생각을 하게 된다. 이런 생각을 하게 된 것은 기존 도시에는 자연발생적으로 다핵화된 중심들이 이미 존재한다는 것을 새삼 발견했기 때문이다.

도시계획가들은 도시 내의 여러 곳에 특정한 업종 중심이 발생한다는 것을 알게 되었다. 서울을 예로 들면 1980년대 이전에 을지로를 중심으로 인쇄 업종이 발달하거나 세운상가를 중심으로 전자업종이 발달한 것을 들 수 있다. 도시에 단 하나만의 중심핵이 있는 것이 아니고 업종별로 다수의 중심핵이 존재한다는 다핵도시 개념은 처음에는 기존 도시를 이해하는 틀이었다.[13] 하지만 점차 이 개념을 도시 계획에 의도적으로 활용하려는 시도들이 생겨났다. 다핵도시가 실용적이라면 투자자의 입장에서 매우 환영할 만한 일이었다.

다핵도시 개념을 도시계획에 도입하면서 기대했던 것과는 다른 결과가 나타났다. 특정한 업종을 중심으로 업무구역을 만들 수는 있지만 그 구역을 중심핵이라고 부를 정도로 발전시키기는 어려웠다. 이유는 다양하지만 가장 중요한 것은 그러한 업무구역이 단순한 특정 업종 집합지역의 성격을 넘어서 일정 도시 영역의 중심지로 작동하기에는 집중의 양이 충분치 않았기 때문이다. 서울을 예로 들면 세운상가 대신 조성한 용산 전자상가가 그렇고 을지로를 대체하기 위해 만든 파주출판단지가 그렇다. 특화된 업무지역의 지위를 획득하는 데는 성공했지만 도시에서 하나의 중심핵으로 성장하지는 못했다. 결과적으로 다핵도시는 기존의 도시를 이해하는 하나의 틀로서는 손색이 없다 해도 도시계획의 방법론으로 활용하기에는 무리가 있음을 인정할 수밖에 없었다.

단핵 중심으로 몰려드는 바람에 교통체증이 발생하고 갖가지 투자비용과 유지비용이 치솟는다 해도 도시는 여전히 하나의 중심을 추구하는 것이 투자자 입장에서는 안전한 길이었던 셈이다. 투자자의 입장에서는 아무리 투자비용이 증가해도 다핵도시를 비롯한 탈중심화 도시계획보다 단핵 중심이 효과적이라고 판단하게 된다. 도시 집중을 가속화하는 단핵도시 구조는 다핵도시 구조라는 경쟁자를 물리치고 유일한 도시 구조가 된다. 다시 말해서 투자자의 입장에서 도시로의 집중은 불가피한 유일한 대안인 셈이다.

다른 하나의 입장은 사용자의 입장이다. 투자자의 투자 결과로 특정한 형태 및 구조의 도시가 만들어졌을 때 그 도시를 사용하면서 사용료를 지불하는 것은 사용자다. 투자자의 입장에서는 문제가 되는 시간이 도시 건설 초기에만 국한되는 데 비해 사용자의 입장에서는 문제가 되는 시간이 도시의 존속 시간과 같다. 비용을 들여서 일단 도시를 건설하는 것으로 투자자의 문제는 끝이 나지만 사용자의 비용 지불은 도시가 소멸할 때까지 계속된다.

사용자가 집중화된 도시를 사용하면서 지불하는 비용은 크게 보면 두 가지다. 하나는 이동비용이고 다른 하나는 거주비용이다. 거주비용은 자가 보유자가 아닌 경우라면 명백하다. 전월세의 형식으로 끊임없이 비용을 지불해야만 한다. 자가 보유자라 해도 거주비용을 지불하지 않는 건 아니다. 자가 보유를 위해 투입한 재화의 이자율에 해당하는 만큼의 비용을 지불하고 있다고 봐야 한다.

도시로의 집중화가 심해지면 심해질수록 사용자의 비용은 커진다. 그 이유는 일단 대심도 철도의 사례와 같이 초기 투자비가 상승하면 사용료도 상승하기 때문이다. 또 다른 이유는 집중이 심화되면서 지대가 상승하기 때문이다. 자가 보유자가 아닌 경우 상승한 지대를 지불해야 하는 것은 당연하고, 자가 보유자인 경우도 상승한 지대를 거주비용의 형식으로 간접적으로 지불해야 한다.

도시로의 집중화, 즉 고밀도화가 진행됨에 따라 생산성이 향상되는 것은 분명하다. 물자와 사람과 정보의 이동효율이 높아지기 때문이다. 그런데 도시를 만들기 위한 투자비용과 도시를 사용하면서 지불해야 하는 비용도 함께 증가한다는 점을 간과해서는 안 된다. 도시 집중에 따른 생산성 향상으로 증가하는 효용과 도시 집중에 따른 투자비 및 유지비 상승으로 증가하는 비용 간의 관계에서 초기에는 효용이 비용을 능

그림 2-7 **효용-비용 곡선**

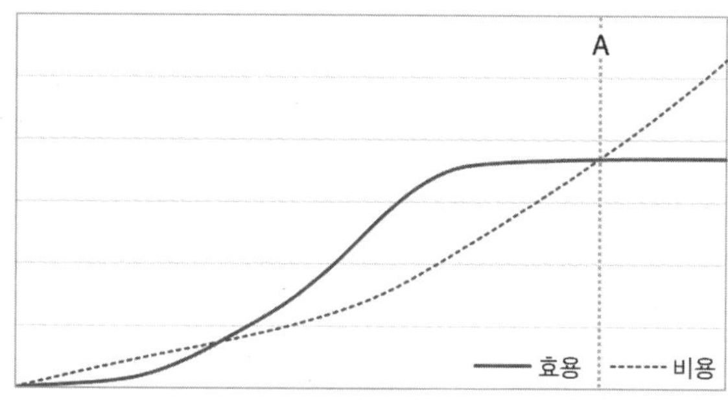

가하지만 어느 시점부터 비용이 효용을 능가하게 된다. 한계효용은 체감하고 한계비용은 체증하기 때문에 나타나는 현상이다. 이 순간을 과밀이라고 부를 수 있다.

과밀이라고 확신할 수 있는 순간, 즉 한계비용이 한계효용보다 커지는 순간이 올 때 도시 집중은 멈추게 된다. 하지만 그런 순간은 좀처럼 오지 않는다. 도시 집중이 특이점을 지나서 비용 상승이 생산성 향상 효과를 상쇄하고도 남는 경우가 발생한다고 해도 도시 집중이 즉각적으로, 자발적으로 멈추지는 않는다. 그 이유는 우선 도시 집중을 지속하는 데 드는 한계비용과 도시 집중으로부터 기대할 수 있는 한계효용을 파악하는 것이 쉽지 않기 때문이다. 이보다 더 중요한 이유는 생산성 향상 효과를 누리는 사람과 비용을 지불하는 사람이 별개이기 때문이다. 생산성 향상의 효과는 투자자에게 돌아가고 증가하는 비용에 대한 부담은 사용자에게 개별적으로 분담된다. 투자자의 효용과 사용자의 비용을 비교해 봐야만 한계비용이 한계효용을 넘어섰는지를 알 수 있는데, 이런 일이 일어날 리는 없다.

비용의 대부분을 사용자가 지불하고 있기 때문에, 한계비용이 한계효용보다 커졌다고 해도 투자자 입장에서는 감지할 수 없다. 실질적으로 감지할 수 있는 상황이 생긴다고 하더라도 구태여 그것을 배려할 필요가 없기 때문에 의도적으로 간과한다. 이런 이유로 도시는 과밀 지점을 지나서도 얼마든지 성장할 수 있다. 사용자에게 비용을 전가시키는 것이 더 이상 어려워지는 한계 상황에서야 투자자가 비용을 부담하기 시작하고 그로 인해 투자 수익률이 하강할 때라야 비로소 과밀 판단이 가능해진다는 것을 명심해야 한다.

도시가 과밀에 도달했다고 판단되면 자연스럽게 집중할 수 있는 다른 도시들이 선택된다. 자본이 수익률 높은 투자처를 찾기 위해 줄기차게 신흥시장을 발굴하는 것과도 같다. 특정 도시에서 자본이 이탈되면 해당 도시의 성장이 중단되고 다른 경쟁 도시가 성장하게 된다. 비용 대비 생산성이 높은 곳으로 투자가 이동하기 때문이다. 이론적으로는 이렇지만 실제로 그런 일은 잘 일어나지 않는다.

서울은 과밀에 도달했을 수도 있고 아닐 수도 있다. 하지만 적어도 투자자의 입장에서 보기에는 과밀에 도달하지 않았다고 판단하고 있는 것이 분명하다. 서울의 집값이 지속적으로 오르고 있다는 사실이 그것을 증명한다. 과밀에 도달했다고 판단하고 투자자들이 다른 경쟁 도시에 눈을 돌리는 순간이 왔다면 서울의 집값이 오를 수 없기 때문이다.

서울의 집값은 서울 집중으로부터 비롯되었다. 서울 집중이 지나치다 싶을 정도가 된 것도 분명해 보이기는 하지만 집중의 효과를 취하는 소수와 집중의 비용을 부담하는 다수의 역할 분담 때문에 과밀의 비용이 효과를 넘어섰다 해도 집중은 여전히 지속되고 있다. 집중이 계속된다는 것은 서울 주택에 대한 수요가 지속적으로 증가한다는 의미다. 이런 상황에서라면 서울 집값은 여전히 당연히 상승할 수 있는 기반을 가지고 있다고 볼 수 있다.

3. 공급 감소

공급 감소만으로 집값이 올라가지는 않는다. 집값은 당연히 수요와의 관계에서 결정된다. 수요가 일정하거나 혹은 증가하는 데 비해 공급이 감소하는 경우 집값은 올라간다. 공급 감소는 두 가지 경우로 나누어 볼 수 있다. 하나는 예측되는 수요와 무관하게 불가피하게 발생하는 공급 감소다. 주로 천연자원 공급에서 이런 일이 벌어진다. 조기 같은 수산물이 대표적이다. 조기는 어족 자원이 현저하게 감소되어 어획량이 과거에 비해 매우 적다. 조기 수요가 많아질 것으로 예상되는 명절에도 조기를 더 많이 잡겠다고 계획하는 것 자체가 불가능하다. 주택 공급에서도 마찬가지 일이 벌어진다. 집을 지을 수 있는 원초적 자원인 땅이 소진되면 더 많은 수요가 예상된다 한들 그 수요에 맞출 수 없는 상황이 발생한다.

땅이 문제다. 도시에서 땅은 위치에 따라 가치가 다르다. 중심에 가까울수록, 즉 도시의 모든 곳에서 접근하기에 용이할수록 땅의 가치는 올라간다. 도시가 작은 원에서 시작해서 반경을 늘려나간다고 할 때 중심점에서 멀어질수록 땅의 가치는 줄어든다. 그런데 유의할 것은 땅의 가치가 줄어드는 것은 중심점에 비해 그렇다는 것이다. 사실 땅의 상대적 가치가 줄어드는 것이지만 반대의 시각으로 보면 도시의 반경이 커질수록 중심의 가치가 커지는 셈이다.

서울의 최초 반경 확장, 즉 도시의 팽창은 서울 성곽의 동쪽과 서쪽을 넘어가는 것으로 시작했다. 동소문을 넘어서 보문동 일대에 개량한옥 단독주택지가 개발되었다. 서대문을 넘어서는 화곡동이 개발되었다. 그 당시 이 두 지역은 도심에 가까워서 접근성이 제법 좋은 빈 땅이었다. 보문동은 도심에서 차량으로 십 분 남짓 거리로 아주 가깝다. 화곡동은 그보다 좀 멀다. 차량으로 삼십 분 정도다.

서울의 주택 수요는 보문동이나 화곡동 정도의 개발로는 감당이 안 되었다. 도심 동쪽 보문동을 지나면서 방향을 북쪽으로 바꿔 잡고 미아리고개를 넘어간다. 삼양동이 개발되고 삼양동을 넘어서 수유리가 개발된다. 미아리고개를 넘어서 서울의 북동쪽으로 확장되던 것이 수유리까지 미치면 이제는 차로도 한 시간 가까이 걸리는 거리가 된다.

수유리 개발로 인해 서울의 확장이 차량 기준 한 시간을 넘어가기 시작할 때 사람들은 한강 남쪽에 관심을 가지게 되었다. 한강이 있어서 멀게만 느껴지는 위치이지만 그것은 단순히 심리적 거리감에 불과했다. 몇 개의 다리를 추가로 건설하는 것만으로도 강남은 도심에서 차량 기준 삼십 분 내외의 거리가 된다. 접근성이라는 측면에서 볼 때 강북의 삼양동 정도 되는 거리다. 이때부터 강남 개발이 본격적으로 실시되었다. 반포가 개발되고, 개포가 개발되었다. 반포는 서울 도심에서 정남방향이고 개포는 그보다는 동쪽이다. 서울이 확장되는 방향은 당연히 도심으로부터의 거리가 가까운 쪽에서 먼 쪽으로 진행되었다. 개포 개발은 동쪽으로 확장을 계속했다.

동쪽으로 가서 강동구에 이르면 도심으로부터 차량 기준으로 한 시간이 넘어간다. 이쯤이면 서울의 반대편, 즉 서쪽으로도 한 시간 이내에 접근할 수 있는 빈 땅이 있다는 것을 알게 된다. 목동이다. 보문동에서 시작한 서울의 팽창은 목동에 이르러 한숨을 고르게 되었다. 필요한 만큼 확장되어 향후의 수요를 능히 감당할 수 있었기 때문은 절대 아니었다. 기존 서울에 이어 붙이기 식으로 확장하는 것이 불가능한 시점에 이르렀기 때문이다. 서울의 주택 수요는 여전히 증가하고 있었으므로 뭔가 새로운 수를 내야만 했다.

그 새로운 수에 대해 이야기하기 전에 공급의 감소 문제에 초점을 맞추어보자. 서울이 보문동에서 시작해서 목동까지 확장되었다는 것은 좋은 위치가 점점 더 고갈되었다는 것을 의미한다. 주택의 물량 자체만 보자면 공급은 지속되었고 공급되는 주택의 양은 증가했다. 하지만 좋은 위치의 집은 공급이 감소했다. 최초 확장 지역인 보문동의 도심 접근 시간이 차량으로 10분인 데 비해 목동은 한 시간이다. 도심 접근성이 주거의 질을 결정하는 중요한 요인임을 감안한다면 좋은 위치의 집은 소진되었다.

서울에 아무리 많은 집이 지어져도 성북동이나 연희동같이 도심 접근성이 뛰어난 곳은 더 이상 없다. 그런 곳이라면 자투리땅에 지어지는 아주 소수의 집들이 추가로 공급될 뿐이다. 기존 거주자들이 집을 팔지 않는 한 그곳에 집을 구하는 것은 불가능한 일이다. 좋은 위치에서의 주택 공급이 눈에 띄게 감소하면서 이들 지역의 집값은 상승했다.

서울에 붙여서 인접 개발하는 것이 절대적으로 불가능해졌다. 그린벨트 때문이다. 그린벨트 안쪽으로는 집들이 꽉 들어찼고 더 이상의 주택 개발은 불가능해졌다. 그린벨트를 넘어가야 한다. 차량으로 한 시간 거리까지 집들이 들어찼으니 이제부터는 한 시간을 넘어가게 되었다. 이 한 시간을 '넘어간다'라는 건 좀 특별한 의미를 지닌다.

땅의 가치가 도심 접근성에 의해 결정된다고 할 때, 도심으로부터의 거리와 가치는 반비례한다. 반비례하는 모양을 그래프로 그려보면 우측으로 하향하는 직선으로 그릴 수 있다. 이 경우에는 거리가 멀어질수록 동일한 비율로 가치가 하락한다. 그런데 도심에서 거리가 멀어질수록 땅의 가치 하락 정도가 심해지는 경우도 있다. 이때는 음(-)의 지수함수로 가치가 감소하는 그래프를 그릴 수 있다. 직선형이 도심에서 멀어지면 동일한 비율로 가치가 떨어지는 데 비해 음(-)의 지수함수 곡선은 도심에서 멀어질수록 땅의 가치가 하락하는 비율이 점점 더 커진다.

도심에서 거리가 멀어지면서 가치가 떨어지는 모양새는 직선일 수도 있고 역지수 곡선일 수도 있다. 어느 것이 정답에 가까울지 모르겠지만 둘 다 연속적이라는 면에서는 동일하다. 그런데 사람들이 땅의 가치를 그런 연속적인 모델로 생각할지 의문이다. 도심에서 30분을 더 가야 한다면 30분 덜 가는 것보다 상대적으로 가치가 떨어지는 것은 당연한 것처럼 여겨진다. 그런데 30분이라는 큰 단위로 쪼개지 말고 1분 단위로 쪼개보자. 수학적 그래프에서는 1분이 아니라 0.001초로 나누는 것도 가능하다. 단위를 잘게 쪼개다 보면 실제로는 큰 의미가 없는 상황이 벌어진다. 도심에서의 거리가 8분이냐 9분이냐는 별로 다를 게 없다는 얘기다.

사람들은 대개 큰 단위로 묶어서 생각한다. 10분 안쪽, 30분 안쪽, 1시간 너머, 이런 식이다. 이런 경우는 10분, 30분, 1시간이 특이점을 형성하는 경계가 된다. 도심에서 접근성에 따른 땅의 가치 변화는 계단식 그래프다. 10분까지 같은 가치, 10분에서 30분까지 같은 가치, 그리고 한 시간까지, 그다음은 한 시간 이후, 이런 식이다. 물론 심리적 특이점이 10분, 30분, 1시간으로 딱 고정되어 있는 것은 아니다. 여기서 중요한 것은 계단식 그래프가 우리의 실제 체감과 더 가깝다는 것이다.

그린벨트는 그런 특이점 구간을 형성했다. 그린벨트를 넘어서면 심리적 거리감이 갑자기 늘어난다. 사람들에게 거부감을 불러일으킨다. 그런 먼 곳에서 어찌 사냐는 불평이 나올 만하다. 서울의 주택 수요는 여전하니 어딘가 집을 더 짓긴 해야겠고 그것이 그린벨트 너머일 수밖에 없을 때 도시계획가들에게는 이전과는 다른 묘안이 필요해졌다. 한 시간이라는 심리적 특이점이 야기하는 거부감을 벗어날 수 있는 묘안 말이다.

도심과 한 시간 넘게 떨어진 곳에 집을 지으려면 뭔가 좀 달라야 했다. 도시계획가들은 자족도시 개념을 도입했다. 자족도시란 기존 대도시에 기생하는 집단 주택지, 즉 잠만 잔다는 의미의 베드타운이 아닌 기능도 한다는 의미다. 그러나 자족도시 개념을 도입하기는 했지만 제한적이었다. 여전히 자족도시 개념을 지향하는 집단 주택지 거주자 대부분이 서울로 출퇴근을 해야 했다.

사는 곳에서 일한다는 것, 그래서 한 시간 넘게 이동하지 않아도 된다는 것은 그저 그림의 떡이었다. 그렇다고 해도 사는 곳에서 일하는 사람이 아주 없는 것은 아니니 자족도시 개념을 도입했다고 홍보하는 데 큰 문제는 없었다. 잠재적 구매자들이 관대해서라기보다는 그곳에 일자리가 있든 없든 큰 관심을 가지지 않았기 때문이다. 이 잠재적 구매자들은 한 시간을 어떻게 버텨낼까만 고민했다.

서울 도심에서 한 시간 넘게 걸리는 곳에 공급되는 집단적 주택지에 새로운 개념이 하나 더 덧붙여졌다. 이왕 공급하는 것 대규모로 하자는 것이었다. 그래서 신도시라는 개념이 나왔다. 서울이 팽창하면서 목동에 이르기까지는 그냥 대규모 주거지였다. 일자리라든지 생활편의시설의 일부, 특히 대형 편의시설 같은 도시 기능을 기존 도시에서 빌려 쓰는 개념이었다. 빌려 쓴다고 하니 구차한 듯 보이지만 보기에 따라서는 더 좋은 일일 수도 있다. 엄연히 서울의 일부로 개발되었다는 의미이기에 여기도 당당한 서울이었다.

서울에 주택을 공급하는 입장에서 보자면 기왕에 공급하려면 더 많은 주택을 공급하는 것이 여러모로 유리했다. 우선 자족도시 개념을 현실에서 구현하는 데에는 집단 주거지의 규모가 중요하다. 규모가 어느 정도 이상 되어야 자족이 가능해지기 때문이다. 인구 1만~2만 명을 모아놓고 주거 생활을 하는 데 필요한 모든 기능을 공급한다는 것은 어불성설이다. 이런 크기라면 백화점이 들어가서 기대하는 수익을 얻을 만한 매출을 올릴 수 없다. 종합병원이 들어갈 수도 없고, 번듯한 극장이 들어가기도 어렵다. 이런 모든 편의시설이 들어가서 자족적으로 움직이려면 역시 일정 정도 이상의 규모가 필요하다.

새롭게 공급되는 주택지가 신도시라고 부를 정도로 규모가 커지는 것은 공급 측면에서도 유리하다. 도로, 상하수도 시설, 공공시설 등을 공급할 때 효율이 높아지기 때문이다. 막대한 돈을 들여서 새로운 도로를 건설하고 기껏 1만~2만 명이 이용한다면 경제성이 떨어진다. 또 한편으로 신규 주택 공급의 규모가 일정 정도 이상이어야 주택시장에서 공급의 효과를 기대할 수 있다는 점도 중요하다. 이런저런 이유들이 맞물리면서 서울 도심에서 한 시간 이상 이동해야 하는 지역에 공급되는 주택지는 신도시로 건설되었다. 그리고 적어도 명목상으로는 자족적 신도시를 추구했다.

그린벨트를 넘어가지만 서울 도심에서 가장 가까운 곳을 위주로 첫 번째 신도시가 공급되었다. 이것을 1기 신도시라고 부른다. 분당, 일산, 중동, 평촌, 산본이 1기 신도시다. 신도시는 새로운 주택이 공급되었다는 의미이기도 하지만 다른 시각에서 보면 좋은 위치의 주택 공급이 감소되었다는 의미이기도 하다. 보문동에서 화곡동으로, 화곡동에서 반포, 개포, 목동으로, 급기야 그린벨트 밖 신도시로 실질적인 서울이 확장되었다는 것은 보문동, 화곡동, 반포, 개포, 목동의 집값이 상승한다는 것을 의미한다.

1기 신도시를 대표하는 것이 분당이다. 분당은 서울 도심에서 출발한다면 한 시간 정도 걸리는 거리이지만 서울 강남을 기준을 보면 삼십 분 정도의 거리다. 분당 신도시를 개발할 당시에는 이미 강남이 서울의 부도심으로 성장했다는 사실을 감안하면 분당의 위치는 그리 나쁜 것도 아니었다. 분당은 인구 40만 명으로 계획되었다. 이 정도 인구는 되어야 소위 자족도시를 지향할 수 있다.

분당에는 과거 목동까지와는 다른 집단 주택지가 만들어졌다. 중심상업지구가 들어갔으며, 도시 생활에 필요한 편의시설 중에서는 단순한 근린생활권 시설이 아닌 지역생활권 시설까지 제공되었다.[14] 분당은 시간이 가면서 점점 더 자족적인 도시로 발전했다. 최초의 의도대로 중심상업지구에 제법 규모 있는 민간 기업들이 자리를 잡았다. 물론 모든 것이 계획대로 순조롭게 진행된 것은 아니다. 중심상업지구가 좀처럼 개발되지 않자 주거로 용도전환을 하기도 했고 그 와중에 불법 혹은 편법이라는 세간의 질타를 받기도 했다.[15]

서울의 확장이 1기 신도시로 종료되지는 않았다. 노태우 정부에서 주로 진행된 1기 신도시는 상승세를 보이던 집값을 잡는 데 주효하기는 했지만 그 효과가 그리 오래 지속되지 않았다. 10년 정도가 지나자 집값은 다시 상승세를 보였다. 노무현 정부는 두 번째로 신도시 사업을 실시했다.

신도시 사업은 노무현 정부가 집권 초기 수요를 규제해서 집값을 잡아보려고 했지만 여의치 않자 할 수 없이 선택한 대처방안이었다. 판교, 위례, 광교, 동탄(1, 2)을 포함해서 김포, 검단, 평택에 신도시가 건설되었다. 2기 신도시는 주택의 신규 공급을 의미하기도 하지만 다른 한편으로는 좋은 위치의 땅이 동나고 있다는 신호이기도 했다. 2기 신도시만 해도 위치가 좋지 않다는 불평이 쏟아져 나왔다. 판교, 위례, 광교, 동탄은 그나마 나은 평가를 받았지만 김포, 검단, 평택에 대한 평가는 매우 부정적이었다. 하지만 선택의 여지가 없었다. 아무리 찾아봐도 1기 신도시만 한 곳을 찾기는 어려웠다. 1기 신도시 사업이 매우 성공적이었다고 평가받는 데 비해 2기 신도시에 대한 평가는 그리 후하지 못하다. 가격도 비싸다는 불평이 있지만 역시 중요한 것은 위치 때문이었다. 이렇게 서울에서 좋은 땅은 점점 더 소진되어 가고 있었다. 이는 좋은 주택을 공급하기가 점점 더 어려워진다는 것을 의미했다. 공급이 감소하는데 수요는 여전하니 집값은 당연히 오를 수밖에 없었다.

노무현 정부의 뒤를 이은 이명박 정부도 집값 문제에 부딪혔다. 2기

신도시 사업이 주택 소비자들에게 좋은 평가를 받지 못해서 공급의 효과가 미미했던 것이 가장 큰 이유다. 이명박 정부는 2기 신도시가 기대한 성과를 거두지 못한 것이 위치 때문이라는 것을 잘 학습했다. 무리를 해서라도 좋은 위치를 찾았다. 바로 그린벨트를 헐어 쓰는 것이다. 좋은 위치에 제법 규모가 있는 평형대를 공급하면서 집값은 안정세를 찾았다. 하지만 문제는 서울의 좋은 땅이 더 많이 소진되었다는 것이다. 그린벨트는 언젠가 헐어 쓸 수도 있겠지만 가능하면 아껴두자는 쪽이었다. 그린벨트를 아껴두는 것은 언젠가 정말 필요하다면 그린벨트를 이용해서 시장에 확실한 영향을 미치는 주택을 공급할 수 있다는 심리적 마지노선을 확보하는 것과 비슷했다. 이명박 정부는 단기적으로 볼 때는 집값을 잡는 데 성공했지만 장기적으로 볼 때는 심리적 마지노선에 손상을 가하는 부정적인 결과를 불러오기도 했다.

2기 신도시 사업은 1기 신도시만큼 좋은 평가를 받지 못했지만 어쨌든 결과적으로 보면 서울 집값을 잡는 데 일정 부분 역할을 한 것은 분명하다. 미래의 자산을 성급하게 미리 당겨 사용했다는 비난도 있지만 이명박 정부가 그린벨트를 헐어 공급한 정책도 집값을 안정화시키는 데 일정 정도 역할을 한 것은 분명하다. 하지만 그 효과도 그리 오래 가지는 못했다. 대략 10년 정도가 지나자 집값은 또 오르기 시작했다. 문재인 정부에서의 일이다.

서울 주택 문제에서 공급 부족은 주로 땅이 없어서 발생한다. 땅 문제가 아니라면 집은 얼마든지 공급될 수 있다. 주택을 짓기 위한 자재라면 무한정으로 공급이 가능하다고 봐도 된다. 일시적으로 건축자재가 품귀 현상을 보이기도 하지만 그건 아주 단기간의 문제다. 과거 철근 파동이 벌어진 적이 있다.[16] 철근이 부족해서 건물을 짓지 못하는 일이 일어났던 것이다. 이 때문에 주택 공급이 달렸다. 하지만 이것이 주택 가격 상승으로 이어지지는 않았다. 자재 부족으로 인한 공급 감소는 조만간 해소되리라는 것을 시장에서 잘 알고 있었기 때문이다.

주택 공급 부족은 주로 땅이 없어서 일어나는 문제이기는 하지만 그게 전부는 아니다. 공급 부족은 때로 수요를 잘못 예측해서 발생하기도 한다. 건물 노후화에 따른 멸실분을 보충할 만한 규모의 공급이 기본적으로 필요하다. 여기에다가 인구 증가, 일자리 증가 등과 같이 주택 수요 증가에 영향을 미치는 제반 요인들을 고려해야 한다. 멸실분에 대한 예측은 기계적으로 가능할 것 같지만 꼭 그런 것만은 아니다. 노후화된 상태가 같더라도 건물주의 입장에 따라서 몇 년 더 쓸 수도 있고 몇 년을 앞당겨서 새 건물을 지을 수도 있다. 멸실분 보충 계획도 간단한 일은 아니다.

예측하기 어려운 것은 일자리 증가와 그로 인한 인구 유입이다. 특정 시점에서 향후 일자리 증가를 예측하는 것은 어렵다. 매년 경제성장률을 추정하는 것도 쉬운 일이 아닌데, 그보다 세밀하게 일자리가 얼마나 생길지를 추정하는 것은 더 어려운 일이다. 일자리 증가가 그만큼의 인구 유입으로 이어지지도 않는다. 일부는 서울 내부의 인구에 의해서 채워질 것이고 나머지는 외부에서 유입되는 인구에 의해서 충당될 것이다. 경제성장률을 추정하는 것보다 더 어려운 일자리 증가 추세를 예측해야 하고, 거기서 더 나아가 그로 인해 발생하는 유입 인구의 크기를 정확하게 예측해야만 필요한 주택 공급량을 추정할 수 있다. 그러니 적정한 주택 공급량을 추정한다는 것은 매우 어려운 일이다.

설령 인구 상태 변동과 일자리 창출에 의한 유입 인구의 크기를 제법 정확하게 예측할 수 있다고 해도 더 큰 난관이 기다리고 있다. 유입 인구의 크기에 의해서 결정되는 건 단지 요구일 뿐이다. 그 요구 중에서 어느 정도가 수요로 전환될지를 추정하는 것은 더 어렵다.

서울 집값의 상승은 공급 부족으로 발생할 수 있는데, 공급 부족은 주로 좋은 위치의 땅이 소진되면서 발생한다. 하지만 그에 못지않게 중요한 요인은 적정한 공급량을 예측하기가 쉽지 않다는 것이다. 이런 상황이라면 과다 공급보다는 조금 부족하게 공급하는 편이 더 낫다고 생각하기 쉽다. 과다 공급은 집값 하락을 유발할 것이기 때문이다. 우리는 주로 집값이 상승해서 골머리를 앓는 편이지만 실상 사태의 심각성으로 말하자면 집값 하락이 집값 상승보다 덜한 것도 아니다. 어차피 필요한 공급량을 정확하게 맞추지 못할 거라면 차라리 과소 공급이 낫다고 판단한다. 과소 공급은 집값 상승을 불러올 것이지만 너무 늦지 않게 주택을 공급함으로써 그 정도의 집값 상승은 적절한 범위 내에서 통제할 수 있다고 믿기 때문이다.

4. 가수요 증가

수요가 증가하면 가격이 오를 수 있다. 공급이 감소해도 가격이 오를 수 있다. 수요-공급의 법칙이 분명하게 말해준다. 그런데 수요-공급의 법칙에도 예외는 있다. 경제학 원론도 수요-공급의 법칙에는 예외가 있음을 인정한다. 재화의 종류에 따라서 수요-공급의 법칙이 적용되지 않는 경우가 발생하기도 한다. 또 때로는 재화의 종류에 상관없이 수요-공급의 법칙에 예외적인 상황이 발생하기도 한다.

수요가 늘어서 가격이 오르는 것이 아니라 가격이 올라서 수요가 증가하는 경우도 있다. 경제학에서 수요-공급의 법칙의 예외적 상황이라고 명시적으로 밝힐 정도로 시장에서 자주 벌어지는 일이다. 가격이 오를 것 같으면 지금 당장 필요하지 않더라도 재화를 사두는 일이 벌어진다. 가격이 올라서 수요가 증가하는 현상이다. 이걸 흔히 가수요(假需要)라고 부른다. 지금 당장 필요로 하는 것이 아니기에 붙여지는 이름이다. 가격이 적당하게 통제되기만 하면 사라질 수요이기에 붙여진 이름이기도 하다.

가수요가 발생하면 가격이 오르고, 가격이 오를수록 수요가 많아진다. 수요가 많아지면 다시 가격이 오르고 가격이 오르면 더 오를 것 같으니 수요가 더 늘어난다. 주택시장에서도 같은 일이 벌어진다.

수요의 크기를 알려주는 지표로는 주택매매건수가 있고 가격을 대표하는 지표로는 주택거래가격지수가 있다. 수요와 가격 간에 어떤 관계가 형성되고 있는지는 VAR 모델을 이용해 주택매매건수와 주택거래가격지수 간의 충격반응분석과 분산분해분석을 실시해 보면 분명하게 드러난다.

노무현 정부 출범 이후 2020년 6월 현재까지 둘 간의 충격반응분석과 분산분해분석을 실시한 결과를 보면 주택거래가격지수는 주택매매건수를 40% 이상 설명한다. 반면 주택매매건수는 주택거래가격지수를 7% 설명한다. 즉, 주택거래가격지수가 먼저 상승하면 그에 따라 주택매매건수가 증가하는 양상을 뚜렷하게 보인다. 주택거래가격지수가

그림 2-8 **노무현 정부~현재(2020.6) 주택매매건수와 주택거래가격지수 간 충격반응분석과 분산분해분석**

충격반응분석

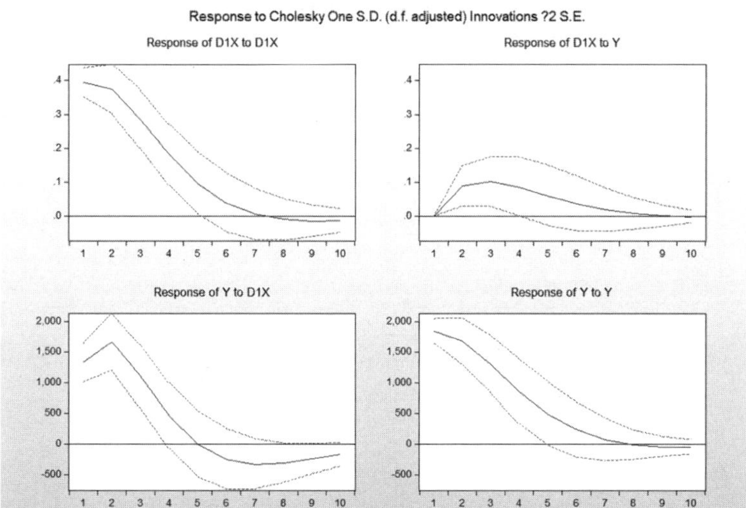

분산분해분석

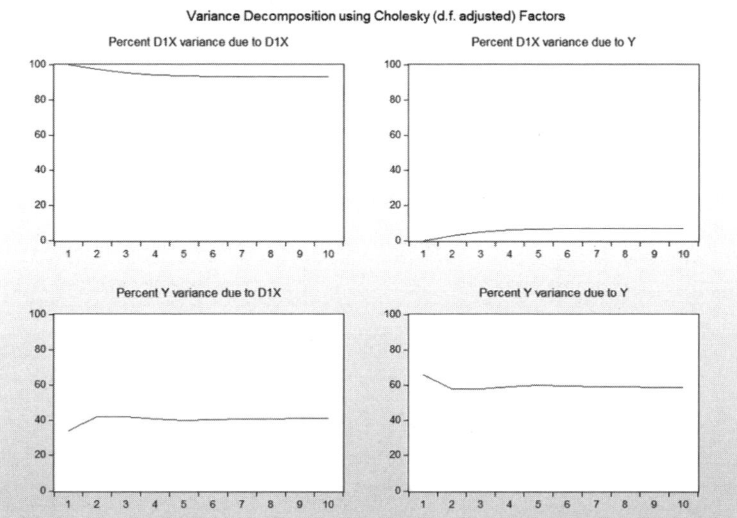

그림 2-9 **이명박 정부 기간의 주택매매건수와 주택거래가격지수 간 충격반응분석과 분산분해분석**

충격반응분석

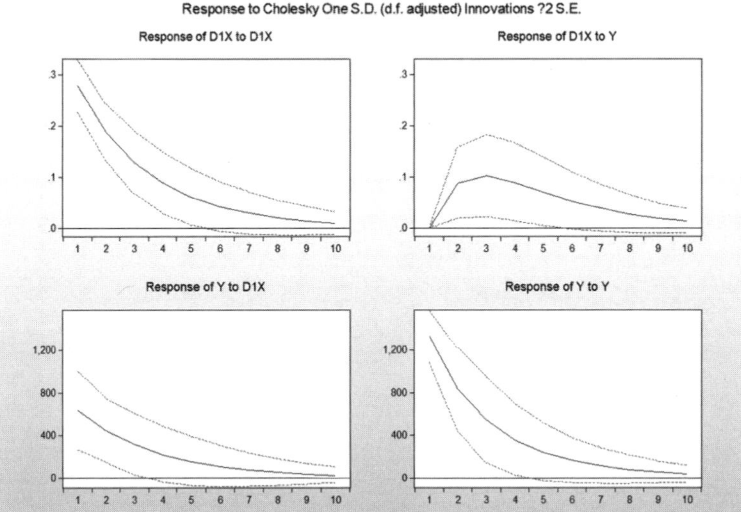

분산분해분석

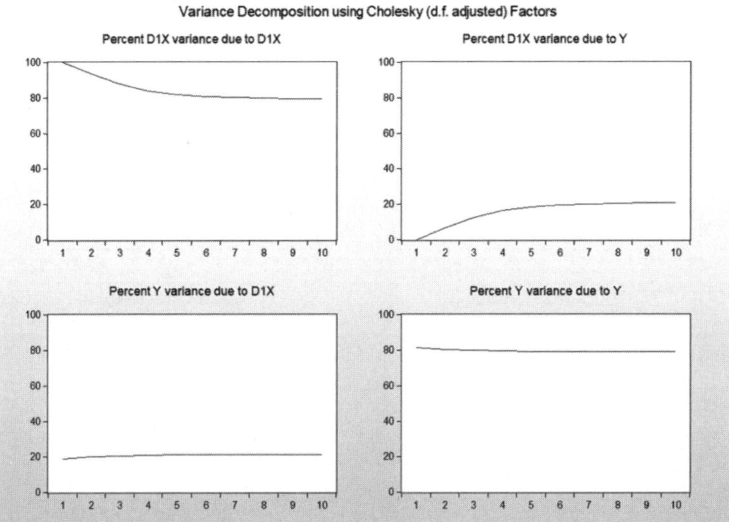

그림 2-10 **박근혜 정부 기간의 주택매매건수와 주택거래가격지수 간 충격반응분석과 분산분해분석**

충격반응분석

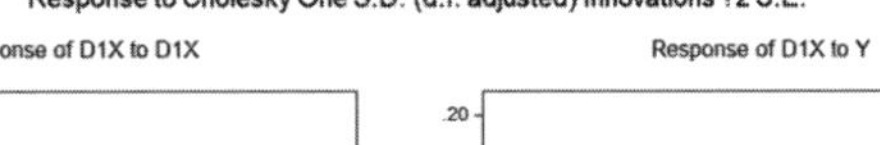

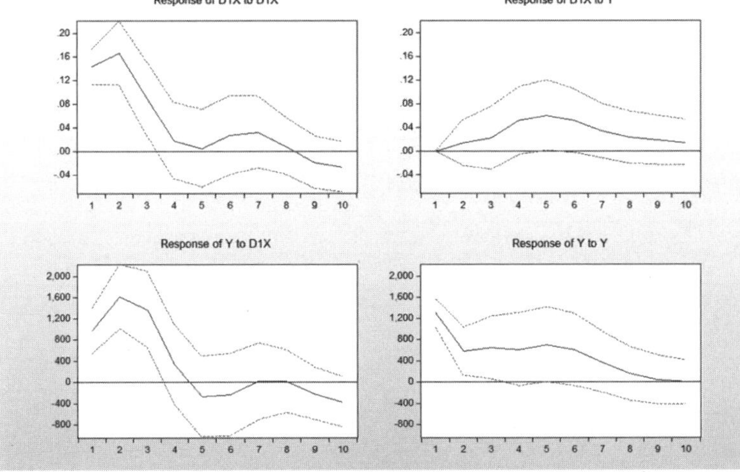

분산분해분석

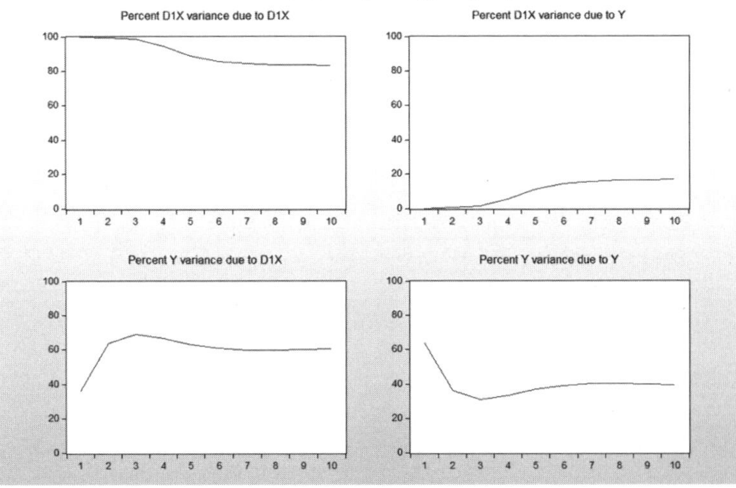

그림 2-11 **문재인 정부 기간의 주택매매건수와 주택거래가격지수 간 충격반응분석과 분산분해분석**

충격반응분석

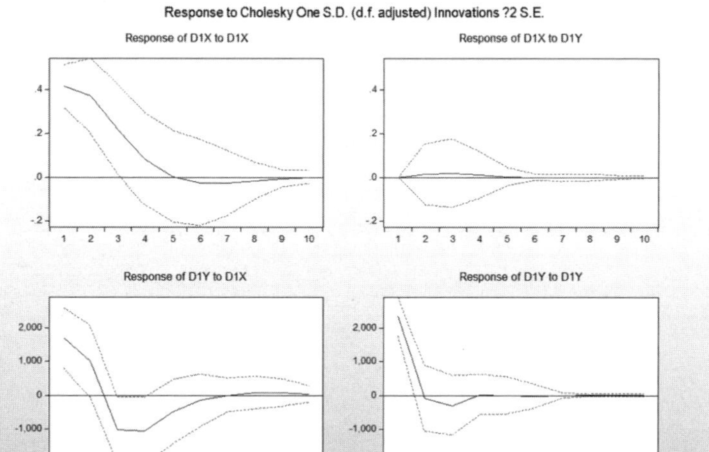

분산분해분석

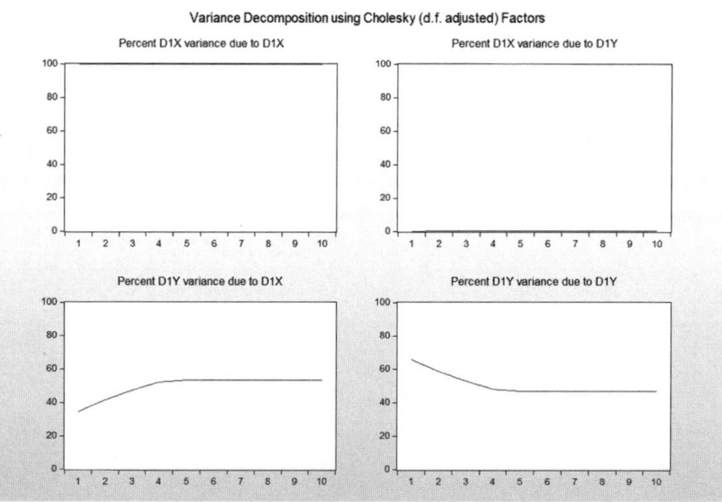

주택매매건수를 견인하는 것이다. 이것은 가격이 수요를 발생시킨다는 의미다.

개별 정부 기간 동안의 충격반응분석과 분산분해분석 결과도 마찬가지다. 대체로 주택거래가격지수가 먼저 상승하면 그에 따라 주택매매건수가 증가하는 양상을 보인다. 이명박 정부 기간만 예외다. 이명박 정부 기간에 주택거래가격지수는 주택매매건수를 20%, 주택매매건수 또한 동일하게 주택거래가격지수를 20% 설명하고 있다. 박근혜 정부에서는 주택거래가격지수가 주택매매건수를 60% 이상, 주택매매건수는 주택거래가격지수를 20% 이상 설명한다. 주택거래가격지수가 주택매매건수를 견인하고 있음을 뚜렷하게 보여준다. 문재인 정부에서는 주택거래가격지수가 주택매매건수를 55% 이상 설명하고, 주택매매건수는 주택거래가격지수를 전혀 설명하지 못하는 것으로 나타난다. 문재인 정부에서도 박근혜 정부에서와 마찬가지로 주택거래가격지수가 주택매매건수를 견인하는 현상이 뚜렷하게 나타난다.

정부 이양기별, 즉 전 정부의 후반기와 후속 정부 전반기 기간 동안의 충격반응분석과 분산분해분석 결과 또한 마찬가지로 대체로 주택거래가격지수가 먼저 상승하면 그에 따라 주택매매건수가 증가하는 양상을 보인다. 노무현 후반~이명박 전반 시기만 예외적이다. 노무현 후반~이명박 전반 시기에는 주택거래가격지수가 주택매매건수를 20% 설명하는 반면, 주택매매건수는 주택거래가격지수를 60% 이상 설명한다. 이 시기는 주택매매건수가 주택거래가격지수를 견인하고 있는 추세를 보인다. 반면에 이명박 후반~박근혜 전반 시기에는 주택거래가격지수는 주택매매건수를 60% 이상 설명하고, 주택매매건수는 주택거래가격지

그림 2-12 **노무현 후반~이명박 전반 주택매매건수와 주택거래가격지수 간 충격반응분석과 분산분해분석**

충격반응분석

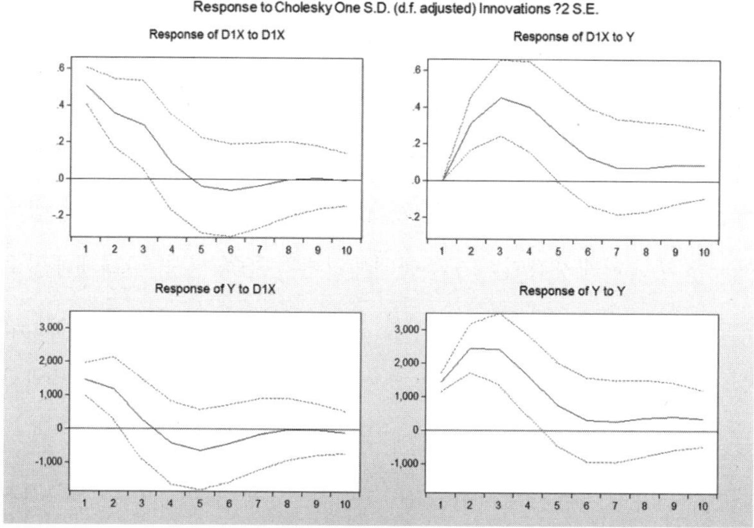

분산분해분석

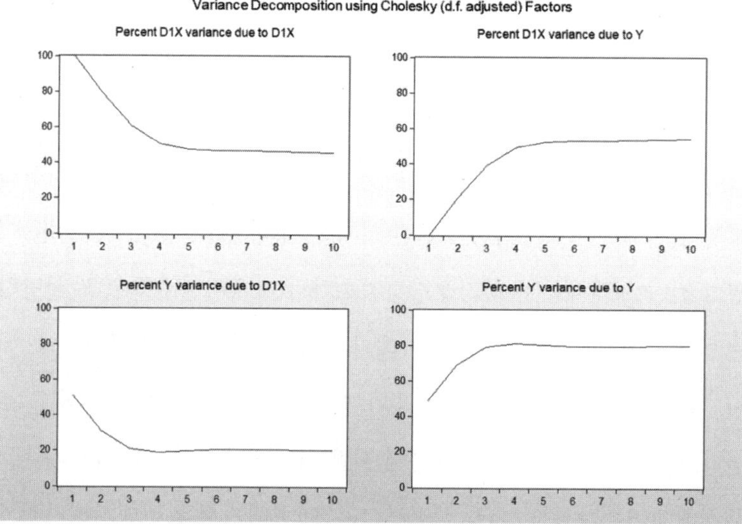

그림 2-13 **이명박 후반~박근혜 전반 주택매매건수와 주택거래가격지수 간 충격반응분석과 분산분해분석**

충격반응분석

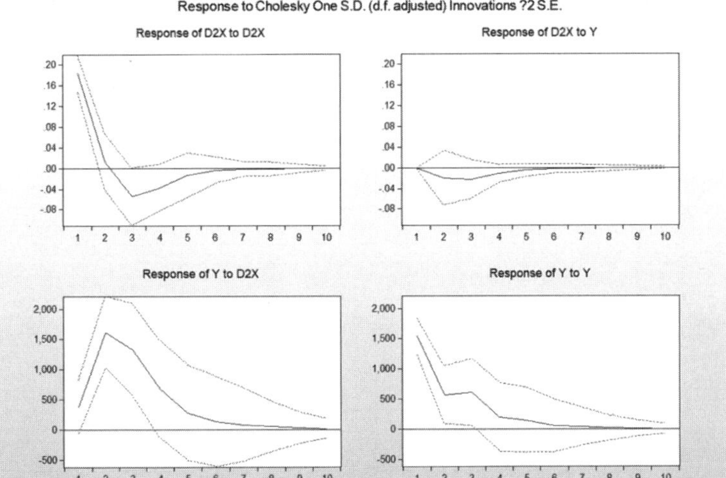

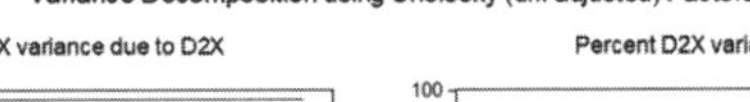
분산분해분석

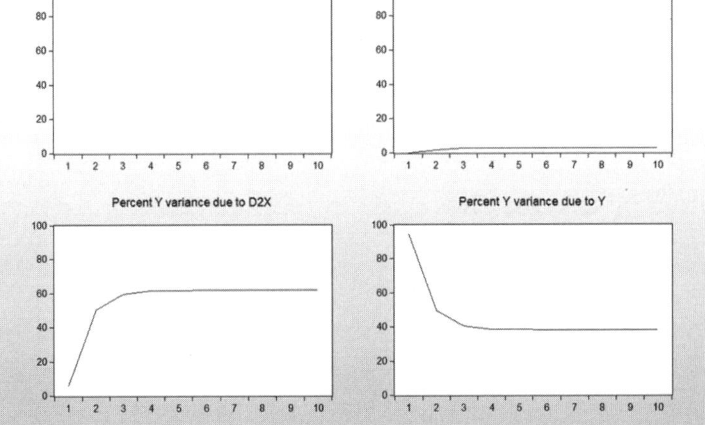

그림 2-14 **박근혜 후반~문재인 전반 주택매매건수와 주택거래가격지수 간 충격반응분석과 분산분해분석**

충격반응분석

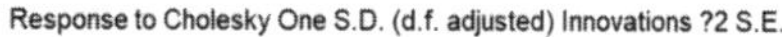

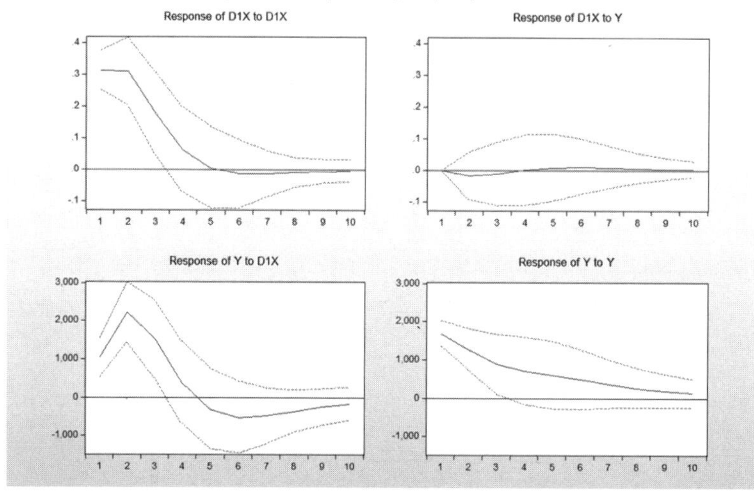

분산분해분석

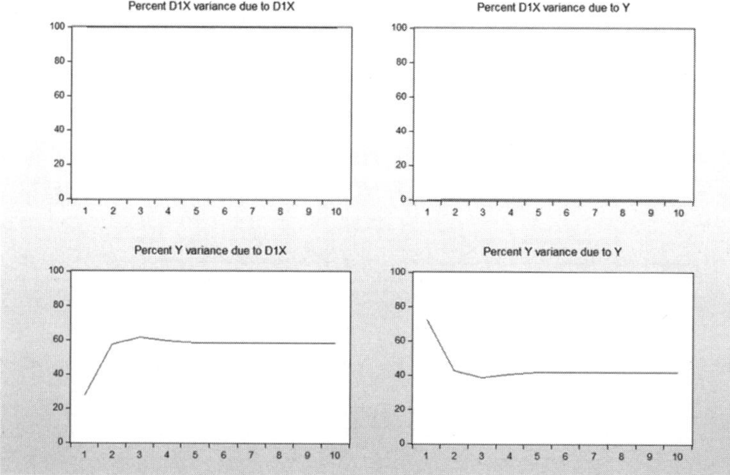

수를 5% 이상 설명한다. 이 시기에는 주택거래가격지수가 주택매매건수를 견인하는 현상이 뚜렷하게 나타난다. 박근혜 후반~문재인 전반 시기에는 주택거래가격지수는 주택매매건수를 60% 이상 설명하고, 주택매매건수는 주택거래가격지수를 전혀 설명하지 못한다. 이 시기 또한 주택거래가격지수가 주택매매건수를 견인하는 현상이 뚜렷하게 나타난다.

주택시장에서는 일반적인 경제학의 기본이라 할 수 있는 수요-공급의 법칙이 들어맞지 않는 경우가 종종 발생한다. 물론 경제학이 그리 둔감한 학문은 아니다 보니 이를 거품이라는 개념으로 설명한다. 그런데 그냥 거품이라고 하면 금방 꺼질 것 같아서 걱정이 되었는지 합리적 거품이라는 말을 만들어낸다. 거품은 거품이되 그럴 만한 거품이라는 얘기다. 합리적 거품이 발생해서 가격이 결정되는 경우라면 원론적인 수요-공급의 법칙을 탄력적으로 적용해야 한다. 간단히 말하자면 그런 국면에서는 고전적인 수요-공급 법칙이 잘 들어맞지 않는다는 얘기다.

주택시장에서는 주택 가격이 매매건수를 증가시키는 현상, 즉 가격이 수요를 끌어올리는 상황이 거의 일상적으로 나타난다. 2008년 kb국민은행이 자료를 수집한 이후 이명박 정부를 제외한 전 기간에 걸쳐 그렇게 나타난다. 각 정부별로 시기를 구분해서 분석해도 마찬가지다. 또한 정권 이양기, 전 정권 후반기와 후속 정권 전반기를 하나의 구간으로 분석해도 동일한 분석 결과를 보인다.

노무현 정부 이후 집값과 수요에 대한 VAR 모델 분석은 가격이 올라서 수요가 증가한다는 것을 분명하게 보여준다. 정상적인 수요는 가격이 오르면 감소하지만 이 기간의 집에 대한 수요는 반대로 가격이 오르면 증가하는 가수요라는 것을 확인할 수 있다. 집값을 상승시키는 요인으로 가수요를 확실하게 지목할 수 있다는 뜻이다.

5. 독점의 발생

수요-공급의 법칙이 작동하지 않는 예외적 상황으로는 독점이 있다. 공급하는 자가 유일하거나 혹은 소수인 경우를 말한다. 이런 경우 공급자는 공급 가격을 마음대로 결정할 수 있다. 수요자 측에서 볼 때 대체할 재화가 마땅히 없는 경우라면 울며 겨자 먹기로 공급자가 부르는 값을 주고 물건을 살 수밖에 없다. 이런 경우에는 애덤 스미스의 보이지 않는 손이 작용하지 않는다. 그냥 두면 시장이 알아서 가격을 적절하게 조정하는 일은 벌어지지 않는 것이다. 완전한 자유시장 경제라면 뭐가 문제냐 싶기도 하다. 팔 사람이 안 팔겠다는데 가격을 내려서 팔라고 억지를 부려서는 자유시장이 아닐 듯도 싶다. 그래도 현대 경제 체제에서는 독점을 나쁜 것이라고 규정한다. 적극적으로 독점 체제를 용인하지 않기도 하고 규제를 통해서 독점 가격을 조절하기도 한다.

주택시장에서도 독점에 의해서 가격이 결정되는 경우가 종종 발생한다. 이게 가능한 이유는 서울의 요지에 땅을 사서 주택을 지을 수 있는 자본력을 갖춘 건설사가 몇 되지 않기 때문이다. 시장은 다수의 수요자와 다수의 공급자가 만나서 가격을 흥정할 때만 보이지 않는 손이 제대로 작동한다. 공급자가 유일하거나 소수이면 보이지 않는 손이 작동하는 것이 아니라 보이지 않는 담합이 가능해진다.

서울의 주택시장에서 공급을 독점적으로 지배하고 있는 건설사들은 공급 가격을 결정한다. 주변 시세를 고려하기도 하고 경쟁 건설사의 가격을 고려하기도 하면서 공급 가격을 결정하는 것이 당연하겠지만 꼭 그럴 필요는 없다. 이윤이 많이 남는 방법이 있다면 마다할 이유가 없다. 우선 경쟁 건설사와 담합하면 가격을 올려서 받을 수 있다. 서울에서 좋은 위치에 양질의 주택을 공급할 수 있는 건설사는 몇 되지 않는다고 이미 얘기했다. 이들끼리 입을 맞춘다면 가격을 올려 받는 건 어려운 일이 아니다. 건설사 간 담합은 공공연한 비밀이다. 이들 건설사는 수십 년 세월을 거치는 동안 굳이 만나서 가격에 대해서 합의할 필요가 없을 정도로 마음이 통하는 사이가 되었다. 법의 제재를 피해서 담합처럼 보이지 않는 담합을 어렵지 않게 할 수 있다는 말이다.

건설사끼리는 그렇게 하면 된다. 이심전심으로 가격 결정이 가능하다. 이제 남은 것은 주변 시세인데 여기서도 일종의 담합이 가능하다. 기존의 시세보다 너무 높다 싶게 공급 가격을 결정하면 어떤 일이 벌어질까? 주변에서는 어떤 반응을 보일까? 겉으로는 내색하지 않지만 속으로는 반색한다. 유명 건설사의 신규 공급 가격이 높으면 높을수록 주변의 집값도 따라서 오르기 때문이다. 이번엔 건설사끼리의 담합이 아니라 건설사와 주변에 있는 기존 주택 보유자 간에 담합이 이루어지는 셈이다.

독점적 가격은 건설사가 신규 공급을 할 때만 형성되는 것이 아니다. 이미 시장에 나와 있는 주택 가격에서도 독점적 가격 결정이 이루어진다. 기존 주택 소유자들 간에 담합이 이루어지는 경우다. 기존 주택 소유자들끼리 매매가격을 결정해 놓고 그 이하로는 팔지 않기로 담합을 한다. 이런 담합도 현행법상 불법이다. 그런데 불법 행위로 제재 받을 걱정은 할 필요 없다. 드러내놓고 얼마로 하자고 반상회의로 결정할 정도로 서울 시민들이 어수룩하지는 않다. 때로 아파트 부녀회 같은 데서 얼마 이하로는 팔지 말자는 글을 인터넷 카페 같은 데 올리면서 제재를 받는 일이 간혹 있기는 했지만 굳이 그럴 필요도 없이 이심전심으로 담합 가격이 전해진다.[17]

주택 가격이 오르는 데는 공급을 독점하고 있는 건설사와 기존 주택 소유자가 큰 역할을 한다. 건설사의 공급 가격을 통제하기 위해서라면 분양가 상한제를 적용할 수도 있다. 그러나 기존 주택 소유자의 담합 행위는 막을 방법이 없다. 그들이 어느 정도 부를 갖추고 있는 계층이기에 더욱 그렇다. 당장 집을 팔아서 현금을 마련해야 할 정도로 긴급한 경제 상황이 아니기에 다소간의 시간을 기다리는 것은 어려운 일이 아니다. 서두르지 않는다면 더 나은 시세차익을 챙길 수 있다는 것을 수십 년에 걸쳐 경험했기 때문에 더욱 그렇다.

제3장

정말 공급이 문제인가?

1. 문재인 정부의 주택 정책

이 장에서는 문재인 정부의 주택 정책을 '정말 공급이 문제인가?'에 초점을 맞추어서 살펴보려 한다.

우선 공급 측면에서 살펴보자. 주택을 공급할 때는 땅이 필요한데, 그 땅을 확보하는 방법은 두 가지다. 하나는 빈 땅을 택지로 바꾸어 사용하는 것이고 다른 하나는 있는 땅을 손질해서 사용하는 것이다. 전자와 관련해서 문재인 정부는 박근혜 정부의 신도시 정책을 이어받았다. 신도시 규모의 주택 공급이 더 이상 필요하지 않다고 본 박근혜 정부의 판단을 지지했다는 말이다.

후자와 관련해서는 박근혜 정부와 다른 방향을 선택했다. 문재인 정부는 서울 내의 재개발이나 재건축 또한 예전만큼 필요하지 않다고 판단했다. 그 결과 재건축, 재개발에 대해 이전까지 주어졌던 혜택을 축소하는 방향으로 가닥을 잡았다. 공급 축소를 의도하지는 않았지만 이는 민간의 공급이 위축되는 결과를 불러왔다. 정부의 입장은 민간 공급이 축소되더라도 별 문제 없다는 입장이었다. 실수요에 대응하는 공급은 이전 정부들보다 더 큰 규모로 이루어지고 있었기 때문이다.

수요 측면에서는 규제, 즉 대출 규제와 법제도에 기반한 규제를 통해서 불필요한 수요를 억제하고자 했다. 공급 축소는 부작위로 인한 작위였지만 수요 규제에서는 적극적인 작위를 실행했다. 2020년 8·4 대책에 이르기까지 23차례에 걸친 대책은 대부분 수요를 억제하기 위한 규제였다.

각종 규제를 통한 수요 억제는 집값을 안정화시키는 데 성공하지 못했다. 이에 문재인 정부는 공급 카드를 꺼내 들었다. 우선 신도시를 다시 가동시켜 3기 신도시 사업을 공표했다. 공급에서 신도시 이외의 방법도 동원되었다. 서울 내의 각종 자투리땅을 이용해 소규모 단위로 주거 약자를 위한 주택 공급을 시행했다.

이런 대책에도 불구하고 집값은 진정될 기세를 보이지 않았다. 그 결과 시장에서 주택 가격 상승을 불러일으키는 수요 자체를 소진할 필요성을 부인할 수 없게 되었다. 좀 직설적으로 말하자면 투자성 수요에 대한 대책이 불가피하다고 판단했다. 야당이나 일부 언론은 이런 수요를 투자성이라고 부르는 것이 달갑지 않을 수도 있다. 하지만 정부 입장에서 보자면 투자성보다 더 심각한 투기성 수요였다.

문재인 정부는 서울 내에서 재개발, 재건축을 통해 ① 좋은 위치에, ② 시세차익을 기대해도 좋을 만한 평형대를, ③ 빠른 시간 내에 공급할 수 있는 방법을 제시했다. 단, 조건이 붙었다. 재개발, 재건축인 경우에 공공 위주로 개발하겠다는 것이었다.

공급 대책을 가동하는 한편 수요를 규제하는 대책들에 대한 보완책을 서둘러 제시했다. 주로 수요를 억제하다가 발생하는 선의의 피해자를 구제하기 위한 대책들이었다. 2020년 8·4 대책을 통해 문재인 정부가 추진한 부동산 대책의 종합편이 완성되었다. 정부나 야당 모두 대책의 실효성 여부를 지켜보기 시작했다.

문재인 정부의 부동산 대책을 간단히 요약하자면 지금까지 언급한 내용과 같다. 이제부터는 앞서 논의했던 '집값이 오르는 네 가지 이유'에 초점을 맞추어 문재인 정부의 부동산 대책을 살펴보자.

2. 수요 증가

문재인 정부 시기에 서울의 주택 수요를 증가시킬 변화가 있었을까? 주택 수요에 영향을 미치는 것은 ① 인구 증감, ② 일자리 증감, ③ 가구수 증감이다.

먼저 인구 증감을 살펴보면, 서울 인구는 2010년을 정점으로 미세한 감소 추세를 보이고 있다. 자연적인 인구 증가로 인한 주택 수요 증가는 없었다는 얘기다.

이번에는 일자리 증감을 살펴보자. 서울에서는 박정희 정부 때부터 일찌감치 서울 집중을 억제하기 위한 각종 정책을 실시해 왔다. 서울 집중을 유발하는 요인은 다양하지만 그중에서도 교육과 일자리가 가장

그림 3-1 **서울시 주민등록인구 추이(단위: 명)**

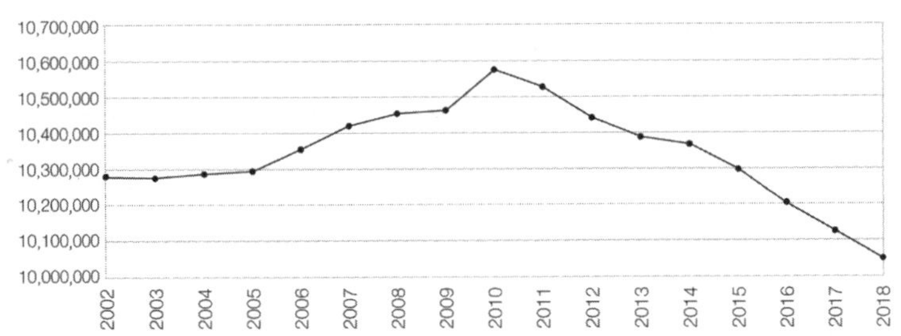

자료: 서울 열린데이터광장, "서울시 주민등록인구 (구별) 통계"(2020), http://data.seoul.go.kr/dataList/419/S/2/datasetView.do(검색일: 2020.11.19).

큰 영향을 미친다. 1960년대 이후 '서울로 서울로'를 외치며 서울로 올라온 사람들이 이구동성으로 꼽는 서울 상경의 이유는 일자리와 자녀 세대 교육이었다. 사람들이 서울로 몰려든 것은 생계를 유지할 일자리를 찾기 위해서이자 자식들에게 가난을 물려주지 않을 가장 확실한 방법은 좋은 교육을 받게 해주는 것이라고 믿고 있었기 때문이다. 이런 상황이라면 서울에서의 교육기관 신설을 억제하고 더 나아가 교육기관을 서울 밖으로 이전시키는 정책이 효과를 볼 수 있다. 일자리 또한 서울 밖에서 창출되도록 해야 했다. 이런 정책은 실제로 시행되었다. 교육기관을 지방으로 이전시켰고, 하다못해 사대문 안에 있는 학교는 강남으로라도 이전시켰다(그 당시에는 강남이 강북 도심에 비해 변두리였다는 사실을 상기하자). 공공기관을 지방으로 이전했으며, 기업에 대해서는 여러 가지 특혜를 제공하는 방식으로 서울 밖으로 밀어냈다. 이런 노력에도 불구하고 서울의 일자리 총량은 늘어났다. 하지만 늘어나는 정도를 살펴보면 이런 정책들이 어느 정도 효과를 발휘했다고 평가하는 데 무리가 없다.

서울시 사업체 종사자 수를 살펴보면 대체로 2009년경까지 매우 완만한 증가 추세를 보인다. 그러나 2010년 증가세가 가팔라졌으며, 2014년 이후 고용자 수가 다시 크게 증가했음을 알 수 있다. 서울의 사업체 종사자 수가 늘었다는 것은 서울로 인구가 유입되었다는 것을 의미한다. 증가된 사업체 종사자 수 중에서 어느 정도가 기존 서울시 인구에 의해서 충당되었고 어느 정도가 외부로부터 유입되었는지를 알 수 있는 통계는 없다. 따라서 주택 수요 증가에 영향을 미치는 순수한 외부 인구 유입의 크기를 정확하게 판단할 수는 없다. 하지만 주택에 대한 수요가 늘었다는 것만은 분명하게 얘기할 수 있다.

서울시 주택 수요에 영향을 미치는 또 다른 요인으로는 가구 수 증가가 있다. 가구 수 증가는 두 가지로 발생한다. 하나는 기존 서울시 인구 중에서 분가에 의한 증가이고 다른 하나는 외부 유입 인구에 의한 증가다. 전자는 생활양식의 변화 때문이다. 1960~1970년대의 대가족이 핵가족으로 축소 분화되었던 것처럼 2000년대를 넘어가면서 1인 가구로 변화하는 양상을 보이고 있다. 대개 가구별로 독립된 주택이 필요하다고 볼 때 이러한 가구 수의 증가는 주택 수요 증가를 야기한다고 볼 수 있다. 외부 유입에 의한 가구 수 증가는 서울 내 사업체 종사자 수 증가와 맞물려 있다. 서울 외부에 거주하다가 서울에 일자리를 얻어 이주한 인구들로 인한 가구 수 증가인데 이들 또한 대부분 1인 가구라는 특징을 갖고 있다. 가구 수 증가는 사업체 종사자 수 증가보다 더욱 직접적으로 주택 수요 증가에 영향을 미친다.

문재인 정부 시기에 주로 서울 내 사업체 종사자 수 증가와 가구 수

그림 3-2 **서울시 가구 수 추이(단위: 가구)**

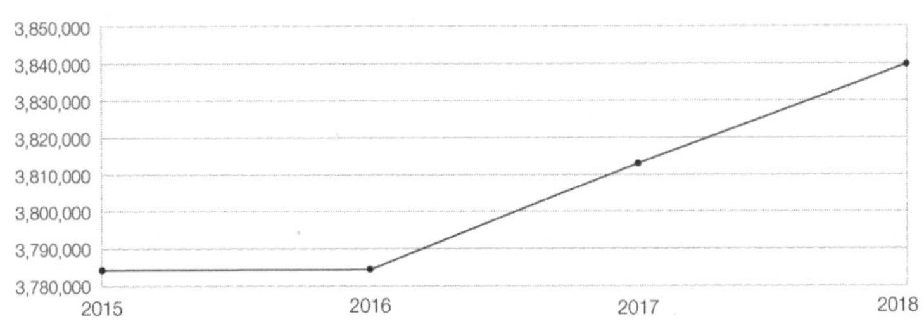

자료: 서울 열린데이터광장, "서울시 가구원수별 가구수(구별) 통계"(2020), http://data.seoul.go.kr/dataList/10996/S/2/datasetView.do(검색일: 2020.08.31).

증가로 주택 수요 증가가 발생했다는 것은 분명하다. 이제부터 이런 수요에 대응하기 위해 문재인 정부는 무엇을 했는지 살펴보자.

문재인 정부 들어 집값 문제가 불거지자 야당과 일부 언론은 공급이 부족해서 집값이 오르고 있다고 지적하기 시작했다. 이에 대해 홍남기 부총리 겸 기획재정부 장관은 2020년 8월 4일 '서울권역 등 수도권 주택공급확대방안'에서 아파트가 연 4만 호씩 공급되고 있다는 사례를 들며 이전 정부 시기보다 더 많은 물량이 공급되고 있다고 해명했다. 각 정부에서는 집값 폭등 조짐과 같은 특별한 일이 없는 한 대규모 물량 공급보다는 멸실분 보충 정도에 해당하는 공급이 가능하도록 유도하는 정책을 취해왔다. 문재인 정부도 이와 다를 바가 없었다. 기본적인 정책은 멸실분을 보충하는 것 이상으로 다른 요인에 의한 주택 수요 증가를 고려하지 않았던 것이 분명하다. 2020년 8·4 정책까지 23차례 정책을 발표하는 동안 주택 수요가 증가했으므로 그것에 대응한다고 언급한 적이 한 번도 없기 때문이다.[1]

문재인 정부가 사업체 종사자 수 증가와 가구 수 증가로 인한 주택 수요 증가를 고려하지 않았다는 것, 따라서 당연히 그런 수요 증가에 대응하는 정책이 없었다는 것은 분명하다. 그런데 이런 수요를 정확하게 파악하지는 못했지만 다른 정책을 시행하는 과정에서 이런 수요에 대응하는 의도하지 않은 효과를 거두었다.

문재인 정부는 역대 어느 정부보다 실수요자 위주의 주택 정책을 강조했다. 당연히 주거 약자를 배려하기 위한 각종 정책이 실시되었다.[2] 이런 정책은 주거 약자를 주요 대상으로 하지만 사업체 종사자 수 증가와 가구 수 증가로 인한 신규 주거 수요에도 적절하게 부응할 수 있었다. 결국 문재인 정부는 계획하지는 않았지만 결과적으로 서울의 주택 수요 증가에 대처하는 정책을 실시한 셈이다.

일자리 증가와 가구 수 증가 같은 주택 수요 증가를 미리 예측하고 선제적으로 대응하지 못한 미비함은 비판받아야 한다. 그러나 주거 약자를 포함한 실수요층을 주요 대상으로 하는 공급 정책을 적극적으로 실행한 결과 예상치 않은 주택 수요 증가에 부응하는 결과를 얻을 수 있었다. 따라서 주택 수요 증가에 효과적으로 대응하지 못했기 때문에 집값이 폭등했다는 비판은 적절하지 않다.

3. 공급 감소

문재인 정부에서는 공급이 감소했을까? 이건 분명하게 말할 수 있다. 문재인 정부에서 공급은 확실히 감소했다.

우선 땅에 대해 살펴보자. 서울 도심에서 가까운 빈 땅부터 집이 채워지기 시작해서 목동까지 대규모 주거 단지가 들어섰고, 분당을 위시한 1기 신도시가 그다음으로 가까운 빈 땅을 모두 소진시켰으며, 판교를 위시한 2기 신도시가 그다음으로 가까운 빈 땅을 소진시켰다. 서울 출퇴근이 가능한 지역의 빈 땅은 모두 소진되었다고 봐도 과언이 아니다.

남은 땅이라면 그린벨트뿐이었다. 이명박 정부는 그린벨트를 헐어서 아파트를 공급했는데, 그린벨트를 헐어 쓰는 것은 양날의 검으로 작용한다. 전례가 되어 그린벨트를 헐어 쓰기 위한 변명이 될 수도 있고, 반대로 이제는 절대로 더 이상 헐어 써서는 안 된다는 확신을 가지게 하기도 한다. 더 이상 헐어 써서는 안 된다는 확신을 가지게 하는 것은 일본의 사례다. 일본은 그린벨트를 한 번 두 번 헐어 쓰기 시작하면서 그린벨트 자체가 남아나지 않게 되었다. 그린벨트를 헐어 쓰는 데 변명으로 작용할 수 있는 사례는 영국이다. 그린벨트의 종주국이면서 그린벨트가 아직도 잘 보전되고 있는 영국에서는 런던의 주택 부족에 떠밀려 그린벨트를 헐어 쓰는 카드를 만지작거리고 있다.[3]

서울 확장, 신도시 건설, 그린벨트를 이용한 주택 공급을 거치면서 주택을 지을 땅이 소진되었다. 위치가 주택의 질을 결정하는 가장 중요한 요소라고 볼 수 있으니 양질의 주택 공급도 자연스레 감소하게 되었다. 기존의 밀도를 유지하면서 주택을 공급할 경우 좋은 위치 조건을 갖춘 양질의 주택은 공급이 감소한 정도가 아니라 공급 자체가 불가능한 상태에 이르렀다.

좋은 위치의 땅이 소진되어 공급이 불가하다는 것은 어찌 보면 그리 중요한 일이 아니다. 그건 천재지변처럼 어쩔 수 없는 일이라서 앞서 말했다시피 문재인 정부로서는 어찌할 방도가 없기 때문이다. 공급 감소와 관련해서 중요한 것은 문재인 정부가 의도적으로 공급을 감소시켰다는 점이다.

문재인 정부는 공급 감소를 두 가지 방향에서 예고했다. 하나는 신도시 사업 중단을 지속함으로써 신규 택지 공급이 감소될 것임을 예고했다. 다른 하나는 서울 내 재건축, 재개발 요건을 강화(강화라기보다는 그간 부여했던 혜택의 일부를 회수)함으로써 기존 택지의 활용이 제한될 것임을 예고했다.

신규 택지 공급이 중단되고 기존 택지 활용이 제한되면서 주택 공급이 감소할 것이라는 분명한 신호를 시장에 준 것은 틀림없다. 가격을 올리라고 시장에 신호를 준 것은 아닐 것이다. 정부에게는 그럴듯한 변명이 준비되어 있어야만 한다. 그 변명, 아니 해명을 들어보자.

정부 해명의 근간은 주택보급률이다. 2018년 서울시 주택보급률은 95%다. 2016년 최대 97%를 기록한 이후 약간 떨어진 양상을 보인다. 주택보급률이 95%라면 나머지 5%는 어디서 산다는 말인가? 그들은 집 없이 떠도는 건가라고 생각하면 안 된다. 주택보급률 계산 시에 주택에 포함되지 않는 주거용 시설들이 있다. 오피스텔도 그중 하나다. 그들은 비주택용 건물 주거에 기거하기도 한다. 셰어하우스도 있다. 주택으로서의 거주 요건을 갖추고 있지만 이러저러한 법적 규정에 의해 주택으로 인정되지 않는 건물들에서 거주한다. 다시 한 번 강조하지만 주택으로 인정되지 않는다고 해서 주거지로서 갖추어야 할 성능을 갖추지 않은 건 아니다. 어떤 면에서는 오히려 성능이 더 나을 수도 있다. 주

그림 3-3 **서울시 주택보급률 추이(단위: %)**

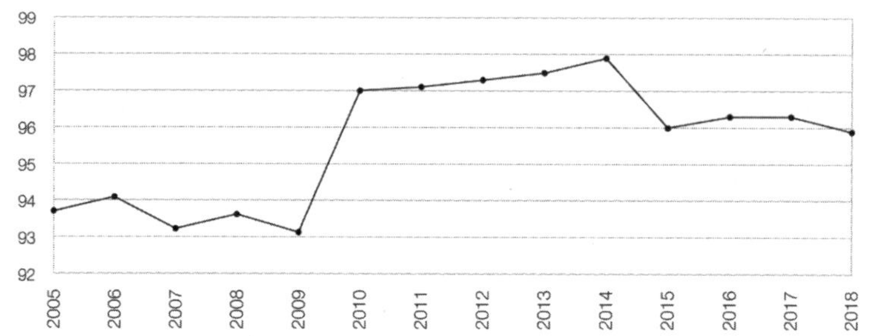

자료: 서울 열린데이터광장, "서울시 주택현황 및 보급률(새로운 산정방식)(2015년 이후) 통계"(2020), http://data.seoul.go.kr/dataList/10941/S/2/datasetView.do(검색일: 2020.1.22); 서울 열린데이터광장, "서울시 주택현황 및 보급률(새로운 산정방식)(2014년 이전) 통계"(2018), http://data.seoul.go.kr/dataList/10111/S/2/datasetView.do(검색일: 2018.2.6).

택보급률 계산 시에는 주택으로 인정하지 않지만 실질적으로 거주용으로 사용되는 건물을 고려하면 서울시의 실질적인 주택보급률은 100%에 가깝다고 봐야 할 것이다.

주택보급률 100%가 의미하는 바는 무엇인가? 일차적으로는 주택이 필요한 모든 사람이 기거할 수 있는 공간이 마련되었다는 뜻이다. 이 모든 공간의 성능이 똑같은 것은 물론 아니다. 성능을 대표할 수 있는 지표로는 면적이 가장 효과적이다. 면적으로 따지자면 면적이 넓은 집도 있고 좁은 집도 있다. 면적을 거주 성능을 대표하는 지표로 사용하고자 한다면 집의 전체 면적이 아니라 1인당 사용 면적으로 환산하는 것이 좋다. 거주 성능 위주로 표현하자면 주택별로 1인당 거주 면적이 넓은 곳도 있고 상대적으로 좁은 곳도 있다. 성능이 좋은 집도 있고 상대적으로 나쁜 집도 있다는 얘기다. 하지만 최소면적이라는 규정을 실질적으로 운용하고 있음을 고려하면[4] 성능이 좋은 집이든 나쁜 집이든 간에 거주할 만한 공간에 살고 있다는 얘기가 된다. 이 말을 하는 이유는 주택보급률 100%라는 것이 사람이 살 수 없는 열악한 성능의 집까지 포함한 것은 아닌가라고 의심할 수도 있기 때문이다. 따라서 실질 주택보급률 100%를 이렇게 바꾸어 표현할 수 있다. 사람이 살기에 적합한 최소 성능 이상을 확보한 주택의 수를 고려할 때 그 보급률이 실질적으로는 100%에 가깝다.

주택보급률이 100%가 넘는 상황에서 주택이 공급된다는 것은 빈집이 발생한다는 것을 의미한다. 빈집이 나타나는 것은 여러 가지 문제를 야기하는 전초가 된다. 빈집은 도시 슬럼화의 첫 단계다. 빈집은 소위 말하는 '깨진 창문' 효과를 불러온다. 또한 빈집 발생을 가속화하는 기능을 한다. 도시의 일부 지역에서 빈집이 생겼다는 것은 그것 하나로 끝나지 않고 빈집이 연이어서 발생할 수 있는 가능성을 보여준다고 판단해야 한다. '깨진 창문'을 방치하면 더 많은 창문이 연이어 깨지게 된다. 이것이 빈집 발생에 대해 정책 당국이 민감할 수밖에 없는 이유다.

빈집은 사실 다주택자에게 직접적인 타격을 입힌다. 단순한 다주택자이건 혹은 주택 임대사업자이건 간에 빈집 발생은 이들에게 경제적 손실로 다가온다. 전월세를 받지 못하는 상황이 발생한다는 얘기다. 이 다주택자들이 대출 혹은 전세 보증금을 이용해 주택을 소유하고 있는 경우라면 문제가 심각해진다. 다주택자의 경제적 손실은 은행의 담보 부실로 이어진다. 더욱 심각한 부작용의 악순환으로 이어질 수도 있는 문제다.

이런 상황이라면 주택을 추가로 공급하지 않는 것이 당연하다. 특히 다주택자라면 더욱 추가 공급에 반대할 것이다. 피부에 와 닿는 예를 들어보자. 대학가에서 원룸 임대 사업을 하는 사람이 있다고 하자. 원룸이 부족하면 사업성이 있다고 보고 더 많은 원룸을 지을 것이다. 이렇게 해서 학생들의 공간 수요와 원룸 공급 간에 한 번 균형이 맞추어지고 나면 더 이상 원룸을 짓지 않을 것이다. 이런 균형이 주택보급률 100%인 상황이다.

대학에서 기숙사를 지으려고 한다. 짓는 방의 수만큼 공급은 초과되고, 대학가 원룸에는 빈집이 생기게 된다. 이때쯤 되면 대학가 원룸 주인들이 집단적으로 항의를 한다. 그렇기 때문에 대학은 웬만해서는 이런 일을 하지 않는다. 대학과 주민이 상생하는 법을 알기 때문이다.

정부는 실질 주택보급률이 100%를 넘어가는 상황에서 추가적인 주택 공급을 중단하는 것으로 정책의 방향을 잡았다. 이것은 단지 문재인 정부에 들어와서 시작된 일이 아니다. 박근혜 정부 때부터 수도권에는 대규모 주택 공급이 더 이상 필요하지 않다고 판단했다. 그 결과 더 이상의 적극적인 토지 개발을 중단하기 시작했다. 이런 정책적 판단의 근거를 형성하고 있는 것은 분명 주택보급률이다.[5]

실질적 주택보급률 100%라는 수치는 더 이상의 대규모 추가 공급을 중단하되, 다만 멸실로 인한 주택을 보충하고 무주택자 중심의 주거약자 계층을 대상으로 하는 주택에 집중해서 공급하는 것이 합리적이라는 판단을 가능하게 한다. 이런 방식이 실질적 주택보급률 100%라는 조건에서 채택할 수 있는 최선의 주택 공급 정책이라는 게 정부의 입장이며 해명이다.

정부가 집값이 오를 수 있다는 것을 알면서도 공급을 감소시킨 데는 또 다른 속사정이 있다. 주택보급률이 실질적으로 100%에 가깝기 때문에 더 이상의 추가 공급은 불필요할 뿐만 아니라 주거 불평등을 심화시킬 수도 있다는 판단에서였다. 이와 관련해서 눈에 띄는 통계가 있다. 서울에 지어진 총 주택 수와 자가보유율이다. 자가보유율을 서울에 공급된 주택의 총수와 비교해 보면 새로운 사실이 눈에 들어온다.

서울시에 지어진 총 주택 수를 먼저 살펴보자. 2005년 310만 2404채에서 2018년 368만 2304채로 증가했다. 13년 동안 대략 58만 호가 증가했다.[6] 자가보유율은 2005년에 정점을 찍은 뒤 이후 하강세에 있다. 2005~2015년 사이에 53만 채의 신규 주택을 추가 공급했지만 자가보유율은 오히려 낮아졌다.[7] 이것은 무엇을 의미하는가? 여기가 중요한 대목이다. 문재인 정부는 실수요자 위주의 주택 정책을 변호하기 위해서 주택보급률을 자주 언급하지만, 실상 문재인 정부의 정책을 가장 강력하게 옹호할 수 있는 현황 분석은 자가보유율과 함께 총 주택 수 증가량을 파악하는 데 있다. 신규 공급을 큰 규모로 지속했지만 자가보유율이 더 낮아지고 있다는 것은 신규 공급 주택의 대부분을 기존 주택 보유자가 차지했다는 얘기다.

우리나라의 공공연한 주택 정책의 기조는 실수요자 우선이다. 그런데 총 주택 수와 함께 자가보유율을 검토하면 실수요자 위주의 정책이 전혀 효과를 거두고 있지 못하다는 것을 알 수 있다. 이는 기존의 공급 방법으로는 무주택자를 중심으로 한 실수요자에게 주택 공급이 불가능하다는 것을 의미한다. 시장에서 발생하는 수요에 따른 공급은 또다시 다주택자의 차지가 되기 때문이다.

이러한 상황은 문재인 정부의 실수요자 중심 공급 정책이 옳다는 것을 뒷받침하는 증거이면서 좀 더 실수요자 중심이 되어야 한다는 것을

그림 3-4 **서울시 총 주택 수 추이(단위: 채)**

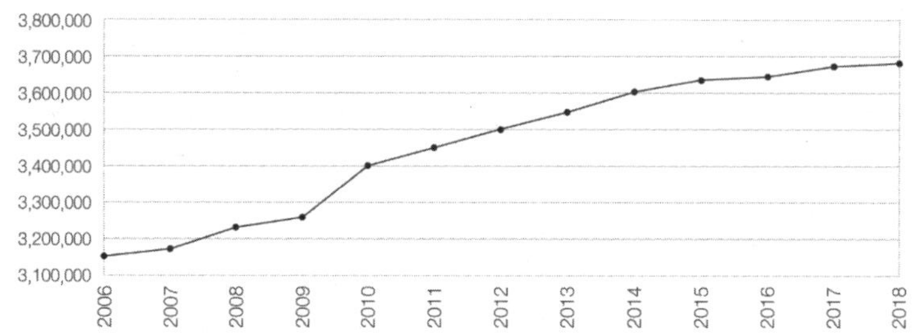

자료: 서울 열린데이터광장, "서울시 주택현황 및 보급률(새로운 산정방식)(2014년 이전) 통계"(2018), http://data.seoul.go.kr/dataList/10111/S/2/datasetView.do(검색일: 2018.2.6), 서울 열린데이터광장, "서울시 주택현황 및 보급률(새로운 산정방식)(2015년 이후) 통계"(2020), http://data.seoul.go.kr/dataList/10941/S/2/datasetView.do(검색일: 2020.1.22).

그림 3-5 **서울시 자가보유율 추이(단위: %)**

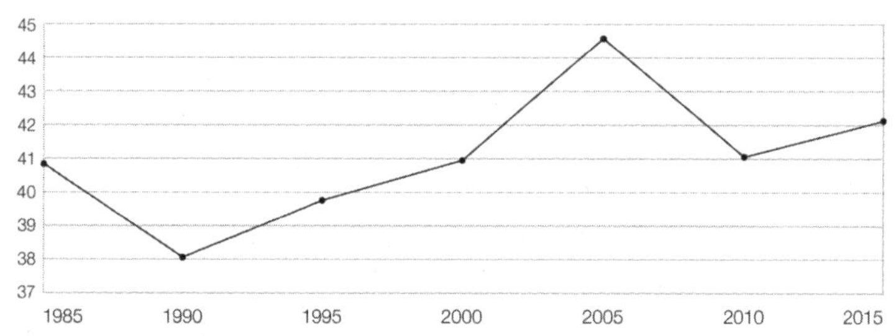

자료: 서울 열린데이터광장, "서울시 주택점유형태별 가구(일반가구) 통계"(2018), http://data.seoul.go.kr/dataList/230/S/2/datasetView.do(검색일: 2018.5.9).

의미한다. 또한 시장의 요구에 밀려 재개발, 재건축을 통한 양질의 주택을 마지못해 공급하더라도 공공 위주로 실행해서 추가 공급되는 주택들이 또 다시 다주택자의 손에 들어가지 않도록 하겠다는 정책의 타당성을 제공한다.

부동산 정책의 타당성과는 별개로 현실에서는 문재인 정부의 예고

된 공급 감소로 심상치 않은 주택 가격 상승이 나타났다. 수차례에 걸친 규제책으로도 집값 상승세가 꺾이지 않자 한 발 물러서 3기 신도시 사업을 서둘러 발표했다. 3기 신도시는 2기 신도시에 비해 좀 더 좋은 위치 조건을 갖추고 있지만 시장의 반응은 냉랭했다. 여전히 위치 조건에 만족하지 않았다. 그러자 연이어 서울 내에서 재개발, 재건축을 공공 주도로 적극적으로 시도하겠다는 계획을 발표했다. 정부의 부동산 정책 비판자들은 이에 대해서도 여전히 부정적이다. 정부의 양보가 재개발, 재건축 참여자와 건설사의 기대에는 여전히 못 미친다는 판단이다. 정부의 사후적인 공급계획은 이전의 공급 감소 예고 효과를 상쇄하지 못했다.

문재인 정부에서는 주택의 가격을 상승시키는 데 주요한 역할을 하는 공급이 분명 감소되었다. 공급 감소는 좋은 위치의 땅이 소진되는 것처럼 불가피하게 일어나기도 하고 때로는 수요 예측을 잘못해서 일어나기도 한다. 하지만 문재인 정부에서 나타난 공급 감소는 그것과 다르다. 매우 의도적이다. 그런 의도를 일정 부분 정당화시켜 주는 것은 주택보급률 및 총 주택 수 증가와 함께 살펴본 자가보유율이다. 그럼에도 불구하고 의도적인 공급 감소가 시장에서 주택 가격 상승을 촉진했다는 것은 분명한 사실이다.

4. 가수요 증가

문재인 정부에서는 가수요가 있었는가? 이것이 판단하기 어려운 지점이다. 이 지점에서 정부와 야당 간 거리가 멀어진다. 정부는 가수요가 있다고 판단한다. 반면 야당은 가수요가 아니라고 판단한다. 무엇을 가수요라고 부르고 무엇을 실수요라고 부를 것인가에 대해서는 견해차가 크다. 일단 일반적으로 가수요는 실수요와 대비되는 개념이다. 실수요는 실거주를 목적으로 한다. 여기까지는 명쾌하다. 그런데 실거주가 시작되는 시점이 문제가 된다. 주택 구매 후 즉시 거주를 시작한다면, 그리고 그런 거주가 예상치 못한 특별한 변동이 없는 한 지속된다면 그건 분명 실수요라고 말할 수 있다. 그렇다면 구매 후 6개월 후에 실거주를 시작한다면 어떤가? 이건 실수요일까? 아마도 대부분 실수요라고 인정해 주는 데 크게 어려움을 느끼지는 않을 것 같다. 그렇다면 2년 후는 어떤가? 혹은 5년 후라면 어떤가? 딱 잘라서 몇 년이라고 말할 수는 없지만 실거주를 시작하는 시기가 어느 정도 범위 이내여야 실거주로 인정해 줄 수 있다는 데 반대할 사람은 없을 것이다.

실거주가 목적이 아니라고 모두 가수요라고 볼 수는 없다. 임대가 있다. 임대 수입을 목적으로 한다면 실거주가 아니라고 해서 가수요라고 부를 수는 없다. 주택은 누구나 필요로 하지만 누구나 다 구매력을 갖추고 있지는 않은 실정을 고려하면 임대를 목적으로 한 주택 구매는 실수요라고 보는 게 맞다.

임대도 전세와 월세를 구분해서 볼 필요가 있다. 월세라면 당연히 임대 수입이 최종 목적이다. 특별한 변동 상황이 생겨서 임대용 주택을 매각하고 그로 인해 시세차익을 얻었다고 해도 그건 여전히 실수요에 기반한 행위다. 월세는 어느 모로 보나 실수요에 가깝다고 볼 수 있지만 문제는 전세다. 흔히 전세를 끼고 집을 산다는 표현을 쓰는데 여기서는 어디서부터 어디까지가 실수요이고 또 어디서부터 어디까지가 가수요인지 가늠하기 어렵다.

'영끌'이라는 걸 생각해 보자. 이건 대부분 전세를 끼고 사는 형식이다. 이걸 갭투자라고 부르기도 하는데, 갭투자(여기서 방점은 투자에 있다)라고 부르는 것도 쉽게 판단할 수 있는 문제가 아니다. 앞으로 더 오를 것 같아서 미리 사둔다는 측면에서 보자면 경제학에서 흔히 얘기하는 가수요이고 투자 행위에 해당된다. 그런데 몇 년이 될지 모르지만 성실하게 일해서 전세 보증금을 마련하고 그런 다음 그 집에 들어갈 살 요량인 사람들도 있을 것이다. 이런 경우라면 실수요라고 봐야 할 것이다.

문재인 정부 들어와 가수요가 발생했다는 것을 증명할 수 있는 가장 객관적인 방법은 가격과 수요 간의 관계를 살펴보는 것이다.[8] 수요가 증가하면서 가격이 올랐다면 실수요에 가깝다고 봐야 할 것이고 가격이 오르면서 수요가 증가했다면 가수요에 가깝다고 봐야 할 것이다. 수요가 가격에 영향을 미친 것인지 아니면 반대로 가격이 수요에 영향을 미친 것인지를 판단하는 것이다. 이럴 때 사용할 수 있는 계량적인 방법이 VAR 모델을 이용한 충격반응분석과 분산분해분석이다.

문재인 정부에서 가격과 수요 간 분석을 보면 문재인 정부에서는 주택거래가격지수가 주택매매건수를 55% 이상 설명하고, 주택매매건수는 주택거래가격지수를 전혀 설명하지 못하는 것으로 나타난다. 이는 가격이 수요를 견인하고 있음을 분명하게 보여주는 것으로서, 문재인 정부 들어 나타나는 가격 상승이 가수요에 의한 가격 상승이라고 판단하는 데에는 무리가 없다.

사실 주택시장에서 가수요라는 것은 앞선 분석에서 살펴본 것처럼 상존한다고 봐야 한다. 달리 말하자면 가수요적 현상은 늘 존재한다고 보는 것이 합리적이라는 것이다. 중요한 것은 그 정도가 얼마나 크냐 하는 것이다. 문재인 정부에서 보여주는 가격과 수요 간의 관계, 특히 가격이 수요를 이끄는 영향의 크기는 노무현, 이명박 정부 기간보다 크게 나타난다. 또한 그 반대의 경우, 즉 수요가 가격을 견인하는 면에서는 전혀 설명이 되지 않는다. 이런 분석 결과 문재인 정부에서 주목해야 할 정도의 가수요가 있다는 것, 그리고 가수요가 가격을 올리는 주요한 요인이 되고 있다는 것을 어렵지 않게 알 수 있다.

여기서 가수요가 상존하는 이유에 대해 생각해 볼 필요가 있다. 집값이 상승하는 이유에 대한 연구는 많지만 가수요가 상존할 수밖에 없는 이유와 관련해서는 두 가지 연구가 눈에 띈다. 김희호의 연구와 덴마크 경제학자 야코브 마센의 연구다. 김희호의 연구는 소득변동이 주택 가격에 미치는 영향을 분석한다.[9] 연구 결과는 소득이 증가하면 주택 구매 수요가 증가해 주택 가격이 상승한다는 것인데, 어찌 보면 매우 당연한 얘기다. 마센의 연구 결과도 유사하다.[10] GDP 증가가 주택 가격 상승을 유발한다는 결론이다.

이들의 연구는 소득이 계속 증가하고 GDP도 계속 증가하면 주택 가격이 상승한다고 주장한다. 소득 및 GDP의 증가와 주택 가격 상승 사이에 수요를 넣어서 생각해 볼 수 있다. 소득 및 GDP 증가 → 수요 증가 → 가격 상승의 고리가 이어진다. 결국 이들의 주장을 확장할 경우 지속적으로 소득이 증가해서 주택 구매력을 비축하는 계층이 있다면 이 계층이 주택 수요를 증가시키는 주요인이 될 수 있다는 이론이 가능하다.

우리나라에서 주기적으로 터져 나오는 집값 폭등은 이런 맥락에서 이해할 수 있다. 집값 폭등이 가시화되면 주택 구매력을 비축한 계층이 구매에 나선다. 그러면 집값은 상승하고 이에 대응하기 위해 공급이 늘어난다. 이들의 구매력이 소진되면 집값은 안정세에 접어든다. 주택 공급은 수도꼭지 잠그듯 잠글 수 있는 게 아니다. 따라서 공급이 수요를 넘어서게 된다. 이는 일시적인 기간 동안 하향세를 이루게 하는 원인이 된다. 시간이 더 흐르면 공급은 멈춰지고 집값은 완만한 상승세를 그린다. 그러고 또 10여 년이 흐르면 이들 계층은 또다시 주택을 추가 구매할 수 있는 자금을 비축하게 된다. 같은 일이 반복된다.

야당과 일부 언론은 현재의 시장에서 가격 상승을 유발하는 수요가 가수요라는 분석에 대해 불만이 있을 수 있다. 지금 시장 가격을 올리는 수요자가 무주택자라는 사실을 증명해 보일 수만 있다면 불만을 합리적 주장으로 바꿀 수 있다. 그래서 종종 '영끌'이라는 말을 끌어들인다. '영혼까지 끌어모은다'라는 의미의 '영끌'이라는 신조어를 동원해 그들의 절박감을 강조한다. 서울에서는 더 이상 집을 소유하는 것이 불가능할 것 같다는 두려움 때문에 영혼까지 끌어모아 집을 사는 젊은이들을 보라고 한다. '영끌'에 목을 매는 젊은이들이 무주택자, 즉 실수요자라는 점을 강조하면서 정부의 정책이 잘못되었다고 비난한다. 그런데 과연 그런가?

젊은 층의 '영끌'이 실수요에 초점이 맞추어져 있다면 그들의 수요에 호응하는 방법으로는 문재인 정부가 지속적으로 공급하고 있는 청년, 신혼층을 위한 주택 공급이 적격이다. '영끌'에 혈안이 되어 있는 젊은 층은 이런 공급에는 별로 관심이 없는 듯하다. 야당과 일부 언론의 주장대로 양질의 주택에만 관심을 갖는다. 젊은 층의 실수요를 수용하기에 부족함이 없는 주택 공급은 싫다면서 다른 것을 달라고 하는데, 결국은 집값이 오를 만한 집을 내놓으라는 얘기다.

젊은 층이 정부의 맞춤형 공급은 외면한 채 다른 것을 달라고 하는 건 정부의 맞춤형 공급을 수혜 받을 자격이 없거나 그런 공급이 요구하는 조건을 충족할 생각이 없기 때문일 수도 있다. 결국 실수요가 아니라는 얘기다. 젊은 층의 '영끌'은 어느 모로 보나 실수요라기보다는 투자의 목적이 크다.[11]

이쯤 되면 '영끌'이라는 단어가 거슬린다. '영혼까지 끌어모아'라는 문구가 주는 뉘앙스를 교묘하게 이용하고 있다. 영혼까지 끌어모아 간절히 바라는 것이 투기 아니면 잘 봐줘야 투자라는 건데, 그것이 좋게 보일 리가 없다. 서울에서 직장을 얻었고 서울에서 살아야만 하기에 살 집을 영혼까지 끌어모아 찾는 거라면 말 그대로 '영끌'이 맞겠다. 하지만 지금 젊은 층의 '영끌'은 절박감이라기보다는 투자에 대한 열망으로 비춰진다.

'지금 못 사면 영원히 못 산다'라는 말에 초점을 맞추어보자. 이 말이 사실일까? 이 말이 얼핏 설득력 있게 들리는 것은 서울 안에 집 지을 땅이 더 이상 없을 거라는 생각 때문이다. 하지만 잠깐만 생각해 봐도 지금 못 사면 영원히 못 산다는 말이 틀린 말이라는 걸 알게 된다. 우선 집은 세대가 물려 쓰는 물건이다. 자연스럽게 물려받아야 할 집이 생긴다는 말이다. 게다가 통계청의 장래 인구 추계를 보면 2067년에는 대한민국 인구가 3900만 명대로 감소할 수 있다고 한다.[12] 지금보다 20% 정도가 감소하는 건데, 이때가 되면 서울에서 집 사기가 더 어려워질까? 이 질문에 대한 답은 어렵지 않다. 하지만 듣고 싶어 하지 않는다. 지금 못 사면 영원히 못 산다는 말이 맞는 말이어야만 하기에 그렇다. '영끌'이 탐욕이 아니라 간절함으로 보이게 하려면 그 말이 맞는 말이어야만 하기 때문에 그렇다.

'영끌'에 대해 길게 이야기한 것은 정부 정책이 실수요에 부응하지 못한다는 증거로 들고 있는 '영끌'이 실수요라고 보기 어렵다는 것을 주장하기 위해서다. '영끌'을 끌어들여 실수요에조차 부응하지 못하는 정부의 주택 정책이라고 비난하고 싶어 하지만 '영끌'은 분명 실수요는 아니다.

가수요가 발생하면 이 가수요에 부응할 수도 있고 대응할 수도 있다. 부응한다는 것은 가수요를 충족시킬 수 있을 만큼 공급을 한다는 것이다. 대응한다는 것은 가수요를 억제한다는 것이다. 정부가 선택한 방법은 가수요 억제다. 대출을 규제하고 법제도를 통해 가수요를 억제하려고 시도했다. 결과는 실패였다. 확실하게 실패라고 말할 수 있는 것은 견디다 못한 정부가 공급을 하겠다고 공표했기 때문이다.

가수요를 발생시키는 계층의 주택 구매자금이 무엇인지를 생각해보면 가수요를 억제하는 것이 불가능하다는 것을 쉽게 알 수 있다. 이들의 주택 구매자금은 저축한 돈과 이전 주택을 구매한 이후 주택 가격 상승으로 생긴 주택담보대출 증가분이다. 이런 구매자금은 대출 규제와는 무관하다. 법제도, 주로 조세제도를 활용해 억제를 시도할 수는 있지만 이 또한 매우 제한적이다. 이들은 경제적으로 안정된 계층이라는 것을 고려해야 한다. 취득세 문제라면 집값이 더 오르기를 바라는 것으로 해결 가능하고, 양도세 문제라면 정권이 바뀌길 기다리면 된다. 견디기 힘든 것은 보유세인데, 이 때문에 유독 보유세 증세에 대한 저향이 심하다. 이렇게 보면 보유세가 가수요를 억제할 수 있는 가장 효과적인 방법처럼 보이기도 하지만 이것 역시 정권이 바뀌기를 기다리면 될 수도 있다. 결론인즉슨 가수요를 억제하는 것은 불가능에 가깝다는 것이다.

억제가 안 된다면 부응하는 것도 방법일 텐데, 가수요에 부응하는 방법이 어려울 것도 없다. 가수요 시장이 원하는 양질의 주택을 공급할 수 있는 방법은 크게 보아 두 가지다. 하나는 그린벨트를 헐어서 좋은 위치에 양질의 주택을 공급하는 것이고 다른 하나는 재개발, 재건축을 활용하는 것이다.

문재인 정부는 그린벨트를 헐어 쓰는 방법에는 어느 정도 긍정적이었던 것 같다. 이명박 정부의 보금자리주택이 성공적이었기 때문일 것이고, 이 방법은 공공 주도로 가능하기 때문일 것이다. 하지만 그린벨트를 사용하는 방법은 곧 포기했다. 세간의 반응이 긍정적이지 않았기 때문이다. 그렇다면 남은 것은 재개발, 재건축인데 이 방법에 대해서 문재인 정부는 매우 부정적이었다.

문재인 정부가 재개발, 재건축을 선택 가능한 정책에서 제외하고 오히려 조건을 강화한 첫 번째 이유는 무엇보다도 재개발, 재건축을 통한 개발 이익으로 발생하는 불로소득을 인정하고 싶지 않았기 때문이다. 신반포 1차 아파트가 피부에 와 닿는 사례가 될 것이다. 2014년 신반포 재개발이 부동산 시장에서 핫이슈로 떠올랐다. 30평대 분양가가 20억 원을 오르내리면서 세간의 관심을 끌었다.[13] 20억 원이 7년 전 분양가라는 걸 감안하면 현재 가격은 그보다 훨씬 높을 것이다.

신반포 1차 아파트는 서울에서 제법 초기에 지어진 오래된 아파트다. 신반포 1차 아파트의 기존 용적률은 190%[14] 정도이고 신반포 1차 재개발에 적용된 용적률은 300%다.[15] 용량이 1.5배로 늘어난 셈이다. 30평대 아파트 한 채를 가지고 있던 사람은 1.5채를 가지게 된다는 것이다. 반포 아파트를 가지고 있던 사람은 기존의 아파트 가격이 올라서 이득을 얻는데 아파트 한 채가 1.5채가 되니 이득이 더 커진다. 가격으로 치자면 '30억+ α'인데 이 α 또한 만만치 않은 금액이다.

두 번째 이유는 과거 경험으로 볼 때 재개발, 재건축이 집값을 상승시키는 부작용을 불러올 것으로 예측되었기 때문이다. 재개발, 재건축은 해당 지역의 신규 주택 가격을 상승시키며 인근 지역부터 시작해 순차적으로 좀 더 먼 지역의 집값을 끌어올리는 작용을 했다. 다수의 연구결과가 이를 이론적으로 설명하고 있으며,[16] 경험적 증거도 넘쳐난다.

세 번째 이유는 서울시의 주택보급률이 실질적으로 100%에 달하고 있는 상황에서 추가적인 주택 공급이 필요치 않다고 판단했기 때문이다. 이런 판단은 특히 저밀도를 고밀도로 바꾸는 재개발에 적용된다.

네 번째 이유는 재개발, 재건축으로 인한 공급효과가 미미하다고 판단했기 때문이다. 재개발의 경우는 양질의 주택이 요구하는 위치가 아니라는 점이 문제가 된다. 재건축의 경우는 단순히 노후 건물을 새 건물로 바꾼다는 데 의미가 있을 뿐 추가적인 물량 공급은 매우 작다는 문제가 있다.

요약하자면 문재인 정부는 ① 시장에서 가수요가 발생한다는 것을 알면서도, ② 가수요가 시장 가격을 상승시킬 능력이 있다는 것을 알면서도, ③ 그리고 그러한 가격 상승 압력으로 작용하는 가수요에 부응해서 가장 즉각적으로 가격 안정화를 기대할 수 있는 방법은 공급이라는 것을 알면서도, ④ 그런 공급이 재개발, 재건축을 통해서 가능하다는 것을 알면서도 가수요를 억제하고 공급을 의도적으로 축소하는 정책을 선택했다. 명분은 있지만 실효는 없는, 그리고 집값의 지속적 상승이라는 부작용을 불러온 대책이었다.

5. 독점의 발생

주택 가격 상승은 공급의 독점으로부터 발생하기도 한다. 공급자가 공급 가격을 부적절하게 높이거나 공급 물량을 의도적으로 축소하면 독점이 가능해진다. 이런 일이 벌어지기 위해서는 우선 주택을 공급하는 측이 독점적이거나 혹은 과점적이어야 한다. 대한민국에 얼마나 많은 건설사가 있는데 그게 가능할까 싶겠지만 우리나라 서울의 현 상황에서는 충분히 가능하다. 서울의 비싼 땅값을 생각해 보면 쉽게 알 수 있다. 그 비싼 땅값을 감당할 능력이 있는 건설사는 손꼽을 정도다. 다른 측면에서도 이유를 찾을 수 있다. 소위 브랜드 아파트라는 것이다. 아파트 시장에 지명도 높은 대형 건설사들이 진입하면서 서울의 아파트라면 이들 대형 건설사의 브랜드가 아니면 안 되게 되었다. 오죽하면 기존 아파트의 이름을 대형 건설사 브랜드로 바꿔치기를 하는 일이 일어났을까.[17] 서울에서는 대형 건설사의 브랜드가 아니면 안 된다는 것을 증명하는 사례라고 할 수 있다.

문재인 정부 들어서 독점에 의한 주택 가격 상승이 일어났다. 정부는 분양가 상한제를 정비해서 독점적 공급에 의해 분양가가 상승하는 것을 통제했다. 분양가 상한제는 대략 두 가지 측면에서 비판을 받는다. 하나는 주택 공급 물량이 부족한 상황에서 공급을 더 줄이는 부작용을 가져온다는 것이다. 다른 하나는 분양가 상한제는 당분간 주택 가격을 눌러놓는 데 지나지 않으므로 분양가 상한제를 적용한 주택의 전매 제한 기간이 끝나면 더 큰 폭으로 오를 수 있는 뇌관을 심어놓은 것에 불과하다는 비판이다.

첫 번째 비판은 분양가 상한제를 지속적으로 적용함으로써 간단히 해결되는 문제다. 분양가 상한제 적용이 들쑥날쑥하기 때문에 건설사들이 분양가 상한제가 강력하게 시행되는 동안은 잠시 사업을 쉬어간다고 생각할 수 있기 때문이다. 두 번째 비판은 가격 자체가 독점에 의해 비상식적으로 높은 가격으로 책정된다는 것을 인정하지 않기 때문에 가능한 부적절한 비판일 뿐이다.

문재인 정부에서는 독점에 의한 가격 상승이 일부 있었다고 보는 게 맞다. 하지만 분양가 상한제에 의해 어느 정도 통제가 성공적으로 이루어졌다고 볼 수 있다. 독점에 의한 가격 상승은 지나간 문제가 아니라 앞으로가 더 중요한 문제다. 주택 공급을 책임지고 있는 독점적 건설사들이 좀 더 수익성이 좋은 사업 환경이 조성되기를 기다려 통상적인 수준의 공급을 중단하고 공급을 감소시킬 경우 주택 가격 상승의 부담으로 작용할 가능성이 농후하다.[18] 하지만 현재까지는 독점적 공급자로서의 지위를 확보하고 있는 건설사가 자의적으로 공급을 조절함으로써 가격이 상승한 경우는 많지 않다.

6. 정말 공급이 문제인가?

야당과 일부 언론의 지적대로 2020년 심상치 않은 집값 상승 국면을 맞이한 것은 정말 공급 문제 때문이었을까? 이 질문에 답해보자.

2020년에는 집값 상승의 네 가지 요인 중 네 가지 모두가 충족되는 조건이 형성되었다.

첫째, 수요가 증가했다. 가장 직접적인 수요의 증가라고 볼 수 있는 서울의 인구 증가는 없었지만 주택 수요에 영향을 미칠 수 있는 몇 가지 변화가 발생했다. 우선 서울의 일자리 증가다. 다음으로 중요하게 지목해야 할 것은 1인 가구의 증가다.

둘째, 공급이 감소했다. 박근혜 정부와 마찬가지로 적극적인 신도시 개발을 중단했다. 한편으로는 재개발, 재건축 요건을 강화함으로써 공급량이 감소할 것임을 분명하게 예고했다. 실제로도 위치가 좋은 양질의 주택이라는 측면에서 보면 분명 공급이 감소했다.

셋째, 가수요가 표출되기 시작했다. 개인적인 소득 증가와 국가 전체적인 경제성장의 결과로 저축액과 부동산 자산의 가치가 상승했고 주택을 신규로 구매할 수 있는 역량을 축적한 계층이 확고하게 형성되었다. 이들은 대부분 기존 주택 보유자로서 투자 목적으로나 임대사업 수익을 목표로 주택을 구매할 준비가 되어 있었다.

넷째, 공급 독점 상황이 발생했다. 신도시 개발 사업이 막혀 있고 기존의 수익성과 비교할 때 만족스럽지 못한 재개발, 재건축 시장을 맞이하고 있는 건설사들은 물량 공급을 회피했다. 이들의 계산은 좀 더 사업환경이 좋은 시기를 선택하겠다는 것으로, 반시장적이거나 도덕적 타당성이 결여되었다고 볼 수 없는 정상적인 영업행위의 결과였다.

첫째 요인과 둘째 요인은 정상적인 시장을 전제로 한 수요-공급의 법칙에 따른 가격의 변동과 관련된다. 문재인 정부는 첫째 요인에 대해서는 정부 출범 이후 지속적인 공급을 실시해 왔으며, 둘째 요인에 대해서는 신도시 개발이나 적극적인 재개발, 재건축은 축소되었지만 서울 안의 자투리땅을 이용한 다양한 공급으로 주거 약자 계층을 위주로 한 실수요에 대해서는 적절하게 대응해 왔다는 입장이다. 이런 대응은 야당이나 일부 언론의 적극적인 비난이 불가능할 정도로 잘 수행되었다고 볼 수 있다.

문제는 셋째 요인이다. 셋째 요인인 가수요는 억제되지 않았고(애초부터 억제 불가능했다) 가수요에 부응하는 공급은 정부에 의해서 의도적으로 축소되었다.

넷째 요인은 셋째 요인과 맞물려 공급 감소로 인해 주택 가격이 더 상승할 것이라는 예측을 합리적인 것으로 만들어줬다. 가수요 시장에서 공급을 독점하고 있는 민간 건설업체들이 좀 더 나은 사업 환경에서 사업을 시행하기 위해 사업을 늦출 것이라는 예측이 견고해지면서 공급이 감소할 것이라는 신호가 가수요 시장에 전해진 셈이다.

가수요가 작동하기 시작하고 엎친 데 덮친 격으로 정부에 의한 의도적인 공급 감소 신호와 공급 독점자에 의한 공급 감소 신호가 동시에 작동하면 가격 상승을 막을 방법이 없다. 둘째 요인과 넷째 요인이 셋째 요인을 강화하는 방향으로 작용하는 것이다.

가수요가 발생하는 시장은 문재인 정부가 애를 써서 공급을 지속해 온 실수요 시장과는 별도로 존재한다고 봐야 한다. 실수요가 존재하는

그림 3-6 **주택 시장의 구성 모형**

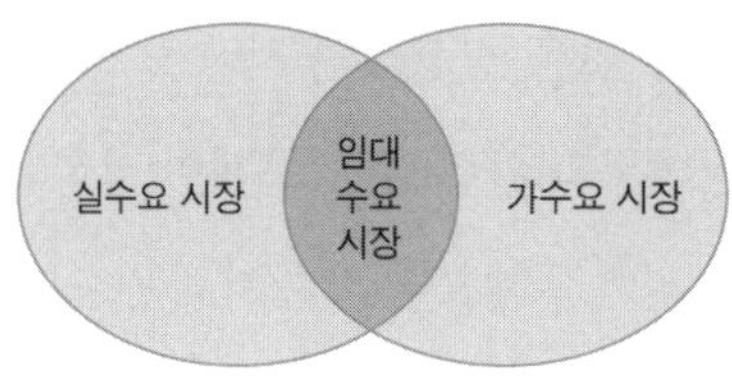

하나의 시장에서 일시적으로 나타나는 현상으로서의 가수요가 아니라, 가수요가 상존하는 또 하나의 별도의 시장이 존재한다는 것을 인정해야 한다는 뜻이다. 실수요 시장과 가수요 시장은 시장 참여자가 대체로 다르기 때문이다. 수요자 측면에서 보자면 실수요 시장의 수요자는 무주택자이고, 가수요 시장의 수요자는 대부분 기존 주택 보유자다. 공급자 측면에서 보자면 실수요 시장의 주요 공급자는 공공이고 가수요 시장의 주요 공급자는 민간이다.

이렇게 별도로 존재하는 두 개의 시장에서 주택의 전체적인 가격이 상승하는 방향으로 결정하는 것은 가수요 시장이다. 가수요 시장의 물량이 양질이면서 기존 시세보다 항상 높은 가격으로 시장에 공급되고 시장 가격은 이 가격에 의해 견인되는 경향을 보이기 때문이다. 문재인 정부의 부동산 정책은 주택 가격에 지배적인 영향을 미치는 가수요 시장을 가수요를 억제하는 방법으로 통제하려 했지만 사실상 방치한 꼴이 되었다.

문재인 정부가 지금보다 두 배의 물량을 실수요 시장에 쏟아부었더라도 주택 가격은 안정되지 못했을 것이다.[19] 그 이유는 크게 보아 두 가지다. 하나는 정부가 공급한 물량이 위치나 평형대, 그리고 전매조건에서 볼 때 투자 가치가 떨어지기 때문이다. 다른 하나는 가수요 시장의 수요자는 실수요 시장에 참여할 자격조차 되지 않기 때문이다.

2020년에 주택 가격이 상승한 원인은 공급 때문이기도 하고 공급 때문이 아니기도 하다. 문재인 정부의 주택 정책에서 공급은 상대적으로 충분하기도 하고 반대로 부족하기도 하다. 모순처럼 들리는 주장이다. 그런데 해결하기에 별로 어려울 것 없는 모순이다. 시장이 두 개이기에 그렇다. 주택시장에는 한편에는 실수요를 대상으로 하는 시장이 존재하고 다른 한편에는 투자적 수요를 대상으로 하는 시장이 존재한다.

현재 집값 상승 문제를 일으키고 있는 시장은 기존 주택 보유자이면서 추가적 주택 구매력이 있는 사람들의 시장이다. 이 시장에서는 분명 수요-공급의 법칙에서 공급이 수요를 따라가지 못하고 있는 상황이다. 작금의 집값 상승이 수요-공급의 법칙에 어깃장을 놓는 바람에 생겨난 것이라는 주장이 이 시장에서는 맞는 말이다. 여기서 정말 공급이 문제인가에 대한 답을 내리자면, 정말 공급이 문제였다.

그렇다면 공급을 늘리면 문제가 해결되는가? 우선 공급이 가능한지 자체를 먼저 따져봐야 한다. 2020년 집값 상승에 대해 야당과 일부 언론은 공급을 주장하고 있는데, 이들이 주장하는 것처럼 양질의 주택을 지을 땅이 있느냐가 가장 큰 문제다. 땅에 관한 한 방법은 두 가지뿐이다. 하나는 기존 택지를 고밀도로 활용하는 방법이고 다른 하나는 그린벨트를 헐어서 쓰는 방법이다. 두 가지 모두 해결책이기는 하지만 이를 실행하자면 문제가 있다.

전자의 경우는 기존의 집을 부수고 새로 지어야 하니 기존 주민들이 공사 기간 동안 나가 살 공간을 마련해야 하는데 이것은 쉽지 않은 문제다. 이들 때문에 전세난이 예상될 정도다. 후자의 경우는 그린벨트를 헐어 쓰는 것에 대해 거부감이 크다. 이 문제에 대해서는 진보와 보수를 가리지 않고 대체로 반대하는 입장이다. 이런 어려움이 있겠지만 일단은 공급이 가능하다고 치자. 그럼 집을 충분히 공급하면 집값 문제가 완전하게 해결될까?

공급이 충족되면 일단 집값이 '폭등'하는 일은 없을 것이다. 하지만 과거의 경험과 기존 연구를 바탕으로 볼 때 공급은 해당 지역과 인근 지역의 집값 상승 요인으로 작용한다. 인근 지역으로의 집값 상승효과는 물결처럼 번져나간다. 이웃집의 집값이 오르면 그 이웃집이 오르고 또 그 이웃집이 오르면서 결국 서울 전체의 집값 상승으로 이어진다.

서울의 집값이 좀 오르면 어떠냐고 쉽게 생각할 수도 있다. 그런데 이건 그리 간단하지 않다. 일회성도 아니다. 서울 집값이 오르면 무주택자들이 집을 장만하기는 더 어려워진다. 앞선 총 주택 수와 자가보유율 비교에서 확인한 악순환이 이어진다. 공급되는 주택은 또다시 다주택자들의 수중으로 들어가고 여전히 무주택자는 무주택자로 남는다. 집값 상승은 곧 전세가 상승으로 이어지고 이는 당연히 월세 상승으로 이어진다.[20] 집값이 오른다는 것은 무주택자의 부담이 더 커진다는 것을 의미한다.

집값 상승으로 발생하는 또 하나의 중대한 문제는 빈부의 격차가 심해지는 강력한 계기가 된다는 점이다. 집값이 오른다는 것은 우선 주택 소유자의 자산가치가 증가한다는 것을 의미한다. 다주택자라면 임대료 수입을 올리고 있을 것이니 자산 소득 또한 증가한다. 반면 자산 보유 없이 전적으로 노동소득에만 의존하는 무주택자에게는 자산이 증가할 기회가 없고 당연히 부가 증가할 기회도 없다. 남은 것은 주택 소유자와 무주택자 간의 부의 격차가 점점 더 벌어지는 일뿐이다.

빈부의 격차가 얼마나 커지는지 간단하게 계산해 보자(<그림 3-7> 참조). 30대 두 사람이 있다고 가정하자. A는 강남에 10억짜리 집을 가지고 있고, B는 서울 어디가 되었든 5억 전세를 산다고 해보자. 강남에 사는 A는 30대에 초봉 5000만 원 정도로 직장생활을 시작하고, 전세 사는 B는 3000만 원 정도로 직장생활을 시작한다고 가정하자.

강남 집값은 1988~2017년 30년간 16배 상승했다.[21] 대략 연 10% 씩 증가한 셈이다. 강남에 소유한 집이 앞으로도 이런 추세로 오를 것이라고 가정하자. 노동소득 증가율은 둘 다 연 5%를 적용하자.

<그림 3-7>을 보면, 점선은 노동소득의 차이를 보여준다. 20년이 지나서 50대가 되면 이 둘이 노동으로 벌어들인 총 금액은 대략 7억 원 정도 차이가 난다. 크다면 크달 수도 있지만 그렇게 큰 차이가 느껴지지는 않는다. 검은색 실선은 주택 가격 상승으로 인한 자산가치의 차이를 보여준다. 20년이 지나면 자산가치의 차이는 65억 원 정도가 된다. 회색선은 노동소득 차액과 집값 상승 차액의 합을 보여준다. 자산가치의 상승 폭이 워낙 커서 노동소득 총량은 전체 자산가치 크기에 크게 영향을 미치지 않는다. 어찌되었든 이 두 사람은 50대가 되었을 때 자산 총량의 차이가 70억 원에 달한다.

한걸음만 더 나아가자. 위와 같이 공급이 실행되고 집값이 오르면 무주택자는 유주택자가 될 기회는 더 적어지고 경제적 부담은 더 가중된다. 이처럼 자산가치 상승 및 자산소득 증가로 인한 부의 격차가 더 벌

그림 3-7 **A와 B의 개인 자산 증가 추세**

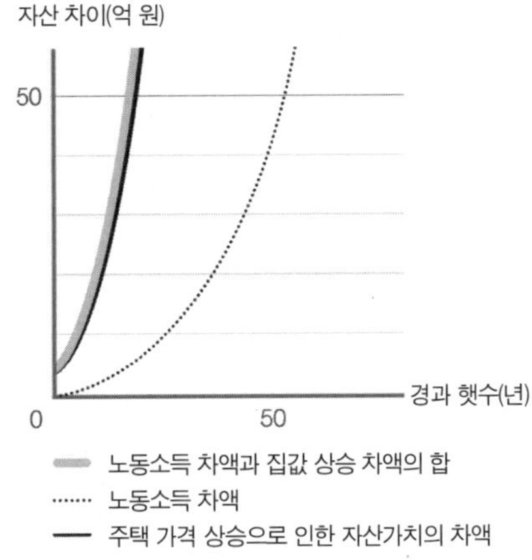

어지는 일은 일회성으로 끝나지 않는다는 점을 간과해서는 안 된다. 가수요를 발생시키는 계층의 구매력은 단 한 번 주택을 구매했다고 끝나지 않는다. 주택을 구매하고 나서 또 다시 10여 년이 지나면 이들 계층은 집 하나를 더 구매할 수 있는 여력이 생긴다. 그때 되면 또 다시 같은 일이 반복된다. 위와 같은 조건으로 계산한다면 두 사람 간의 자산 총량 차이는 100억 원이 넘을 수도 있다.

반복의 끝은 어디인가? 무주택자의 경제적 부담과 부의 격차가 그저 끊임없이 확대될 것이다.

제4장

집값은 언제까지 오를 것인가?

1. 주택 가격 평가 지표

서울의 집값은 언제까지 오를 것인가? 수요-공급 법칙의 신봉자들이라면 적정한 공급이 이루어지면 집값 상승은 멈출 것이라고 믿어 의심치 않을 것이다. 적정한 공급은 이른바 폭등이라고 일컬어지는 집값 상승을 멈추게 할 것이다. 하지만 집값 상승 자체가 멈추지는 않을 것이다. 집값이 상승하는 것은 인플레이션을 반영하는 명목 가치가 상승하기 때문만은 아니다. 주택의 실질 가치 또한 끊임없이 상승한다. 경제 성장이 지속되고 주택이라는 자산이 지닌 상대적 안정성이 다른 자산에 비해 높이 평가되는 한 집값은 당연히 계속 상승할 것이다.

이와 같은 조건하에서는 집값이 계속 상승한다고 판단하는 것이 합리적이지만 집값에 상한이 없을 것이라고 생각하는 것은 비합리적이다. 집값이 오를 수 있는 최대 지점은 분명히 존재한다. 다만 그런 지점을 확정하기 어려울 뿐이다.

집값이 더 오를 것인지 말 것인지를 예측하기 위해서 다양한 노력이 시도되었다. PIR과 RIR이 대표적인 지표다. PIR(Price to Income Ratio)은 주택 가격 대비 소득의 비율을 말하는 것이고, RIR(Rent to Income Ratio)은 임대료 대비 수입의 비율을 말한다. 한 푼도 안 쓰고 10년을 모아야 집을 장만할 수 있다든지 할 때 사용되는 개념이 PIR이다. 이 PIR이 높아지면 높아질수록 집값은 더 이상 올라가지 않을 것이라고 본다. 가격이라는 것이 항상 팔 물건이 있고 살 사람이 있어야 형성되는 것이기에 그렇다. 가격이 너무 높으면 살 사람 또는 사고 싶어 하는 사람이 없어진다. 그러면 가격은 내려갈 수밖에 없다.

PIR이 주택 가격을 결정하는 합리적인 지표가 될 수 있을 것 같지만 이건 주로 1가구 1주택을 가정할 때만 그렇다. 이미 하나의 주택을 가지고 있더라도 돈만 있으면 하나 혹은 둘 이상 더 살 수도 있다. 이들에게는 평균적인 소득과 평균적인 주택 가격을 비교하는 PIR은 큰 의미가 없다. 이들은 집을 더 살 수 있는 능력이 충분하다. 중요한 건 사서 무엇에 쓸 것인가 하는 것이다. 전혀 쓸 데가 없다면 집을 더 사지는 않을 것이다.

집을 더 살 능력이 있는 사람들이 집을 더 살지 말지를 결정하는 데 영향을 주는 것은 집값 상승으로 인한 차익과 임대 가능성이다. 향후 집값이 오를 것을 기대하고 시세차익을 높이려는 사람들이 생기는 것은 당연하다. 더 오를 것 같으면 집을 더 살 것이다. 이때 유인 요인으로 작용하는 것이 임대 가능성이다. 전세를 줄 수 있으면 투자 비용을 적게 투입할 수 있어서 유리하고 월세를 받을 수 있다면 수익을 챙길 수 있어서 좋다.

전월세를 잘 받을 수 있는지를 가늠하는 데 사용하는 지표는 RIR이다. RIR은 임차인이 소득 중에 얼마를 임대료로 내는지 알려주는 지표다. RIR이 20이라면 임차인이 소득의 20%를 임대료로 내고 살고 있다는 뜻이다. RIR이 높으면 높을수록 임차인을 구하기가 어렵다는 얘기다. 이 얘기는 곧 기존 주택 보유자가 추가로 집을 살지 말지를 결정할 때 원하는 임대소득을 안정적으로 얻기 어렵다는 것을 의미한다. 그렇다면 주택을 추가로 구매하지 않게 된다.

주택 가격이 어떤지를 알아보는 데 흔히 사용되는 PIR과 RIR은 구매자 개인의 능력을 위주로 가늠해 보는 방법이다. 주택을 구매할 개인의 경제적 능력이 주택 가격 대비해서 어떤지를 가늠하거나 주택을 임대할 개인의 경제적 부담의 정도를 가늠해 보는 방식이다. 이 두 지표가 가장 대표적으로 사용되지만 사회의 전체적인 경제적 능력이라는 측면에서도 집값의 비싼 정도를 가늠해 볼 수 있다.

PIR 개념을 사회 전체의 경제적 능력이라는 측면에서도 고려해 볼 수 있다. 이를 위해서는 국민소득 대비 집값의 총량을 지표로 사용할 수 있다. 국민 전체가 벌어들이는 금액 대비 국민 전체가 소유하고 있는 전체 집값을 비교해 보는 지표다. 이 금액이 크면 클수록 집에 투입되는 비용이 많다는 뜻이다. 집에 돈이 지나치게 많이 투입되고 있다고 판단할 수 있는 특별한 기준이 있는 것은 아니다. 과거 역사적 사례나 다른 국가와 비교해서 국민소득 대비 집값 총량이 너무 높으면 집의 가치가 과하게 평가되고 있고 너무 낮으면 집의 가치가 저평가되고 있다고 볼 수 있다. 이런 비교를 통해 국민소득 대비 집값 총량이 상대적으로 높으면 집값은 더 이상 오르지 않거나 내려갈 것이라고 판단할 수 있다. 물론 상대적으로 낮다면 더 오를 것이라고 기대하는 것이 합리적인 판단일 것이다.

RIR 개념을 사회 전체의 경제적 능력이라는 측면에 적용해 본다면 국민소득 대비 임대료 총액이라는 지표를 사용할 수 있다. 국민 전체의 소득과 임대료로 사용되는 총 금액을 비교해 보는 지표다. 이 비율이 높을수록 임대를 주기가 어렵다는 뜻이다. 반대로 낮으면 임대를 쉽게 줄 수 있으며 또한 임대료를 높여도 된다는 뜻이 된다. 여기에도 특별한 기준이 있는 것은 아니다. 국민소득 대비 임대료 총액의 과한 정도를 알아보기 위해서는 과거 역사적 사례나 다른 국가와 비교하는 방법을 사용할 수 있다. 아래에서는 PIR, RIR, 국민소득 대비 집값 총액, 국민소득 대비 임대료 총액을 기준으로 서울의 집값 상황을 검토해 보자.

2. PIR

한국감정원과 통계청의 자료에 따르면 2020년 6월 서울의 중위 주택 가격은 6억 4500만 원이고 도시 전체 2인 이상 가구 중 중간 소득 계층의 연소득은 5400만 원이다. 2020년 현재 서울 집값의 PIR은 12가 넘는다. 런던 8.2, 뉴욕 5.4로 다른 수도들과 비교해도 서울의 PIR은 꽤나 높다. 홍콩은 20.8이다. 서울보다도 한참 높지만 홍콩이 작은 도시국가에 가깝다는 특수성을 감안해야 한다. 홍콩 같은 도시국가를 제외한다면 10 이상을 기록하는 도시는 밴쿠버(11.9)와 호주 시드니(11)뿐이다. 주택 부족으로 유명한 로스앤젤레스도 9이고, 샌프란시스코는 8.4 수준이다.

PIR이 12라는 것은 평균적인 가구가 평균 가격의 주택을 구입하려면 12년 넘게 한 푼도 안 쓰고 모아야 한다는 의미다. 중위 소득자의 수입이 그리 풍부하지 않다는 것을 고려하면 아무리 아껴 써도 번 돈의 반은 써야 생활이 유지될 것이다. 그렇게 보면 돈 모아서 집을 사려면 24년이 걸린다. 이러니 '이생집망'(이번 생에서 집 사기는 망했다)이라는 말이 나오는 것이다.

이상에서 사용한 정보는 ≪한겨레≫ 기사를 인용한 것이다.[1] ≪한겨레≫ 기자의 노력이 눈물겹다. 서울 집값의 PIR이 너무 높으니 거품이 끼어도 한참 끼었다는 것이다. 홍콩을 제외하고 일반적인 도시로 볼 때는 서울이 최고다. PIR이 세계 일등이니 거품이 낀 게 분명하다고 주장한다. 한 가지 더 강조한다. 서울 자체의 PIR 추이를 놓고 보더라도 다른 시기와 비교할 때 너무 높다는 주장이다.

2008년 12월 11.9, 2009년 9월 12.1에서 하락세를 타다가 2014년 1월 8.8까지 하락하던 PIR은 2014년 하반기부터 상승하기 시작해서 2016년 4월 10을 넘어서고, 2017년 6월 11, 2018년 3월 12를 넘어 2020년 6월 12.1에 이르고 있다고 친절하게 알려준다. 이렇게까지 자세하게 친절한 이유는 딱 한 가지다. '가격이 너무 올랐다. 이제 곧 떨어질 것이니 집 사지 마라. 특히 '영끌' 하는 젊은 청년들에게 당부한다. 취재한 바로는 대부업체 돈도 끌어다 사고 있다는데 그러지 마라.' 이런 얘기를 하고 싶어서다.

PIR이 주택 가격의 적정성을 판단하기에 유용하지 않은 것은 아니지만 산출방식의 차이에 따라 편차가 커질 수 있다는 점 때문에 전적으로 신뢰하기도 어렵다. 이창무의 연구에 따르면 산출방식에 따라 서울의 2010년 PIR은 9.0에서 17.6까지 두 배에 가까운 편차를 보이고 있다.[2] 더욱이 국가 간 PIR을 비교할 때는 자료 수집상의 한계 및 산정방식과 기준 적용의 차이로 적절한 비교가 어렵다는 점도 고려해야 한다. ≪한겨레≫ 기사에서 주장하고자 하는 바를 전적으로 받아들이기 어렵다는 얘기다. 그럼에도 불구하고 ≪한겨레≫ 기사의 절실함은 충분하게 전달된다.

집값이 더 오를 것인가 아닌가를 예측하려 할 때는 항상 PIR이 등장한다. 전문가들의 대체적인 의견으로는 10 이상이 되면 거품이 끼었다고 봐야 한다는 것이다. 그런데 전문가들도 10 이상이면 거품이 끼었으므로 위험할 수 있다고 말할 만한 명확한 근거가 있는 것은 아니다.

PIR이 우리나라에서 잘 안 통하는 이유가 몇 가지 있는데, 그중 하나가 자기 집에 대한 소유욕이다. 특히 유럽과 비교하면 우리나라 사람들의 자기 집에 대한 소유욕은 두드러진다. 물론 자기 집을 소유하려는 욕심을 정량화해서 등급을 매겨본 적은 없다. 이것도 전문가들의 근거 없는 견해라고 볼 수 있다. 하지만 정황적 증거들은 있다.

유럽은 사회주의적 요소가 제법 강하기 때문에 살 집을 국가가 걱정해 주는 것이 일반적이다. 그런 면에서 네덜란드 같은 나라는 아주 특별하다. 네덜란드에서는 국가가 국민에게 집을 구해준다. 결혼을 하면 신혼에 맞는 집을 배정해 주고 아기가 태어나서 큰 집이 필요하면 또 그에 맞는 집을 찾아준다. 그렇게 집을 찾아주는 것이 국가가 해야 할 의무에

속한다.[3] 그러다 보니 자기 집이라는 개념 자체가 우리나라보다 훨씬 약한 것 같다.[4] 여기서 '그러다 보니'라는 말에는 두 가지 함의가 있다. 하나는 '집을 국가가 나서서 찾아주다 보니'라는 뜻이다. 설마 엄동설한에 집 밖에서 얼어 죽기야 하겠느냐는 생각을 사람들이 갖고 있는 것이다. 이렇게 사는 사람들이라면 우리나라 사람들보다 자기 집 개념이 약한 것은 당연해 보인다. 다른 하나는 '국가가 정해주는 대로 살다 보니'다. 이 또한 유럽 사람들이 우리보다 자기 집 소유욕이 약할 수밖에 없음을 보여주는 증거다. 우리나라의 전통적인 자기 집 소유욕을 고려하면 PIR이 런던보다 높다든지, 뉴욕보다 높다든지 하는 것이 별로 중요해 보이지 않는다.

PIR의 상한치가 우리나라에서는 좀 달리 적용되어야 하는 이유가 또 있다. 가수요 시장에서 집을 사는 사람들은 이미 중위권 소득자가 아니라는 사실이다. 총 주택 수 증가량과 자가보유율 추이를 같이 놓고 보면 알 수 있다. 신규로 공급되는 주택 물량 중 많은 부분을 구매해 온 사람들은 중위소득층이 아니다. 그러니 이들의 소득을 가지고 계산하는 PIR은 의미가 없다. 어차피 집을 살 사람은 이들이 아니기 때문이다.

서울에서 주택을 사고파는 주체는 기존 주택 보유자들이다. 이들은 매물을 받아주는 계층이자 동시에 매물을 내놓으면서 시장에서의 주택 가격을 형성하는 주체다. 이들의 소득과 주택 가격을 비교해 봐야 한다. 이들은 못해도 소득기준 상위 10%에 해당한다. 2019년 상위 10%에 해당하는 10분위 월 처분 가능 소득은 848만 원이다. 1년이면 848만 원×12개월=1억 176만 원이다.[5] 실질적 구매 가능자인 이들의 소득을 기준으로 계산한 PIR은 5.9 정도다. 적당한 가격처럼 보인다. 그런데

LTV를 고려해 보자. LTV를 50%로 상정하면 PIR은 개념적으로 2.9다. 게다가 이들은 집이 있으니 전세나 월세를 줄 것이다. 전세보증금 덕에 PIR은 더 떨어지고 월세라면 임대료로 대출 이자를 감당할 수 있다. 이것까지 포함하면 PIR은 2.9 이하로 떨어진다. 이 정도면 아주 싼 가격 아닌가?

3. RIR

집값 거품을 이야기할 때 RIR을 이야기하기도 한다. 소득 대비 임대료 비율이다. 서울의 RIR은 2014년 21.6으로 최고치를 기록한 이후 2020년 6월 기준 20 정도다. 월 임대료가 월 수입에서 20% 정도의 비중을 차지한다는 뜻이다. 이것이 중요한 이유는 앞서 전월세를 줄 수 있는 한 주택 수요는 지속될 것이라고 주장했기 때문이다. 20%가 높은 걸까, 낮은 걸까?

미국 주택 정보업체 렌트카페(RentCafe)가 2017년 세계 주요 도시를 대상으로 실시한 RIR 조사에 따르면 서울은 조사 대상 30개 도시 중 18위를 기록하고 있다. 이 조사에서 서울은 RIR이 30으로 계산되고 있는데, 실제 국내 계산으로는 20이 못 되는 수준이었으니 그 수치를 고려한다면 임대료 부담은 다른 세계 주요 도시들에 비해 훨씬 덜한 것으로 볼 수 있다.[6]

서울의 RIR을 평가할 수 있는 또 다른 사례는 경기도시주택공사가 '경기도형 기본주택'을 제공하면서 임대료율의 적정선을 RIR 20으로 제시했다는 점이다.[7] 경기도에서 제공하는 임대주택의 임대료가 비싸다는 비판 국면에서 나온 일종의 해명이기에 RIR 20이 낮다고 할 수는 없다. 다른 국가 혹은 다른 지방자치단체의 임대료율과 비교해서 해명했더라면 더 좋았겠지만, 어쨌든 RIR 20이 높은 것은 아니라는 주장을 펴고 있는 셈이다. 서울의 RIR이 20이라는 것은 경기도의 공적 임대료율과 같은 수치다. 이는 서울의 전세료율이 더 상승할 수 있다는 분명한 증거가 된다.

4. 국민소득 대비 집값 총액

이번엔 국민소득 대비 집값의 비율을 살펴보자. PIR이 개인을 기준으로 개인이 지불할 수 있는 능력 대비 집값의 정도를 가늠해 보는 것이라면 국민소득 대비 집값 지표는 좀 더 거시적이다. 이 지표는 특정 지역 거주자의 소득과 그 지역의 집값 총량을 비교하는 것이다. 지역 구성원 전체의 지불 능력 대비 집값의 정도를 파악하는 방식이다. 여기서도 경제학, 특히 수리경제학을 근거로 깔끔한 공식을 적용해서 집값이 싼지 비싼지를 판단하는 기준을 도출할 수 있다는 기대를 버려야 한다. 저명한 경제학자 토마 피케티의 말대로 이런 것에는 순수하게 경제학적이라기보다는 정치적이고 역사적인 요소가 많이 포함되어 있기 때문이다. 피케티에 따르면 유럽의 선진국, 특히 프랑스, 영국 등은 국민소득 대비 집값 총액이 3이다.[8] 이 기준을 우리나라의 서울에도 잠정적으로 적용해 볼 수 있다. 2019년 서울의 주택 가격 총액은 1694조 원이고,[9]

2018년 서울 지역의 국민총소득은 대략 480조 원이다.[10] 소득 대비 집값 총액은 3.5 정도다. 유럽보다 조금 높기는 하지만 유럽과 비슷한 상황을 보인다고 할 수 있다. 이 얘기는 유럽의 집값이 더 오를 것으로 본다면 서울의 집값도 더 오를 수 있다는 얘기이고, 유럽의 현재 집값이 과다해서 하락할 것으로 본다면 서울도 하락세를 탈 것이라고 볼 수 있다는 얘기다. 간단히 말하자면 소득 대비 집값 총액비를 기준으로 상승, 하락 여부를 추정하는 것은 곤란하다는 것이다. 다만 서울의 집값이 다른 나라들과 비교했을 때 크게 비정상적이지 않다는 주장은 가능하다.

5. 국민소득 대비 임대료 총액

RIR과 함께 고려해 봐야 하는 것이 있다. 국민소득 대비 임대료의 비율이다. RIR이 개개인의 지불 능력을 따져보는 것이라면 국민소득 대비 임대료는 특정 지역의 임차인 전체의 지불 능력을 따져보는 분석이다. RIR에 정량적인 기준이 있지 않는 것처럼 국민소득 대비 임대료의 비율도 마찬가지다. 특별하게 정해진 기준은 없다. 물론 수리경제학에 기대서 그런 기준을 찾을 수 있을 것이라고 기대해서도 안 된다. 다만 역사적으로 유사한 사례들을 찾아 비교해 볼 수는 있다. 프랑스의 국민소득에서 주택 임대료가 차지하는 몫을 살펴보면 역사적으로 적지 않은 편차를 보이지만 2010년을 기준으로 보면 대략 10% 정도다.[11]

2015년 서울 지역 전세보증금 총액은 앞서 논의한 바와 같이 798조 원 정도로 추산되고 2018년의 서울 지역 국민소득은 480조 원 정도로 추산된다. 798조 원에 전월세 전환율 4.4%를 적용하면 대략 전월세 비용은 35조 원 정도이고 국민소득 대비 임대료 비율은 7.3% 정도다.[12] 유럽과 비교하면 서울의 임대료는 여전히 상승할 여력이 있다고 볼 수 있다.

6. 서울 집값은 언제까지 오를 것인가?

주택 가격이 얼마나 더 상승할 것인지 예측하기 위해서는 가수요 시장에서 수요를 창출하는 사람들이 누구인지를 살펴볼 필요가 있다. 기존 주택을 보유하고 있고, 추가적인 구매력이 있으며, 투자 가치를 원하는 사람들이다. 이들 입장에서 주택 가격을 가늠해 보는 데 사용할 수 있는 네 가지 지표를 검토해 보자.

첫째는 PIR이다. 서울 집값의 PIR은 10이 조금 넘는 것으로 봐야 하겠지만 가수요 시장의 수요자 입장에서 보면 2.9 이하다. PIR 10을 기준으로 삼는다면 지금보다 4배 정도 오를 수 있다.

둘째는 RIR이다. 가수요 시장의 수요자들이 주택을 적극적으로 구매할 수 있는 것은 전세나 월세를 줄 수 있기 때문이다. 전월세를 받아서 수익을 얻을 수 있고 집값 상승으로 인한 이득까지 기대할 수 있는 한 이런 수요에는 끝이 없다. 가수요 시장에서 수요는 전월세를 줄 수 없을 때 끝이 난다.[13]

현재 서울의 RIR은 20 정도다. 경기도시주택공사의 주장을 받아들인다면 20은 싼 가격이거나 적어도 적정한 가격이다. 하지만 이것만 가지고는 가늠해 보기가 쉽지 않다. 다른 나라와 비교해 보자. RIR이 가장 높다고 볼 수 있는 지역과 비교해 보자. 로스앤젤레스다. 로스앤젤레스에서는 임차인이 소득의 최대 60%까지를 임대료로 지불하고 있는 것으로 나타난다. 이걸 기준으로 삼으면 임대료는 세 배 이상 상승할 수 있으며 임대료가 세 배 이상 상승할 수 있다는 것은 임대료가 주택 가격에 대한 일정 비율로 책정되는 것을 감안할 때 주택 가격 또한 세 배까지 오를 수 있다는 얘기다.

RIR은 임차인 입장에서 수치화한 임대료 부담 정도인데, 이걸 임대인 입장에서 수치화하면 임대 수익률이 된다. 동전의 양면과 같은 것인데, 임차인이 지불할 수 있는 금액은 임대인 입장에서 보면 기대할 수 있는 수익률이 된다. 피케티의 말을 인용해 보자. 그에 따르면 부동산 임대 수익률은 대략 4%까지 상승한다고 한다.[14] 좀 더 작은 소형 아파트라면 5%까지도 상승할 것으로 보고 있다.[15] 피케티의 주장을 받아들인다면 현재 서울 전월세 가격은 얼마나 더 상승할 수 있을까? 서울에서 평균적으로 전세를 매매가의 80%라고 보고 전월세 전환율을 2.5%라고 본다면 현재 수익률은 2%다.[16] 이 얘기는 피케티의 주장을 수용한다면 전월세가 두 배로 오를 수 있다는 얘기가 된다. 이런 조짐은 2020년 11월 임대차 3법이 발효된 이후 이미 서울에서 나타나기 시작했다. 임대 수익률이라는 측면에서 보면 집값은 두 배 조금 넘게 오를 수 있다는 얘기다.

전월세의 비율만 논의하다 보니 현실감이 떨어진다. 현실을 체감할 수 있는 비용으로 바꾸어서 생각해 보자. 2015년 총 주택의 수가 363만 3021채이고 자가보유율이 42%이니 대략 210만 가구 정도가 전월세로 살고 있다고 볼 수 있다. 전세 평균을 3억 8000만 원[17]이라고 하면 전세 총액은 798조 원이다. 이 금액에 전월세 전환율을 곱하면 서울에 사는 무주택자가 매년 다주택자를 위해서 지불하는 월세 금액이 산출된다. 전월세 전환율 4%를 적용하면 32조 원이다.[18]

두 배가 더 오른다 치면 64조 원을, 세 배가 오른다고 하면 96조 원을 매년 지불하는 셈이다. 산술적 계산으로는 세 배가 오를 수 있다면 그럴 수도 있어 보이지만 집을 빌려서 사는 값으로 매년 96조 원을 지불한다는 것은 뭔가 잘못되어도 크게 잘못됐다는 생각이 들지 않는가?

서울의 집값 상승에서 흔히 놓치고 있는 대목이 또 있다. 서울 집값을 떠받치는 것은 비단 전월세뿐만이 아니다. 서울의 주택과 비교해서 상대적으로 저평가될 수밖에 없는 서울 이외 도시의 주택 가격 또한 서울 집값을 떠받치는 요인이다. 서울의 주택을 포함한 부동산에서 나온 대규모의 자본이득은 대체로 작은 도시나 쇠락하는 주변 지역 등 인기가 떨어지는 다른 지역의 자본 상실로 상쇄된다고 볼 수 있다.[19] 서울의 집값이 오르면 오를수록 서울 이외 도시의 자본 상실의 규모가 그만큼 더 커진다. 그 규모가 정량적으로 파악되어 구체적인 수치로 제시될 수 있다면 이 또한 서울 집값을 적절한 수준에서 통제해야만 한다는 당위성을 더해줄 것이다.

셋째는 국민소득 대비 총 주택 가격이다. 이 지표는 3.5 정도다. 프랑스가 3인 데 비하면 높은 수치다. 이 비교 수치 자체가 집값이 과다하거나 과소하다고 판단하는 견고한 기준이 될 수는 없다. 하지만 프랑스에 비해서 한국의 집값이 과대평가되고 있다는 것은 분명하다. 프랑스의 국민소득 대비 총 주택 가격 비율이 3에서 멈출 것인지 더 올라갈 것인지 혹은 내려갈 것인지를 판단하는 것은 쉽지 않다. 그러나 프랑스도 수도 집중이 심한 나라이고 파리 권역은 주택 부족으로 어려움을 겪고 있음을 감안하면 이 지표상으로도 집값이 더 상승될 것이라고 봐도 무리가 없을 것이다.

넷째는 국민소득 대비 총 임대료다. 서울의 국민소득 대비 임대료 총액 비율은 7이 조금 넘는다. 프랑스가 10 정도 되니 이것을 기준으로 본다면 집값은 1.5배 정도 상승할 여력이 있다.

주택 가격의 적정성을 가늠하는 데 적용할 수 있는 네 가지 기준을 통해 서울의 주택 가격을 평가한다면 산술적으로 적어도 두 배 이상 상승할 여력이 있다고 판단할 수 있다. 이런 상황에서는 집값이 오르지 않게 하겠다는 것이 실현 불가능한 희망에 가깝다. 현실적인 방안은 상승폭을 조절하는 것인데, 그 방법으로 가수요를 근절하는 것 또한 불가능한 기획에 가깝다.

7. 서울 집값은 당연히 오르는 것이다

서울 집값의 미래를 어둡게 하는 것 중에 하나가 유동성이다. 시중에 유동성이 넘쳐나고 그 유동성이 자산시장, 즉 주식시장이나 부동산 시장으로 몰려간다는 것이 사람들이 한결같이 하는 말이다. 특히 부동산 시장으로 몰려가는 것은 곤란한 문제라고들 한다. 유동성이 넘쳐난다고 하니 유동성을 축소하면 될 것도 같다. 유동성을 축소하는 방법은 시중에 풀린 돈을 거둬들이는 것이다. 이때 대체로 금리를 이용한다. 금리를 높이면 돈을 거둬들일 수 있고 유동성은 떨어진다. 그러면 자산시장으로 몰려간 돈을 빼낼 수 있다. 그런데 이렇게 생각하면 오산이다.

주식시장은 그렇게 움직일 가능성이 있기도 하다. 돈을 빌려서 투자하는 것이 쉽기 때문이다. 모든 증권사는 다투어 돈을 빌려준다. 물론 대출 장사를 할 욕심에서다. 이런 돈이라면 금리를 이용하거나 대출을 규제하면 회수가 가능하다. 그런데 그렇게 해도 시중에서 빠져나오지 않는 돈이 있다. 금리로도 대출 규제로도 회수할 수 없는, 다른 말로 조절할 수 없는 유동성이 있다. 이게 문제의 핵심이다.

서울에서 집을 사서 한 몫을 잡은 건 2017년 이후를 제외하면 2004년 노무현 정부 시절이 가장 최근이다. 이때 어떤 가구에서 자기 집이 있음에도 집을 하나 더 샀다고 해보자. LTV는 최소로 해서 50%라고 하고 10억짜리 집을 샀다고 하자. 2004년 대비 2018년 현재 주택거래가격지수는 190% 수준이다. 1.9배 올랐다는 얘기다. 10억짜리 집은 20억짜리가 되었을 것이고, 이들 가구가 10분위 소득계층임을 고려하고 월 흑자액은 268만 원(2010년 4분기 기준, 2004~2018년 기간의 중간 값 선택),[20] 연 흑자액은 3200만 원이다. 2004년으로부터 14년이 지났고 이들의 총 저축액은 4억 5000만 원이 된다. 이자율을 감안하면 5억 이상이 된다. 10억에서 20억이 된 집을 담보로 기존에 빌린 돈 5억에 5억을 추가로 받을 수 있다. 이들 한 가구가 보유하고 있는 현금은 10억 정도가 된다.

이 10억은 유동성이라고 부르는 통화량에 속한다. 그런데 이 돈은 유동적이지만 통화정책으로든 다른 정책으로든 절대로 회수할 수 없다. 14년 전 집 투자로 높은 수익을 맛본 사람이라면 지금 그런 기회가 또 다시 주어지면 마다할 이유가 있겠는가? 남들이 투자라고 하든 투기라고 하든 불법적인 것도 아니고 편법도 탈법도 아닌데 무슨 도덕적 양심으로 그런 욕구를 제한할 수 있을 것이며, 그러면 안 된다고 비난할 수 있을 것인가?

20, 30대의 '영끌'도 이런 상황의 연장에서 볼 수 있다. 20, 30대가 대부업체의 돈까지 끌어대면서 집을 산다고 하지만 그들의 뒤에는 14년 전에 집을 사서 재미를 본 부모가 있다고 보면 무리한 상상인가? 부모가 현금을 빌려주고, 필요하다면 부모의 집을 담보로 돈을 마련하면 된다. 모든 부모의 마음은 이럴 것이다. 고기를 잡아주지 말고 고기 잡는 법을 가르쳐주랬다고, 집을 물려주는 게 아니라 집을 사는 법을 가르쳐주고 있는 것 아닌가?

문재인 정부가 추진하는 정책의 큰 방향은 옳다. 여기서 주목할 것은 효과적이라고 표현한 것이 아니라 그저 옳다고 표현한 것이다. 옳지만 효과를 낼 수는 없다. 실수요 시장에서는 옳을지 몰라도 가수요 시장에서는 틀린 정책이기에 그렇다. 무주택자라는 실수요에만 매달려서는 서울의 집값을 잡을 수 없다. 서울의 집값을 좌우하는 것은 가수요 시장의 기존 주택 보유자들이기 때문이다. 가수요 시장의 엄연한 존재를 애써 부인한 것이 문재인 정부가 시행한 부동산 정책이 실패하고 있는 주요 원인이다.

가수요 시장의 존재를 부인하려고 꽤나 애를 썼지만 적어도 그 부분에서는 백기 투항한 모양새다. 가수요 시장의 존재를 인정하고 양질의 주택을 재개발, 재건축 등등의 방법으로 공급하겠다고 발표했으니 말이다. 그런데 공공 주도로 하겠다고 한다. 공공이 주도하면 재개발, 재건축에 참여하는 사람의 이익을 더 많이 환수할 수는 있을 것이다. 하지만 그런다고 집값이 잡히지는 않는다.

여기서도 문재인 정부는 포인트를 잘못 짚었다. 공공 주도는 정부가 혐오하는 불로소득(여기에도 시각차가 있다. 재개발, 재건축 참여자는 이것을 불로소득이라고 생각하지 않는다)을 낮출 수는 있어도 집값을 잡는 대책은 아니다. 개발 이익을 공공이 환수하면 불로소득을 축소시키는 효과는 분명하다. 그러나 집값을 잡는 데는 크게 효과를 발휘하기 어렵다. 민간 주도 공급에 비해 상대적으로 낮은 가격에 공급함으로써 가격 상승을 억제하는 효과를 기대할 수 있을 것 같지만 시장의 가격 형성을 주도할 만한 물량이 아니라면 그저 또 하나의 '로또'가 될 확률이 크다. 이걸 방지하기 위해서 상당 기간의 전매 제한 기간을 부과하겠지만 이는 '로또'가 실현되는 시기를 해당 기간 이후로 미루어놓는 것일 뿐이다.

장기적으로 집값 상승을 억제하지는 못한다 해도 불로소득을 축소하고 단기적으로나마 집값 상승을 억제할 수 있다는 것만으로도 좋은 정책이라고 할 수 있다. 하지만 그런 기대조차도 하기가 쉽지 않다. 야당과 일부 언론의 주장처럼 그저 계획일 뿐 제대로 실행되기 어렵기 때문이다. 길어야 몇 년만 더 참으면 될 텐데 무엇 때문에 지금 재개발, 재건축을 하겠는가?

지금까지의 분석을 통해서 보았듯이 가수요 시장에선 나름 수요-공급의 법칙이 잘 기능한다. 게다가 수요가 조만간 소진될 것 같지도 않다. 최소한 14년 전 집을 샀던 사람들이 보유하고 있는 가구당 10억 원이 넘는 유동성이 소진되지 않는 한 수요는 꺼지지 않을 것이다. 게다가 이들 간에 사고팔기가 되풀이된다면 유동성은 무한해진다. 지금의 집값 상승 추세를 누그러뜨리려면 이들을 정책 대상으로 삼아야 한다. 이들을 적대시하고 어떻게든 그들의 재산을 축낸다고 될 일이 아니다. 이들과 적당히 타협해야 한다.

부동산 가격이 상승하는 진짜 이유는 부유한 중산층, 그러니까 중산층 중에서도 상위에 속하는 계층의 노동 능력과 성실함 때문이다. 이들은 생활을 유지하기 위해 필요한 소비를 충당하고도 남을 만큼 많은 소득을 벌어들이는 계층이다. 게다가 이들은 대개 자가를 이미 보유하고 있다. 이들은 노동소득으로 부를 늘리고 다른 한편으로는 자산소득 혹은 자산가치의 상승으로도 부를 늘려간다. 중산층 계층의 서열상 어느 위치에 있느냐에 따라 달라질 수는 있겠지만 이들은 대략 10년 정도면 새로 집을 한 채 살 수 있을 정도의 부를 또다시 축적한다. 부동산 가격 상승의 진정한 원인은 자가를 소유하고 있으면서 높은 노동소득을 올리는 계층의 성실함이다.

부동산 투기 혹은 투자를 통한 불로소득을 근절하겠다는 정부의 목표를 수정할 필요가 있다. 아무리 앞뒤를 살펴봐도 서울 집값은 오를 수밖에 없기 때문이다. 적당한 수준에서 집값 상승폭을 조절하겠다는 방향으로 정책을 수정하는 것이 불가피해 보인다.

제5장

현실적이고 구체적인 집값 대책

1. 그렇다면 대책은 무엇인가?

우선 과연 집값은 잡을 수 있는 것인지에 대해 생각해 봐야 한다. 지극히 단순한 질문이고 답은 명백할 것 같지만 이 질문에 대해 고민해 볼 수밖에 없는 이유는 집값을 제대로 잡았다는 사례가 보이질 않기 때문이다. 이건 비단 대한민국만 그런 것이 아니다. 유럽과 미국을 포함한 소위 선진국의 사례는 물론 제3세계를 살펴봐도 집값 조절에 어려움을 겪지 않는 나라는 찾아보기 힘들다. 그렇다면 집값 조절에 항상 실패했냐고 묻는다면 그건 또 아니라고 답해야 한다. 집값을 잡기 위한 다양한 정책에도 불구하고 집값이 기대 이상으로 상승한 것은 사실이지만, 그런 정책들이 없었다면 더 올랐을 수도 있는 일이다.

집값에 대한 대책은 크게 보면 두 가지다. 하나는 규제를 통해서 수요를 억제하는 것이고 다른 하나는 수요에 부응해서 공급을 실현하는 것이다. 그런데 가수요라는 개념이 끼어들기 시작하면 이때부터는 단순한 수요와 공급의 문제를 넘어선다. 일종의 투자자라고도 할 수 있는 가수요자들이 어느 정도 투자 수익을 확보했을 때라야 가격이 안정화된다는 것은 일정한 가격 상승이 집값에 대한 대책이 될 수 있음을 의미하기도 한다.

현실에서 집값은 규제에 의해서만, 혹은 공급에 의해서만 조절되는 것이 아니다. 집값이 비정상적인 상승을 벗어나 정상적인 추세에 들어서는 데는 규제와 공급, 그리고 일정 정도의 투자 수익 실현이 함께 작용한다.

'집값은 잡을 수 있는 것인가'라는 질문에 대해서는 '가능하다'라고 답할 수 있다. 집값 조절의 결과가 얼마나 만족스러운가 하는 것이 문제일 뿐, 집값은 잡을 수 있는 것인가라는 질문에 대해서는 잡을 수 있다고 답하는 것이 합리적이다.

야당과 일부 언론은 작금의 집값 상승은 정부의 부동산 대책이 실패했기 때문이라고 한다. 부동산 대책을 잘 추진하면 집값이 안 오른다는 얘기다. 잘 해결할 수 있는 방법이 따로 있다는 듯이 말한다.

야당과 일부 언론은 비판만 하는 것이 아니라 아주 구체적인 대책을 내놓기까지 한다. 양질의 주택 공급을 늘려야 한다고 훈수한다. 이런 종류의 훈수 중에 기가 막힌 사례가 하나 있었다. 양질의 주택, 다시 말해 좋은 위치에 좀 넉넉한 평수의 아파트를 공급해야 한다고 주장하다가 정부가 그렇게 하겠다고 하니, 이제는 늦었다고 한다.[1] 놀랄 만한 신문 기사다. 양질의 주택을 공급하는 일에도 적절한 시기가 있다는 논조다. 지금에 와서 양질의 주택을 공급해도 이미 시장에서 가격이 상승세를 타고 있기 때문에 집값은 잡히지 않을 거라고 주장한다.

이 기사에서 눈여겨볼 것은 기사의 주장이 맞냐 틀리냐가 아니다. 기사는 주택시장에서의 수요가 실수요가 아니라는 것을 아예 전제하고 말하고 있기 때문이다. 실수요라면 시기가 무슨 상관이 있겠는가? 실수요는 사라지지 않는다. 수요가 채워지지 않는 동안 가격은 오르겠지만 공급이 증가해서 수요가 채워지면 가격은 더 이상 상승하지 않는다. 이게 바로 수요-공급의 법칙이다. 수요-공급의 법칙이 시간을 고려해서 작동한다는 얘기를 들어봤는가? 수요-공급은 시간과 무관한 법칙이다. 그러니 시장에서 원하는 상품을 공급하는 데 정해진 시간이 있는 것이 아니다. 이 기사를 쓴 기자도 수요-공급의 법칙을 의심하지 않을 텐데도 불구하고 "이미 늦었다. 실기했다"라고 쓰는 것은 작금의 수요가 실질적 수요가 아니라 투기적 수요라는 것을 의식적으로든 무의식적으로든 당연하게 전제하고 있음을 보여준다.

이런 주장은 맞기도 하고 틀리기도 하다. 작금의 수요가 투자적 수요라는 것을 의식적으로 전제하고 하는 말이라면 전적으로 맞는 얘기다. 실수요자의 시장에서는 틀린 말이지만 서울 집값을 실질적으로 좌지우지하는 기존 주택 보유자의 투자 시장인 가수요 시장에서는 맞는 말이다.

이원화된 시장이 있다는 것, 그리고 서울의 집값은 주로 가수요 시장에 의해서 좌우된다는 것, 그에 대처하려면 양질의 주택을 공급해야 한다는 것을 정부가 몰랐을 것 같지는 않다. 야당과 일부 언론의 비전문가들도 다 아는 얘기를 전문가인 정부의 부동산 정책 담당자들이 몰랐을 거라고 생각하는 것은 무리다. 정부가 야당과 일부 언론이 훈수하는 정책을 받아들이지 못하는 것은 무지하거나 무능해서가 아니라 그렇게 해서는 안 된다는 생각을 너무나 견고하게 가졌기 때문이다. '집을 이용해서 불로소득을 얻는 일이 있어서는 안 된다. 불로소득을 노리는 투기를 절대적으로 근절하겠다. 왜냐하면 그 불로소득만큼 무주택자들이 피해를 보기 때문이다. 추가적인 공급이 필요한 것이 아니다. 투기적 수요를 억제하는 것이 최선의 방법이다.' 정부는 이렇게 생각했고, 이렇게 말했고, 말대로 행동했다.

서울 집값을 좌우하는 가수요 시장에서 공급 없이 가격이 오르지 못하게 하는 방법은 수요를 강제로 줄이는 것이다. 그것이 도덕적으로 옳은 방법일 뿐만 아니라 현실적으로도 타당한 방법이다. 투기 수요에 대응하기 위해 공급을 확대하는 것은 항상 이미 한 박자 늦은 정책이다. 한 박자 늦은 대책이 출현하면 투기세력은 이를 자신들의 투자 판단이 맞았다는 증거로 받아들인다. 뒤늦은 공급은 수요-공급에서 균형을 맞추기보다는 수요를 더 부추길 가능성이 있다. 가수요 시장에서는 확실히 그렇다.

정부의 초기 집값 대책은 수요를 차단하는 쪽으로 방향을 잡았다. 수요 억제가 공급에 비해 빠른 효과를 기대할 수 있지만 이것도 어느 정도의 시간이 필요하다. 단기적으로는 오히려 정책에 반동하는 부분적인 움직임에 의해 가격이 상승할 수도 있다. 야당과 일부 언론은 이 시간을 기다리지 못하고 정부를 향해 고강도 대책을 그렇게 많이 내놓고도 집값을 잡지 못한다고 비판한다.

야당과 일부 언론이 정책이 효과를 발휘하기까지의 시간을 기다리지 못한다는 얘기를 좀 더 극단적으로 풀어보자면 사실 그 시간을 기다리면 안 된다. 기다리다가 정책의 효과가 정말 나타나기라도 하면 큰일이다. 이 대목에서 ≪조선일보≫ 기사를 보자. 기다리다가 정책의 효과가 나타날까 봐 전전긍긍하는 모습을 보인다. 2020년 8월 4일 23차 대책을 발표한 이후 정부는 대책이 효과를 보인다면서 반포 지역에서 현 시세보다 훨씬 낮게 팔린 부동산 거래 사례를 홍보했다.[2] 이에 대해 ≪조선일보≫가 즉각 반응을 보였다. 그건 아주 특별한 '비정상적' 거래였다는 기사를 내보낸 것이다.[3] 일부 언론이 매일 신고가를 기사로 내보내면서 부동산 가격이 오르고 있으며 앞으로도 더 오를 것 같다고 분위기를 몰아가는 것이나, 정부가 하락 가격이 나타났다면서 이제는 집값이 떨어질 것이라고 분위기를 몰아가는 것이나 침소봉대하기는 마찬가지다. 그래도 다른 점이 있다. 정부의 침소봉대에서는 절박함이 보이고, 언론의 침소봉대에서는 정책이 효과를 내면 어쩌나 하는 초조함이 보인다.

정부의 정책을 요약해 보면 이렇다. 수요 측면에서는 역대 최고 강도로 수요를 규제한다. 실질 수요에 대응하는 공급은 기존의 정책으로 잘 되고 있다고 믿기 때문에 수요 억제 정책에 거침이 없다. 문제는 양질의 주택이다. 양질의 주택을 공급하라는 야당과 일부 언론의 성화가 대단하다. 그들은 왜 그렇게 양질의 주택 공급을 주장하는 걸까?

여러 가지 이유와 사정이 있겠지만 그 무엇이 되었든 그들의 성화는 대단하다. 이런 성화로 정부가 후퇴한다면 그들로서는 전략적 성공이고 정치적 성공이다. 정부가 후퇴하지 않고 기존의 정책을 밀어붙였는데 정부 정책이 실패만 거듭한다면 이는 전술적 성공이자 경제적 이득을 보는 또 하나의 성공이다. 정부의 정책이 성공을 거둔다면 실망스럽긴 하겠지만 정부 정책 성공에 일조했다고 주장할 근거를 얻을 수 있다. 어느 모로 보나 성화를 부리지 않을 이유가 없다. 정부는 양질의 주택을 공급하기는 하되 공공 주도로 해보겠다고 버텨본다. 이게 2020년 8월 4일의 일이니 집값의 추이를 보면서 한 발 더 물러서든지 기존의 정책 방향으로 밀고 나가든지 양단간의 결단을 내릴 것이다.

지금까지 집값 조절에 대해서 정부 쪽도 아니고 야당 쪽도 아니고 양비론적 입장에서 이쪽저쪽을 왔다 갔다 하면서 비판만 했다. 이제는 비판이 아닌 대처 방법에 대해서 이야기해 보자. 현재 상황에서 집값 상승에 대한 대책의 큰 방향은 세 가지로 요약된다. 첫째 방향은 단기적 대책이다. 단기적으로는 가수요에 대해서 어떤 방식으로든지 대응을 해야 한다. 둘째 방향은 장기적 대책이다. 장기적으로는 서울 집중을 해소해야만 한다. 이를 위해서는 국가균형발전이 최선이다. 셋째로는 정부의 부동산 정책에 대해서 국민적 공감을 얻어야 한다. 문재인 정부의 명분과 의지는 높이 살 만하지만 여기에 대해 국민적 공감을 얻고 있는지는 의문이다.

2. 가수요에 대응하는 공급

현재 주택 가격에 주로 영향을 미치는 것은 가수요다. 무주택자를 중심으로 한 실수요 시장과는 별도로 존재하는 가수요 시장에서 주택 가격 상승이 주로 일어난다. 실수요에 부응해서 아무리 많은 주택을 공급해도 가격이 잡히지 않는 이유는 앞서 말했듯이 실수요 시장에 공급되는 주택은 가수요 입장에서 보면 투자 가치가 떨어지는 데다 가수요자들은 실수요 시장에 참여할 자격조차 되지 않는 경우가 많기 때문이다.

2020년 8·4 대책에 이르기까지 23차례의 대책 중 대다수를 차지하고 있는 것이 규제를 통한 수요 억제였다. 그럼에도 불구하고 집값은 잡히지 않았다. 가수요 자체를 억제하는 것은 효과적이지 않다는 것이 분명해졌다. 그렇다면 남은 것은 가수요에 부응할 수 있는 주택을 공급하는 방법뿐이다.

가수요에 부응해서 주택을 공급하는 방법에 대해서 문재인 정부는 혐오증과 공포증을 동시에 가지고 있다. 혐오증은 가수요자가 가져가는 투자 이익에 대한 혐오다. 문재인 정부는 이걸 불로소득이라고 부르며 용인할 수 없는 부정적인 것으로 본다. 공포증은 그 안에 두 개의 내용물이 있다. 하나는 가수요에 부응하는 공급이 가수요를 오히려 더 부추겨 집값 폭등을 유발할지 모른다는 두려움이다. 가수요에 부응하는 공급이 집값 상승을 어느 정도 가져올 것이라는 것은 이미 예상하는 바다. 문제는 공급이 가수요를 소진시키는 것이 아니라 추가적인 가수요를 촉발할 수도 있다는 점이다. 사실 가수요에 부응한 공급이 집값 안정을 가져올지 아니면 집값 폭등을 부추길지는 아무도 장담할 수 없다. 그러다 보니 정부의 두려움은 근거가 없는 것이 아니다. 나머지 하나는 지금 당장은 공급이 가능하더라도 곧 공급 자체가 물리적으로 불가능해질 것이라는 두려움이다. 서울 내에서 재개발이 가능한 지역도, 재건축이 가능한 지역도 상당 부분 이미 소진되었기 때문에 앞으로 얼마나 더 추가적인 공급이 가능할지에 대해 염려하는 것은 당연하다.

현재의 집값 상승이 가수요 때문이라는 것을 확인한 만큼, 또한 가수요를 억제하는 것이 불가능하다는 것을 확인한 만큼 가수요에 부응할 수 있는 공급을 해야 하는 것은 분명하다. 그러려면 정부는 가수요에 대한 혐오증과 공포증을 다소간 내려놓을 필요가 있다.

우선 혐오증에 대해 이야기해 보자. 이 세상에 부동산에만 불로소득이 있는 것은 아니다. 불로소득의 개념을 조금 확대해서 보면 불로소득이 아닌 게 없을 정도다. 주식시장도 그렇다. 아주 전망이 좋은 주식을 공개할 경우 그 주식의 주가는 공개가격보다 한참 뛰어오를 것이다. 예를 들어보자. 얼마 전 카카오게임즈가 주식공개를 했다. 이때 주식을 어떻게 배정받는가? 증거금의 크기에 비례해서 주식을 배당받는다. 카카오게임즈에 58조 원이 몰려들었다.[4] 주식 배정 결과를 보니 대략 1억 원에 5주 정도를 받았다. 10억 원을 넣으면 50주다. 돈이 많은 사람은 더 많이 받고 돈이 적은 사람은 더 적게 받는다. 흔히 말하는 "돈 놓고 돈 먹기"다. 이건 불로소득이 아닌가? 불로소득에다가 불공정한 경쟁이 아닌가? 이런 것을 하나둘 나열하다 보면 한도 끝도 없을 것이다.

재개발, 재건축으로 얻는 소득도 그런 소득 중의 하나일 뿐이라고 볼 수 있다. 왜 다른 소득은 다 놔두고 이것만 못 잡아서 안달인가? 재개발, 재건축 당사자들은 정말로 이렇게 생각한다. 재개발, 재건축으로 불로소득을 얻는 것보다 더 나쁜 것들도 많은데 그건 왜 그냥 두냐는 볼멘소리가 나오는 걸 이상하게 봐서는 안 된다. 물론 이런 볼멘소리에 정부가 할 얘기가 없는 것은 아니다. 다른 불로소득과 달리 부동산 불로소득은 집이 없는 무주택 저소득계층에게 경제적 피해를 직접적으로 입히기 때문이다. 맞는 말이다. 서울의 무주택 시민과 서울 통근자가 전월세와 교통비용으로 지불하는 돈이 한 해 42조 원임을 상기하면 동의하지 않을 수 없다.[5] 부동산으로 얻는 불로소득은 불로소득 중에서도 다른 사람에게 눈에 보이는 피해를 주는 불로소득이기에 쉽게 혐오할 만하다. 그런데 중요한 것은 혐오가 가수요를 해결해 주지는 못한다는 점이다.

부동산으로 불로소득을 얻는 것은 비단 우리나라만의 일이 아니다. 경제성장이 이어지고 저축이 늘어날 수밖에 없는 계층이 존재하는 모든 나라에서 일어나는 현상이라고 보는 게 맞다. 조시 라이언-콜린스, 토비 로이드, 로리 맥팔렌이 함께 쓴 책 『땅과 집값의 경제학』에 나오는 말은 매우 시사적이다. "100여 년 전에는 집이 주로 단순히 생활공간으로 여겨졌던 반면 오늘날 주택 소유는 좀처럼 오르지 않는 임금, 줄어드는 연금, 축소된 복지국가를 마주한 상황에서 장기적으로 재정 안정을 꾀할 수 있는 '투자기회'로 장려된다."[6] 부동산으로 이익을 꾀하는 것은 이제 일반화된 투자의 일종으로 이해하는 것이 더 합리적인 시대에 이르렀다.

자본주의에서 저축은 당연히 자본을 확대 생산하는 도구로 사용된다. 돈을 그냥 놀리는 일은 없다. 저축은 은행을 통해 기업의 사업자금이 되기도 하고 주식이나 채권 같은 금융 자산의 형식으로 자본 재생산에 투입되기도 한다. 이 방법을 제외하면 남는 것은 부동산이다. 토마 피케티도 부의 계층 구조에서 소위 말하는 중산층, 즉 가장 가난한 50%보다는 부유하고 가장 부유한 10%보다는 가난한 계층이 부동산 투자를 통해서 부를 늘려가는 것은 전형적인 궤적이라고 지적한다.[7] 이래저래 가수요 시장은 인정해야 한다. 일단 혐오증을 좀 내려놔 보자.

이제는 공포증에 대해 살펴보자. 공포증 중에서도 첫 번째 공포증, 가수요에 부응하는 공급이 폭등을 유발할 수도 있다는 공포에 대해서 이야기해 보자. 집값이 상승하는 이유가 부유한 중산층의 자본 축적 때문이라고 본다면 그 자본이 소모될 다른 길을 열어주지 못하는 한 수요를 억제하는 정책은 성공할 수 없다.[8] 언제나 필요한 건 공급이다. 수요를 억누르다가 못 견뎌서 한꺼번에 공급하면 가격이 폭등할 가능성이 커진다. 수요가 한꺼번에 시장으로 몰려나오기 때문이다. 차라리 상대적으로 작은 규모의 공급을 상시적으로 지속하는 것이 가격 통제에는 유리할 수 있다.[9] 흔히 말하듯이 시장이 과열되는 상황은 피할 수 있기 때문이다. 구체적인 방법론 차원에서 보자면 재개발, 재건축을 어느 정도는 상시적으로 유인할 필요가 있다는 얘기다. 그런데 작금의 상황에서는 이런 이론이 통하기 어렵다. 오히려 정부의 첫 번째 공포증이 일리가 있어 보인다.

양질의 주택 공급이 부족한 것이 문제라면서 공급을 해야 한다고 주장하다가 문재인 정부가 공급을 하겠다고 하니 이제는 늦었다고 비판한 ≪조선일보≫의 기사를 상기해 보자. 앞서 얘기했던 것처럼 작금의 수요를 가수요라고 규정한다면 틀린 말도 아니다.

사실 2020년 현재 시점에서 양질의 주택을 공급하는 것은 불에 기름을 붓는 일이 될 것이다. 공급 물량이 아주 많다면 불을 끄는 물이 되겠지만 현재 가용한 양질의 주택 공급 방법을 고려해 볼 때 그렇게 많은 물량이 단시간 내에 공급되기는 어려워 보인다.

지금 시점에서 양질의 주택을 공급할 수 있는 방법은 그린벨트를 헐어 쓰거나 자투리땅을 개발하는 것이다. 그게 아니면 재개발, 재건축뿐이다. 문재인 정부는 그린벨트를 헐어 쓰고 싶은 마음이 있어 보인다. 그린벨트를 헐어 쓰는 것은 가장 많은 용량을, 가장 빠른 시간 내에, 가장 싼 가격으로 공급할 수 있는 방법이다. 이것이 가장 싼 공급 방법인 이유는 일단 땅값이 적게 들어가고 또한 공공 주도가 쉽기 때문이다. 하지만 불행히도 이 방법에 대해서는 서울 시민 대부분이 반대하는 분위기다.

자투리땅을 활용하는 방법도 있다. 최근 자투리땅을 활용하는 방법과 관련해서 갖가지 기발한 아이디어가 속출하고 있다. 올림픽대로 상부를 덮어서 택지로 활용하자거나 유수지 상부를 덮어서 택지로 사용하자는 아이디어가 나오기도 했다. 이보다 조금 덜 기발한 것으로는 적극적으로 사용되고 있지 않은 공유지를 활용하자는 아이디어도 있다. 이런 기발한 아이디어들이 주택을 공급하는 방법으로 안 될 것도 없다. 그런데 지금 문제가 되고 있는 것이 양질의 주택이라는 점을 생각해 봐야 한다. 올림픽대로 상부를 덮어서, 유수지 상부를 덮어서, 조각난 작은 유휴지를 이용해서 양질의 고급 주택을 짓는 것은 가능하지 않다. 대개 이런 자투리땅은 모양과 크기, 그리고 주변 조건이 양질의 고급 주택을 구현하기에는 너무나 많은 제약 사항을 안고 있기 때문이다.

남은 것은 재개발, 재건축이다. 재개발, 재건축으로 양질의 주택을 공급하는 것은 공급 가능한 물량과 공급 가능한 시기를 볼 때 불붙은 주택 가격에 기름을 붓는 일이 될 공산이 크다. 가격을 안정시키려면 수요량에 부응하는 공급량이 제공되어야 하는데, 재개발, 재건축을 통해 소량의 느린 공급을 하는 것은 투자 적기라고 판단하고 시장으로 들어오는 가수요자에게 자신들의 판단이 맞았다는 확신을 주어 가수요의 추가 발생을 촉진할 수 있기 때문이다. 주택시장으로 투입될 수 있는 자금의 총량을 파악해서 그만 한 물량을 적기에 공급할 수 있다는 견고한 계획이 확보된 공급이 아니라면 주택 가격을 안정시키는 효과보다는 가수요를 촉발하는 부정적인 결과를 불러온다.

투기적 수요, 즉 가수요가 발생한 후 뒤따라가는 공급은 주택 가격이 분명 심상치 않은 수준으로 상승하고 있으며 앞으로도 더 오를 것이라는 신호탄과도 같다. 정부가 공급을 시작하는 것은 신호탄에 동조해서 움직여도 좋다는 행동 개시 시그널을 주는 것이 된다.

가수요는 발생하고 난 뒤 대응해서는 때가 늦기 쉽다. 선제적 대응이 필요하다. 이 대목에서는 이명박 정부의 보금자리주택을 되짚어보는 것도 의미가 있다. 이명박 정부가 출범할 당시에는 노무현 정부에서 나타났던 집값 상승세가 이미 상당 부분 진정되는 모습을 보이고 있었다. 시장에서 주택 가격은 약한 상승세를 보이는 정도였다. 그럼에도 불구하고 이명박 정부는 그린벨트를 헐어 강남의 요지를 포함한 좋은 위치에 괜찮은 평형대의 물량을 적극적으로 공급했다. 서민 주거 안정을 목표로 내세우고 있었지만 오히려 주목할 부분은 보금자리주택 정책에 대한 배경 설명이다. 이명박 정부는 "서울 등 도심 인근에 공급이 부족하여 주기적 시장 불안이 야기"되기에 보금자리주택을 공급한다고 설명했다.

이명박 정부는 출범 직후 노무현 정부에서 시작된 2기 신도시 사업을 지속적으로 추진했고 그 결과 실수요에 부응하는 많은 물량이 공급되었다. 그로 인해 주택 가격이 안정세를 찾아가는 모습을 보였지만 이명박 정부는 그것만으로는 집값을 충분하게 안정시킬 수 없을 것이라고 예상했다. 우선 "서울 등 도심 인근에 공급이 부족하여"에 초점을 맞추어 보자. 2기 신도시 사업에서 공급하는 규모와 관계없이 도심 인근에 주택이 공급되지 않으면 주택 가격은 언제든 상승할 수 있다고 판단했다. 이제 "주기적 시장 불안"이라는 분석에 주의를 기울일 필요가 있다. 주기적으로 시장 불안이 반복된다고 한다. 도심 인근에 한두 차례 공급을 한다고 해서 집값 안정 추세가 상당 기간 유지될 것이라고 봐서는 안 된다는 주장이었다. 이명박 정부는 이러한 판단하에 보금자리주택을 공급하는, 다시 말해서 도심 인근에 지속적인 공급을 가능하게 하는 계획을 발표했다.

보금자리주택은 원래 계획했던 공급 물량을 맞추지 못했다. 또한 보금자리주택 사업은 박근혜 정부에 들어와 폐기되었다.[10] 박근혜 정부 당시 집값은 오르기보다 하향세를 그리고 있었기에 더 이상의 공급이 불필요하다고 판단했기 때문이다. 이렇게 ① 계획한 목표를 달성하지 못했다는 점, ② 보금자리주택 사업이 포기되었다는 점, ③ 설령 보금자리주택 사업을 지속하고자 했어도 필요한 택지를 확보하기 어려웠을 것이라는 점을 근거로 이명박 정부의 대표적인 부동산 정책인 보금자리주택 사업은 평가절하된다.

그러나 그런 박한 평가에도 불구하고 이명박 정부의 보금자리주택은 적어도 집값을 안정화시키는 데는 성공적이었다. 이명박 정부 기간 동안 서울 집값 상승폭이 1.7%밖에 되지 않았으므로 집값 안정에 성공했다고 주장하는 데 큰 무리는 없다. 혹자는 2008년 미국발 금융위기로 경제 상황이 나빠진 것이 주택 가격 안정에 도움을 주었을 것이라고 주장하기도 한다. 이명박 정부의 집값 안정에 보금자리주택이 얼마나 기여했는지 정확하게 알 수는 없다. 또한 이명박 정부의 장기 계획대로 도심 인근 주거를 지속적으로 공급하는 것이 가능할지도 의문이다. 그럼에도 불구하고, 보금자리주택의 성과는 다음 두 가지 면에서 주목할 만

하다. 첫째, 실수요에 부응하는 공급이 얼마나 많든지 간에 도심 인근에 주택이 지속적으로 공급되지 않는다면 집값은 언제든지 상승할 수 있다는 사실을 깨닫게 해주었다는 것이다. 둘째, 보금자리주택이 원래의 물량 계획대로 공급되지 않았음에도 불구하고 그 계획만으로도 집값을 안정시키는 효과를 거두었다는 점이다.

양질의 주택에 대한 공급계획이 전무한 상태에서 이미 가수요가 발생했다. 노무현 정부 초반의 일이다. 이때도 정부 비판자들은 기성 도시에 양질의 주택을 공급해야 한다고 주장했다. 표현이 조금 다를 뿐 서울 안에서 재건축을 통한 공급이 필요하다는 주장이었다. 당시 청와대 김수현 비서관의 주장은 직설적이고 현실적이었다. "강남은 공룡이다. 그 공룡에다가 소 몇 마리 먹으라고 던져준들 공룡이 배가 차지 않는다." 노무현 정부는 고심 끝에 양질의 주택 공급 대안을 포기했다.

이미 가수요가 발생해서 가격 상승이 시작된 시점에서 가용한 대책들을 요약해 보자. 우선, 선제적 공급을 했어야 한다. 하지만 이건 이미 물 건너간 일이다. 가격이 상승한 뒤 가용한 대책으로는 강력한 규제책을 실시하는 것이다. 이 대책의 결과는 노무현 정부에서 적나라하게 드러났다. 성공하기 어렵다. 또 다른 대책은 양질의 주택을 공급하는 것이다. 노무현 정부 시기의 표현으로는 기성 시가지의 중대형 평형이고, 문재인 정부 시기의 표현으로는 양질의 주택이다. 표현하는 방식은 다르지만 내용은 같다. 재건축을 통한 공급을 의미한다. 이 대책은 시도되지 않았다. 앞서 언급한 것처럼 노무현 정부에서도 고심을 거듭했다. 개발 이익을 환수할 수만 있다면 재건축을 통한 공급을 시도하는 것도 좋다는 입장으로 선회하기도 했지만 결국 포기했다.

문재인 정부는 이 중에서 개발 이익을 환수하는 선에서 재건축을 통한 공급을 실시하는 것을 대책으로 선택했다. 개발 이익 환수에는 두 가지 의도가 관련된다. 하나는 불로소득을 인정하지 않겠다는 정부의 부동산 정책 철학을 유지하려는 것이다. 다른 하나는 재건축이 불붙은 주택 가격에 기름을 붓는 일이 되지 않게 하려는 것이다.

문재인 정부는 노무현 정부가 '감히' 시도하지 못한 대안을 들고 나섰다. 개발 이익 환수라는 안전장치가 있기는 하지만 그것은 양날의 검이다. 부동산 시장 과열을 방지하는 역할을 기대할 수도 있지만, 기대에 미치지 못하는 경제적 이득으로 인해 재건축 시행 자체가 무산될 수도 있다.

문재인 대통령은 2021년 신년사에서 부동산 문제에 대해 언급했다. 작금의 부동산 가격 상승에 더욱 적극적으로 대처하기 위해 "특별히 공급 확대에 역점을 두고 빠르게 효과를 볼 수 있는 다양한 주택공급 방안"을 마련하겠다고 밝혔다.[11] 판도라의 상자를 여는 것인지, 묘수를 쓰는 것인지는 두고 보면 알 것이다. 공급 확대를 지속적으로 주장해 온 야당과 일부 언론 입장에서는 우선 지켜보는 수밖에 없을 테지만 정책의 효과가 어떻게 나타날지 모두가 마냥 지켜만 볼 필요는 없다. 새로운 정책의 결과를 예측하고 조정해야 한다. 그걸 해보자.

판도라의 상자를 연다는 것은 시장이 과열되어 집값 상승을 부채질하는 상황이 연출된다는 것이다. 반면 묘수를 쓴다는 것은 집값 상승을 적절한 수준으로 통제할 수 있게 된다는 것을 의미한다.

판도라 상자를 열게 될 것인지, 묘수를 쓰게 될 것인지를 기다리기 전에 하나 더 점검할 것이 있다. 대통령의 신년사대로 빠르게 효과를 볼 수 있는 주택 공급 방안이 있을 수 있는가 하는 점이다. 이는 주로 토지 확보와 관련된 문제인데, 이미 검토한 바와 같이 자투리땅 활용이나 유휴 국공유지 활용은 효과가 제한적이다. 결국 재건축이나 재개발에 관심이 집중될 수밖에 없는데 현재의 재개발, 재건축 시 허용하는 인센티브 정도로 건축주들의 동참을 이끌어낼 수 있겠는가 하는 의구심을 가지는 것은 당연하다. 재개발, 재건축 시 부여하는 인센티브를 상향 조정해서 적어도 과거 수준으로 되돌리는 방법이 있을 수 있겠지만 그것은 부동산 불로소득을 인정하지 않겠다는 대원칙에 어긋나는 것이고, 인근 집값 상승을 부추기는 효과를 가져올 것도 뻔한 일이다. 작금의 상황에서 공급 확대가 정부의 대원칙도 지키고 집값 상승도 원하는 수준으로 통제하는 묘수가 될 수 있을 것 같지는 않다.

지금 상황에서 가수요에 부응하는 새로운 방법에 대해 이야기해 보자. 바로 양질의 주택을 충분히 많이 공급할 수 있는 견고한 계획을 보여주는 것이다. 이러한 계획은 정부가 가지고 있는 두 번째 공포증과도 관련이 있다. 지금 서울의 건물 밀도를 고려할 때 양질의 주택을 얼마나 많이 공급할 수 있을까? 흔히들 서울의 건물 밀도는 이미 포화상태에 도달해 더 이상의 주택을 추가로 짓는 것은 어렵다고 생각한다. 하지만 조금만 따져봐도 그런 걱정은 하지 않아도 된다. 재개발이나 재건축을 통해 추가로 공급할 수 있는 물량 규모가 생각보다 엄청나게 크기 때문이다. 정부가 가지고 있는 두 번째 공포증은 기우에 불과하며, 양질의 주택을 충분히 공급할 수 있는 견고한 계획을 보여주는 것은 가능하다. 견고한 계획을 보여주는 것만으로도 집값 상승 억제를 기대할 수 있다. 어쩌면 실제적인 추가 공급 없이 견고한 계획으로 가수요 시장의 투자

그림 5-1 **서울시의 구별 용적률(단위: %)**

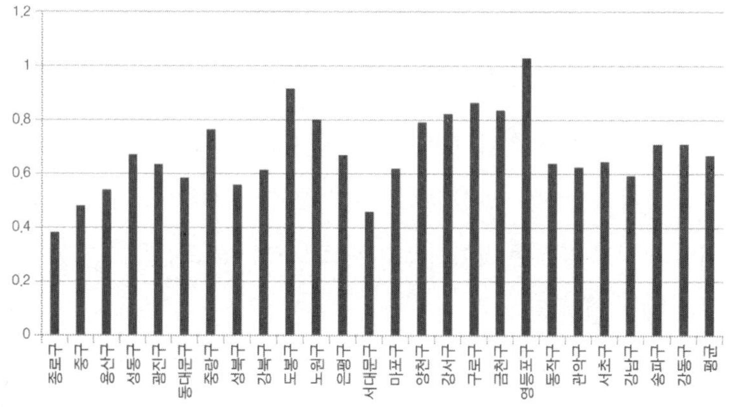

심리를 위축시키는 것이 집값을 잡는 유일한 방법일 수도 있다.

'견고한 계획'의 근간은 집을 지을 수 있는 토지를 확보하는 일이다. 이제부터 서울의 주택 추가 공급 여력, 특히 용적률 상향을 통해 확보할 수 있는 주택량의 규모에 대해서 살펴보자. 서울 전체 주거용지 대비 건물 면적비, 즉 서울 전체의 용적률은 얼마나 될까? 서울 전체의 평균 용적률은 생각보다 낮다. 68%다.[12] 서울시 아파트의 평균적인 용적률 234%와 비교하면 대단히 낮다.[13]

구별로 살펴보면 종로구가 가장 낮고(38.2%), 가장 높은 곳은 영등포구다(102.7%). 도봉구(91.4%)와 구로구(86.2%)가 뒤를 잇는다. 여기서 한번 생각해 보자. 영등포구, 도봉구, 구로구에 사는 사람들에게 묻고 싶다. 거기가 밀도가 너무 높아서 사람 살기 어렵다는 생각을 해본 적이 있냐고. 아마도 그런 사람은 없을 것 같다. 그런 얘길 공공연하게 하면 집값 떨어질까 못하는 것이 아니다. 건물 단위가 아닌 생활권 구역 차원에서의 용적률이라는 건 그렇게 즉각적으로 피부에 와 닿는 문제가 아닌 것이다.

도시의 토지에는 주거지만 있는 것이 아니다. 상업용지도 있고 공원용지도 있다. 그리고 사람들의 숨통을 틔워주는 데 공이 큰 토지 공간으로는 도로가 있다. 용적률은 지금 말하는 것들을 제외하고 순전히 주거용지만 가지고 따지는 것이기에 피부로 느끼는 밀도감은 수치상의 밀도보다 훨씬 덜하다.

서울의 전체적인 용적률을 높여서 영등포구 수준으로 만든다면 지금보다 1.5배의 주택을 공급할 수 있다. 2020년 현재 서울시 전체 가구 수가 390만 채 정도이니 195만 채를 추가로 공급할 수 있다. 노태우 정부 시절 200만 호 공급계획이 목표 숫자를 채우지 못했음에도 불구하고 성공적으로 집값을 안정화시켰던 사실을 기억할 필요가 있다. 게다가 당시 공급은 서울 외곽 신도시에 공급된 물량이 대부분이었다. 반면에 여기서 말하는 195만 채는 서울 내에 위치한 집이다. 서울 집값 안정에 더 직접적이라는 얘기다. 추가 공급 가능 물량인 195만 채가 노태우 정부의 200만 호보다 훨씬 엄청난 규모인 이유가 하나 더 있다. 당시는 인구가 증가하던 시절이고 지금은 인구가 감소하고 있는 시기라는 점이다.

서울의 주택 공급 여력은 195만 채가 다인가? 그것도 아니다. 기존 건축 관련법을 준수하면서도 더 많은 주택을 공급할 수 있다. 준공업지역과 준상업지역을 이용해 주택을 공급하는 것이 법적으로 가능하다. 이들을 포함하면 대체로 300만 채 가까이 추가 공급할 수 있다. 300만 채를 추가 공급할 수 있다는 건 서울에 총 1800만 명이 거주할 수 있다는 뜻이다. 이 모든 게 다 우리나라 사람들이 고층 아파트를 너무나도 사랑하기에 가능한 경이로운 숫자다. 런던이나 로스앤젤레스는 꿈도 꾸지 못할 주거문화적 자산을 우리는 가지고 있는 셈이다. 서울에 더 이상 주택을 공급할 수 없게 될 때를 걱정하는 정부에게 그럴 필요가 없다고 말하고 싶다.

영등포와 양천구, 노원구 정도의 용적률로 앞으로 195만 채가 서울 시내에 지어지면 서울이 전체적으로 어떤 모양새가 될지를 가늠해 봤다. 그다지 큰 차이를 느끼지 못할 수도 있다고 얘기했는데, 서울시의 주택 공급 여력을 과장한 것처럼 보일 수도 있으므로 다른 비유를 하나 더 들어보자. 1789년 한양의 인구밀도와 당시 한양과 동일한 지역(주로 중구와 종로구가 포함된다)의 오늘날의 인구밀도를 비교해 보자.

1789년 한양성의 면적은 16.5km^{2}이고 인구는 18만 9153명으로 인구밀도는 제곱킬로미터당 1만 1463명이었다.[14] 2020년을 기준으로 했을 때 1789년 당시 한양성에 해당하는 지역은 종로구와 중구다. 종로의 면적은 23.92km^{2}이고 중구의 면적은 9.96km^{2}이며 인구는 각각 15.56만 명, 12.15만 명으로, 인구밀도는 제곱킬로미터당 8474명이다. 조선시대의 인구밀도가 더 높은 것이다.

조선 말 한양의 생활상에 대한 얘기가 많지만 좁아서 무슨 큰 문제가 있었다는 얘기를 들어보지는 못했다. 당시의 문건이 빈약하고 주로 양반층이 문서를 남겼기에 서민의 삶에서 본 밀도는 또 다른 문제라고 생각할 수도 있다. 그래서 다른 증거를 들어보자. 구한말 한양을 기록으로 남긴 외국인은 두 명인데, 한 명은 서문에서 언급한 헐버트이고 다른 한 명은 이사벨라다.[15] 이들 모두 한양에 대해 세부적으로 묘사하고 있

그림 5-2 **조선 정조 시기 한양 도성과 2020년 서울 사대문 안의 인구밀도 비교(단위: 명/km^2)**

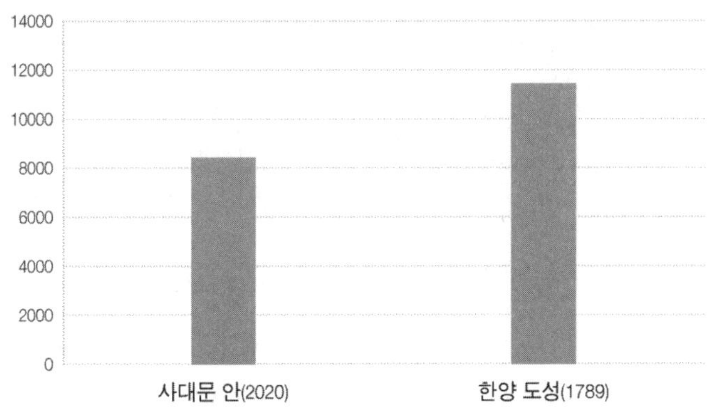

지만 어디에도 한양에 인구가 너무 많아서 비좁게 바글바글 모여 산다는 얘기는 없다.

서울에 추가적으로 주택을 공급할 여력이 있다고 상세하게 얘기한 것은 공급 부족을 투자의 기회로 여기는 사람들에게 좀 더 현명하게 상황 판단을 할 수 있는 기회를 주려는 것이다. 마냥 공급이 부족할 것이라서 집값은 오를 수밖에 없다고 판단하는 투자자들에게 꼭 그렇게만 생각할 일은 아니라고 말하고자 하는 것이다. "아닙니다. 서울은 300만 채도 더 지을 수 있습니다. 한 채당 10억이라고 치면 3000조에 해당합니다." 그리고 한마디 덧붙이고 싶다. "이걸 받아줄 시장이 있습니까? 이 물건을 다 풀면 누가 사줄까요? 다 받아주지 못하면 시장에 물건이 남고 물건이 남으면 가격은 떨어집니다."

이쯤 되면 누군가는 그걸 실행하는 데 필요한 제반 과정의 어려움을 들고 나설 것이다. 용적률 상향을 통한 고밀도 개발이 사람 사는 공간이 아닌 닭장을 만드는 것 아니냐는 시비에 대해서는 이미 충분히 설명했으므로 아마도 시비의 초점은 재개발, 재건축을 하려면 그동안 이주해서 거주할 공간이 필요하다는 것일 텐데, 이것 또한 장기 계획에서라면 별 문제가 되지 않는다. 서울의 재개발 계획을 지금 도시계획처럼 20년 정도 내다보고 수립하면 재개발 기간 동안 거주할 공간도 해결하기 어려운 문제는 아니다.

투기적 수요에 부응하는 공급계획을 세밀하고 견고하게 세우는 것만으로도 집값 상승 문제는 상당 부분 해소된다. 어떤 이유나 계기로 인해 집값이 오르기 시작하고 너도나도 투기적 시장에 참여하는 것은 투기 붐이 조성되고 지속되는 기간 동안 공급이 원활하게 진행되지 못할 것이라고 판단하기 때문이다. 사실 장기적이고 지속적인 공급이 가능하다는 것을 확인시킬 수 있는 실행력 있는 계획을 확보하는 것만으로도 비정상적인 집값 상승은 막을 수 있다. 가수요에 관해서라면 현재 시점에서 정부가 할 수 있는 일은 이게 최선이다.

가장 견고한 계획은 무엇일까? 수요에 맞추어서 공급할 수 있는 계획일 것이다. 필요한 만큼 필요한 시간에 공급할 수 있다는 확신을 시장에 줄 수 있다면 급격한 가격 상승은 일어나지 않는다. 특히 시장의 수요가 흔히 말하는 가수요라면 더욱 그렇다.

아파트를 필요한 만큼 필요한 시간에 공급하는 것은 불가능하다. 아파트가 먹는 빵도 아니고 말이다. 김현미 국토부 장관은 재직 당시 아파트가 빵이면 좋겠다는 말로 구설수에 오르기도 했다. 빵투아네트라는 조롱을 당하고도 변명을 할 수 없었다.[16] 아파트는 빵처럼 밤새 구워낼 수 있는 물건이 아니니까 말이다. 그런데 꼭 그럴까?

우선 아파트가 빵이 될 수 없는 이유를 생각해 보자. 필요한 양만큼 공급하려면 땅이 제일 문제다. 자투리땅도 있고, 유휴 국공유지도 있고, 재건축이나 재개발 땅도 있지만 필요한 양만큼 공급하려면 제법 넓은 땅이 필요하다. 그런데 그냥 아무 땅이나 되는 것도 아니다. 좋은 위치의 땅이어야 한다. 그렇다면 그린벨트를 빼고는 답이 없다. 이명박 정부가 보금자리주택 공급을 위해 그린벨트를 헐어 쓴 것만 봐도 알 수 있다. 이제부터 그린벨트를 예로 들어서 아파트가 빵이 될 수 없는 이유를 살펴보자.

그린벨트를 헐어서 아파트를 공급하자면 상당한 시간이 필요하다. 그린벨트 해제, 도시개발사업을 통한 토지 확보, 그리고 건물 공사가 필요하다. 그린벨트 해제에는 대략 1년 이상의 시간이 소요된다.[17] 도시개발사업은 세부적으로 구역 지정, 실시계획 수립, 사업 시행의 단계를 거친다. 도시개발사업에 소요되는 시간은 개별 사업의 특성에 따라 천차만별이다. 짧게는 1년에서부터 길게는 6년 이상이 소요되기도 한다. 평균적으로는 6.3년이 소요되었다.[18] 도시개발 과정에서 긴 시간이 소요되는 단계는 실시계획 수립과 사업 시행 단계에서의 토지 수용이다. 실시계획에서는 세부적인 내용에 대해 합의를 도출하기가 간단치 않기 때문이고, 토지 수용 과정에서는 도시개발사업 주체와 토지 소유자 간에 마찰이 흔히 발생하기 때문이다. 도시개발사업으로 건물을 지을 수 있는 토지가 확보되고 나면 그때부터 건물 공사가 가능하다. 아파트를 예로 들자면 공사 소요 기간은 2년 정도라고 보면 된다.

통상적인 절차를 따른다면 그린벨트를 헐어서 아파트를 짓고 입주하는 데까지 걸리는 시간은 8년이 넘어갈 수도 있다. 아파트가 빵이 될 수 없는 이유다. 어느 누구도 빵 하나를 사기 위해서 8년을 기다리지는 않는다. 문재인 정부가 그린벨트를 헐어서 아파트를 공급하려는 생각을 포기하게 된 것은 단지 여론의 반대 때문만은 아니다. 그린벨트를 헐어 아파트를 짓는 데 걸리는 시간을 고려해 볼 때 집값 조절에 그다지 효과가 없을 것이라고 판단했을 수 있다.

8년이라는 시간은 긴 시간이다. 대통령 임기가 5년이라는 점을 고려하면 더더욱 매력적인 대안이 되긴 힘들다. 그런데 8년을 확 줄여서 1년으로 만들 수 있다면 어떨까? 그 정도면 빵이 될 것도 같다.

그린벨트를 헐어 아파트를 공급하는 과정을 우선 법적 절차 단계와 실제 공사 단계로 나누어 생각해 보자. 그린벨트를 해제하는 것, 그리고 도시개발사업 구역을 지정하고 실시계획을 수립하는 것, 수용되는 토지에 대해 보상하는 것을 법적 절차라고 할 수 있다. 이 단계들을 사전에 미리 해놓을 수 있다.

그린벨트 안에는 사유지와 국공유지가 뒤섞여 있다.[19] 아파트를 대규모 단지 수준으로 공급하기 위해서는 국공유지만으로는 부족하기 십상이다. 사유지를 미리 수용해서 국공유지로 만들어놓으면 이후의 절차를 진행하는 데 많은 시간이 필요하지 않다. 게다가 사유지를 수용하기 위해 법을 새로 만들어야 하는 것도 아니다. 기존의 '공공토지의 비축에 관한 법률'을 활용할 수 있다. 이 법에서는 구체적인 필요가 발생하기 이전이라도 사유지를 확보해서 공공용으로 비축할 수 있는 길을 열어놓고 있다.[20] 그런 다음 그린벨트를 해제하고, 도시개발사업 시행계획을 수립하면 된다. 도시개발사업에 토지에 대한 일부 토목 공사가 포함되기는 하지만 이 단계는 도시개발사업 이후의 실제 공사 단계와 연계해서 시행하면 된다. 이렇게 토지 준비가 끝나면 그다음은 건물을 짓는 일만 남는다.

아파트를 짓기 위해 통상적으로 2년 정도의 시간이 소요되지만 이 기간을 단축시키는 것 또한 그리 어려운 일은 아니다. 현재 우리나라 시공업체의 시공 능력을 고려해 볼 때 층수에 따라 차이가 있겠지만 20층 정도라면 1년 안에 완공하는 것도 무리는 아니다.

지금까지의 검토 내용을 요약하면 이렇다. 이미 마련된 법적 절차에 따라 토지를 확보해 놓으면 1년 정도면 아파트를 공급할 수 있다. 1년 정도면 김현미 장관의 바람대로 아파트가 어느 정도는 빵이 된 것도 같다. 그런데 분양 시점으로 생각해 보면 아파트는 분명 빵처럼 금방 만들 수 있는 것이 된다. 현행 제도에 따르면 사업자가 대지를 확보하고 주택도시보증공사로부터 분양보증을 받으면 착공과 동시에 분양이 가능하다.[21] 이는 법적 절차가 완성된 상태라면 언제든지 분양이 가능하다는 얘기다.

과거 건축 자재 파동으로 건축물 공급이 부족했던 시절을 다시 한번 상기해 보자. 당시 일시적으로 공급이 부족했지만 건물 가격은 상승하지 않았다. 자재 부족은 조만간 해결될 문제라고 보았기 때문이다. 당장의 공급 부족이 멀지 않은 장래에 해소될 것이라는 확신만 있다면 가격 상승은 일어나지 않는다는 것을 증명해 주는 사례다.

주택 공급용 토지를 확보하기 위한 법적 절차를 완료하고 세부 시행계획을 수립해 놓으면 아파트는 필요할 때 필요한 만큼 공급할 수 있는 빵이 된다. 이런 빵 공급계획은 가수요에 기인하는 주택 가격 상승을 통제하는 데 더할 나위 없이 효과적이다. 필요할 때 필요한 양을 공급할 수 있는 아파트 수급계획은 계획만으로도 충분히 실효성이 있다. 일시적으로 공급 부족 현상이 나타나더라도 멀지 않은 미래에 공급이 가능할 것이라는 확신이 있다면 가수요는 발생하지 못하기 때문이다.

서울 도심에서 가까운 곳에 양질의 주택을 지속적으로 공급할 수 있다는 것을 시장에 확신시켜 주는 것만으로도 가수요에 의해 주택 가격이 비정상적으로 상승하는 것을 통제할 수 있다. 그런데 양질의 주택에 대한 수요가 모두 가수요라고 볼 수는 없다. 실수요도 있을 텐데, 실수요라면 계획에 그치는 것이 아니라 실제로 공급이 이루어져야 한다.

실제로 공급이 이루어진다는 것은 토지가 소모된다는 것을 의미한다. 따라서 서울 도심을 고밀도로 활용하고 그린벨트를 이용해서 상당한 양의 토지를 공급할 수 있다고 해도 공급계획의 유효기간에 대한 의구심을 드러내면서 그 또한 언젠가는 소진되고 말 것이라고 걱정할 수도 있다. 이런 걱정은 타당한가? 단지 공급계획의 불완전성을 드러내기 위한 트집에 불과한가? 공급계획의 유효기간이 어느 정도 되어야 가수요가 고개를 들 기회를 원천적으로 불식할 수 있을까?

혹자는 공급계획의 유효기간이 충분하지 않다고 주장하고 싶을 수도 있다. 서울 도심을 고밀도화하는 것도, 그린벨트를 헐어 쓰는 것도 한계가 있을 테니 이런 주장은 일견 타당해 보이기도 한다. 하지만 공급계획의 유효기간이 그리 길어야 할 필요는 없을 것 같다. 도시 기능에 대한 선호는 변화하기 마련이고 도시 성능에 대한 요구 또한 멀지 않은 장래에 달라질 것이기 때문이다. 도시 기능에 대한 선호도의 변화와 관련해서는 6장에서, 도시 성능에 대한 요구 변화와 관련해서는 7장에서 상세하게 논의한다.

3. 국가균형발전

1) 공급 위주 정책의 문제점

집값을 적절하게 조절하기 위해서라면 두 가지 방법이 가능하다. 하나는 공급을 조절하는 것이고, 다른 하나는 수요를 조절하는 것이다. 야당이나 일부 언론은 늘 공급을 주장하지만 이 방법에는 부작용이 적지 않고 물리적 한계가 따른다.

물리적 한계란 땅 부족을 의미한다. 특정 도시로의 집중이 계속됨에 따라 일차적으로 도시는 수평적으로 확산하면서 땅 부족을 해결하려고 한다. 수평적 확장의 한계는 도심 접근 시간으로 결정된다. 어느 정도의 시간을 용인할 수 있는 것으로 보느냐는 도시의 사회경제가 지닌 구조적 특징에 의해 약간의 차이가 있을 수 있다. 어쨌든 일정한 한계선이 존재한다는 것은 분명하고 이런 한계선에 다다르면 도시 집중은 불가피하게 수직적 확장을 선택한다. 밀도를 높여서 땅을 고밀도로 사용하는 것이다. 도심에서부터 고밀도화 작업이 시작되어 도시 주변으로 확산되는 것이 일반적이다. 2021년 현재 서울에서 양질의 주택을 공급하는 가용한 방법은 수직적 확장인데, 이마저도 기존의 개발 방식대로라면 곧 한계에 다다를 것이다.

이제부터는 부작용에 대해 살펴보자. 첫 번째 부작용은 집값 상승 유발이다. 신규 아파트가 공급되면 인근 주택 값도 상승한다. 신규 아파트가 재건축이나 재개발에 의해 지어진 것이라면 인근 주택 가격 상승효과는 더 크고 뚜렷하다. 수많은 연구와 우리의 경험이 이를 입증한다.

신규 공급에 따라 인근 집값의 동반 상승이 일어나는 구조는 매우 간단하다. 신규 아파트는 기존 주택보다 비싸게 분양되는 것이 일반적이다. 그러면 기존 주택 보유자는 신규 아파트를 기준점으로 삼아 자신의 집을 상향 재평가하기 때문에 집값이 상승하는 것이다.

신규 아파트 공급으로 인해 인근 주택 가격이 상승할 것이라는 우려에도 불구하고 공급을 강행하는 것은 차선의 선택이다. 신규 아파트 공급으로 인근 주택 가격이 상승하더라도 집값이 폭등하는 것보다는 낫다는 판단에서다. 신규 아파트를 공급하면서 인근 주택 가격 상승을 억제하는 방법이 아예 없는 것은 아니다. 신규 공급 가격을 최대한 낮추면 된다. 낮은 가격으로 공급되는 물량의 크기에 따라 인근 주택 가격이 하락세로 견인될 수도 있다.[22] 이때 동원할 수 있는 방법이 분양가 상한제이고 공공 주도의 공급이다. 분양가 상한제는 민간 공급업자에게 돌아가는 이익이 줄어들고, 공공 주도 공급은 재개발, 재건축 대상 건물 소유자에게 돌아가는 몫이 작아진다. 민간 공급업자와 재개발, 재건축 대상 건물 소유자가 반발하는 것은 합법적이고 당연하다. 그러다 보니 분양가 상한제와 공공 주도 공급 자체가 실현되기 어려울 때도 많다.

두 번째 부작용은 서울 집중이 심화된다는 것이다. 서울 집중이 불러오는 문제는 우선 과밀이라는 이름으로 드러나는데, 과밀의 일차적인 문제는 서울의 거주 성능이 떨어진다는 것이지만 그것보다 더 크고 중요한 문제들이 깔려 있다. 국가 경쟁력 약화, 지역 불균형, 기회비용 손실이라는 문제를 유발한다. 서울 집중으로부터 비롯되는 이 세 가지 부작용에 대해 살펴보자.

서울 집중은 국가 경쟁력 약화를 불러온다. 물론 서울 과밀이 정말로 국가 경쟁력 약화를 불러오는가에 대해서는 논란의 여지가 있다. 영국이나 프랑스 같은 유럽 선진국이 시행한 수도권 관련 정책의 변화를 보면 서울 집중이 반드시 국가 경쟁력 약화를 야기한다고 단언할 수 없다. 이들 국가는 수도권 과밀로 인한 국가 경쟁력 약화를 우려해 지난 수십 년간 수도권 과밀 억제 정책을 시행해 왔다. 그러나 그러한 정책의 실효성에 강한 의문이 생기면서 최근 들어서는 오히려 수도권을 국가성장 및 국민경제발전의 도구로 적극 활용하는 정책으로 선회하는 추세를 보이고 있다.[23] 하지만 선진국의 이러한 추세가 수도권 과밀 억제 정책이 오히려 국가경쟁력을 약화시킨다는 증거로는 불충분하다는 점 또한 유의해야 한다. 이렇듯 논란의 여지가 있기는 하지만 서울 집중이 국가 경쟁력 약화로 이어진다는 주장에 그리 큰 무리가 있는 것은 아니다.

수도권 과밀에 의한 경쟁력 약화를 단기간의 국가 생산성이라는 총량적 견지에서 보면 최근의 정책 선회가 이해되지 않는 것도 아니다. 하지만 수도권 과밀이 단순히 수도권만의 문제가 아니라는 점, 즉 수도권 과밀이 지방의 발전 기회 박탈로 인한 잠재적 피해를 바탕으로 한다는 점을 고려하면 최근의 유럽 국가의 정책 선회를 긍정적으로만 바라보기는 힘들다. 수도권 과밀이 국가 경쟁력 약화를 불러온다는 주장은 논쟁의 여지가 있지만 수도권 과밀이 국가 전체로 볼 때 지역적 불균형을 불러오는 것은 명백하다.

다른 한편 국가 경쟁력 약화를 기회비용 개념으로 생각해 볼 수도 있다. 여기서의 기회란 다른 곳에 투자하면 더 나은 효과를 볼 수 있지만 서울에만 집중하면서 놓치게 되는 기회를 말한다. 다른 곳에 투자하는 것이 서울에 투자하는 것보다 효용이 더 클 수도 있다. 그럼에도 불구하고 서울 집중은 일종의 관성처럼 작용해서 기회비용을 면밀히 검토하고 실행할 수 있는 기회를 놓치는 일이 종종 발생한다.

위에서 살펴본 것처럼 공급을 통해 집값 상승에 대처하는 것은 땅 부족이라는 물리적 한계에 부딪힐 것이 명백하고 또한 실행에 불가피하게 수반되는 부작용을 피해갈 수 없는 것도 분명하다. 이렇다면 누구라도 공급보다는 수요를 억제하는 방법을 선호할 수밖에 없다.

수요를 억제하는 데에는 수요 자체를 억제하는 방법이 있다. 대출 조절, 법제도를 이용한 가수요 규제 같은 방법인데, 이보다 더 근본적인 수준에서 수요를 조절하는 방법이 있다. 서울 집중 자체를 억제하는 것이다. 서울이라는 특정 도시로의 집중 자체를 불가능하게 하는 것은 장기적으로 가용한 방법이 아니다. 경제성장의 동력이자 공간적 터전으로서 도시가 필요하기 때문에 집중이 생기는 것이니, 집중 자체를 억제하는 것은 장기적으로 경제성장을 포기하는 것과 같다. 유럽 선진국들이 수도권 중심 성장 정책으로 회귀하는 경향을 보이는 것도 그간 규제를 통해 수도권 확장을 억제해 온 정책이 재고해야 할 정도로 부작용을 드러냈기 때문이다.

수도 집중을 억제하면서도 동시에 경제성장의 동력과 공간적 터전을 확보하는 것은 해당 수도를 대체할 수 있는 대안 도시를 만드는 방법뿐이다. 노무현 정부에서는 이런 방법을 택했다. 큰 틀은 국가균형발전이고 그 안에는 행정수도 이전과 혁신도시 건설이 포함되었다.

2) 노무현 정부의 국가균형발전

노무현 정부는 정부 출범과 함께 맞닥뜨린 집값 문제로 고생을 했다. 노무현 정부가 들어서자 집값이 오르기 시작했다. 김대중 정부 말부터 부동산 건설을 활용해서 경제를 살리려는 노력이 있었는데 그런 시도가 효과를 보기 시작했다고 볼 수도 있다. 집값 상승이 경제를 순조롭게 시동을 걸어주는 수준에서 멈추어준다면 좋았겠지만 곧 집값을 잡아야만 하는 상황이 되었다. 변명거리가 전혀 없는 것은 아니다. 김대중 정부 기간에 서울 집값은 이미 33.2%가 상승했다.[24] 전 정권의 정책 때문에 집값이 오른다고 변명 아닌 변명을 할 수도 있겠으나 그래 봤자다. 야당도 국민도 그런 변명에는 관심이 없다. 오로지 집값 오르는 것만이 관심사일 뿐이다.

노무현 정부에서도 고심이 많았을 것이다. 이왕 치른 홍역이라 생각하고 근본적인 대책을 강구했다. 그 결과 집값도 잡고 서울의 과밀도 잡고 국가의 백년대계도 튼튼하게 세울 수 있는 방안을 제시했다. 바로 행정수도 이전과 혁신도시 건설을 중심으로 한 국가균형발전이다. 집값이 오른다고 뺨은 제대로 맞은 셈이고 뺨 맞은 김에 원래 가고 싶었던 방향으로 정책의 가닥을 잡은 것이었다.

노무현 정부는 행정수도 이전을 통해 서울 집중을 완화하면 서울의 과밀이 해소될 것이고 서울 집값도 조절할 수 있을 것이라고 판단했다. 서울로부터의 분산이 장기적으로 지속되는 현상으로 만들자면 서울 못지않은 투자처를 만들어줘야 한다. 서울보다 나은 투자처를 만드는 것은 불가능에 가깝겠지만 서울 못지않은 곳을 만드는 것은 상대적으로 가능성이 높다. 물론 초기에는 전 국토를 투기장화했다는 비난을 들을 수도 있다.[25] 서울에서만 주로 보이던 부동산 가격 상승이 전국 각지에서 나타날 것이니 그럴 만도 하다. 그런데 전체 부동산 가격 상승의 총량이 줄어들고 부동산 가격 상승이 서울에만 집중되지 않고 전국적으로 상승된다면 서울만 투기장으로 만드는 것보다 나쁠 것도 없다.

노무현 정부는 혁신도시 건설을 중심으로 지역을 발전시키면 이런 계획이 가능하다고 봤다. 지역에 일자리가 많아질 것이고 덩달아 주거 환경도 개선될 것이다. 서울로의 집중을 제어하고 지방의 경쟁력을 제고할 수 있는 정책이었다.

행정수도의 운명이 어찌되었는지, 지방의 혁신도시는 어찌되었는지 그 결과는 다 아는 얘기다. 행정수도는 헌법재판소의 "관습헌법"에 가로막혀 반 토막이 났다.[26] 중앙 행정 기능의 일부가 세종시로 이전하기는 했지만 15년이 지난 지금도 여전히 임시적인 모양새다. 언제라도 서울로 다시 돌아갈 것 같은 모양으로 남아 있다.

혁신도시는 어떤가? 혁신도시의 근간이 되어야 할 공공기관 이전도 동력을 잃고 원래 계획대로 진행되고 있지 않다. 원래 계획대로라면 혁신도시의 교두보가 될 공공기관이 이전하고, 그에 따라 공공기관 종사자 가족이 이주하고, 이로 인해 전후방 산업이 몰려들면서 일자리가 창출되고, 또다시 역외 인구가 유입되면서 도시가 성장했어야 하지만 현실은 그것과는 거리가 멀었다.

공공기관 자체의 이전도 제대로 성사되지 못했다. 공공기관 종사자들은 주말 부부로 은퇴까지 가는 한이 있어도 지방으로 내려가려 하지 않았다. 이들이 그런 불편함을 감수하면서도 내려가지 않은 것은 자녀

들 교육 문제가 가장 컸다. 하지만 꼭 그 이유뿐만이랴. 서울에 붙어 있는 것이 어느 모로 보나 득이라고 계산했을 것이다. 경제적 손익을 계산해 볼 때 더욱 그랬을 것이다. 하지만 그 이유만도 아니다. 서울 생활이 주는 장점은 따져보면 많다. 편의시설만 봐도 그렇고, 문화생활을 제대로 누릴라치면 서울 아니고는 어렵다. 예전보다는 덜하다 할 수 있지만 서울 사람이라는 프리미엄도 있다. 이런 계산법은 어제오늘의 얘기가 아니다.

다산 정약용은 말년에 후손들에게 당부했다. 꼭 서울에 붙어살라고. 도성 안이 아니면 근처에라도 살라고 당부했다. 도성에서 십 리만 벗어나도 야만에 속한 원시의 삶이 된다고.[27] 이러니 공무원들이 거주지를 옮기지 않는다고 책망할 일은 더더욱 아니다.

반 토막 난 행정수도 이전, 그리고 계획과 전혀 다른 양상으로 부족한 모양새로 전개된 혁신도시 건설은 기대한 만큼의 서울 인구 유출 효과를 거두지 못했다. 하지만 이런 노력이 전혀 의미가 없었던 것은 아니다. 서울이 축소되는 정도의 효과는 얻지 못했어도 서울로의 집중이 어느 정도 완화되는 기미를 보여줬기 때문이다. 인구 증가가 멈추고 서울의 인구가 감소하기도 했다. 2010년경의 일이다. 이 시기의 모든 통계는 서울 집중이 예전만은 덜하다는 것을 보여준다.

노무현 정부가 추진했던 국가균형발전 방안 중 행정수도 이전이 실패한 원인은 명백하다. 행정수도를 이전하는 것이 국가 운영에 비효율을 가져올 수 있다거나, 국가적 경제활동의 효율을 떨어뜨릴 수 있다는 비판이 있었지만 현실적인 원인은 헌법재판소의 판결이었다. 헌법재판소는 "서울이 수도라는 것은 일종의 관습헌법으로서 행정수도를 서울 이외의 곳으로 옮기는 것은 위헌이다"라는 판결을 내렸다. 국가의 미래를 위해 어느 것이 더 좋은지를 따져볼 필요도 없게 되었다.

행정수도 이전이 좌초된 것은 그렇다 쳐도 혁신도시는 좀 상황이 다르다. 법적으로는 추진하는 데 전혀 문제가 없었음에도 실패로 끝났다. 혁신도시 사업의 첫 단추가 되어야 할 공공기관 이전이 제대로 진행되지 않았던 것이 가장 직접적인 실패의 원인으로 지목되지만 사실 그리 간단하게 결론을 낼 문제가 아니다.

혁신도시가 실패한 이유를 세 가지 측면에서 짚어보고자 한다. 도시 건설에 소요되는 비용, 정책의 수혜자 존재 여부, 인구 감소다.

첫째, 도시 건설에 소요되는 비용에 대해서 살펴보자. 서울과 경쟁할 수 있는 도시를 만드는 것만이 서울의 집값 문제를 해결하는 유일하고 장기적인 정책이다. 그래서 혁신도시를 만들고자 한 것이다. 그런데 서울과 경쟁할 수 있는 도시를 만든다는 것이 가능할까? 불가능한 일도 아니다. 낙관적으로 생각할 여지가 있는 이유는 서울과 경쟁할 수 있는 정도의 도시이지, 서울을 능가하는 도시를 만들겠다는 것이 아니기 때문이다. 개별 투자자의 입장에서는 투자 대비 효용이 서울보다 크기만 하면 된다. 도시 전체로 보자면 한계비용 대비 한계효용이 서울을 능가하는 도시이면 된다. 그런데 혁신도시는 이 점에서 문제가 있었다. 간단히 결론을 먼저 말하자면 혁신도시는 한계비용 대비 한계효용이 서울을 능가할 수 없었다는 게 문제다.

과밀에는 여러 가지 의미가 부여되지만 중요한 것 중 하나는 투자의 한계효용이 감소하고 한계비용은 증가한다는 점이다. 비용은 투자비와 유지비로 구성된다. 투자비용의 대표적인 사례를 들자면 대심도철도 같은 것이다. 서울의 교통효율을 높이기 위해서는 이제는 지하철을 건설하는 것도 불가능하다. 더 깊은 곳을 파고 들어가야 한다. 그러자면 더 큰 비용이 발생한다. 유지비용의 대표적인 사례는 높은 임대료다. 임대료가 높아지면 기업은 높은 임금을 지불해야 한다. 높은 임금을 지불하기 싫은 기업이나 임대료를 감당할 만큼의 임금 지불 능력이 없는 기업은 자연히 임대료가 비싼 도시를 떠나게 된다.[28]

서울의 비용(투자비용+유지비용)은 지수적으로 증가하고 한계효용은 로그함수적으로 증가하면서 두 개의 곡선이 교차하는 지점이 발생한다. 서울이 그 지점을 지났다면 서울은 투자 수익 증가액보다 비용 증가액이 더 커진다는 것이고, 이런 지점을 지난 것이 확실하다면 서울은 더 이상 투자처로서의 매력이 없는 것이다.

이론적으로는 그렇지만 현실적으로는 투자 수익 증가액보다 비용 증가액이 더 커지는 특이점을 지난 이후에도 상당 기간 투자는 계속된다. 이유는 수익 수혜자와 비용 지불자가 서로 다르기 때문이다. 수익 수혜자와 비용 지불자 간의 관계가 현재 상태로 유지된다면, 그것이 정의의 관념에 상당 부분 반한다고 할지라도 서울이 투자처로서의 매력을 상당 기간 더 유지할 수 있다. 투자자 입장에서 볼 때 투자 수익보다 투자 비용이 더 커지기 전까지는 그럴 것이다.[29]

노무현 정부에서 추구한 혁신도시는 빈 땅에 신도시를 건설하는 방식이다 보니 투자효과가 나타나기 위해서는 상당한 정도의 투자 유입과 기간이 필요했다. 유지비용 또한 마찬가지다. 도시의 규모가 어느 정도 되어야 규모의 경제 덕에 유지비용이 최소화된다. 서울은 과밀 때문에 지수적으로 유지비용이 증가하는 상황이지만 혁신도시는 도시가 초창기에 해당하므로 투자비용이 지수적으로 증가하는 상황이다. 혁신도시 또한 서울만큼이나 한계비용 대비 한계효용이라는 면에서 비효율적이라는 얘기다. 이렇다 보니 혁신도시는 자연스러운 발전을 기대하기가 어려웠다. 투자자가 제 발로 찾아갈 상황은 아니었다는 얘기다.

혁신도시의 성패를 가른 둘째 측면은 정책의 수혜자가 존재하는지 여부다. 혁신도시가 성공하기 위해서는 또 다른 조건이 필요했다. 혁신도시 정책의 수혜자를 분명히 하고 그들로 하여금 자신의 이익을 스스로 지키게 만들어야 했다. 어떠한 정책적 변화를 추구했을 때 그 정책이 변함없이 유지되려면 그 정책으로 이익을 보는 집단을 분명히 해야 한다. 혁신도시는 신도시를 빈 땅에서 건설하는 방식으로 시작했기에 혁신도시라는 정책을 지속적으로 지켜낼 집단이 성장하지 못했다. 상당한 정도의 육성 기간을 거치지 않는다면 그런 정책 수호층이 생겨나지 못하는 것은 당연하다. 혁신도시를 만들기까지 반대하는 집단은 분명하게 존재하지만 혁신도시를 옹호할 미래의 수혜자들은 존재하지 않는다는 게 문제였다.

혁신도시가 난항을 겪는 데 한 몫 한 셋째 측면은 인구 감소다. 노무현 정부 당시 인구 감소가 예견되기는 했지만 우려할 만한 것은 아니었다. 혁신도시 같은 신도시를 만들고 그곳으로 인구를 유입하는 문제를 그렇게 어려운 문제라고 생각하지 않았던 것 같다.

2000년대 초반까지만 해도 서울 인근의 신도시뿐만 아니라 지방 중소도시에서도 인구가 증가하면서 도시가 팽창했고 이를 해결하기 위해서 신도심지역을 만드는 것이 다반사였다. 제주시, 진주, 대전 등 많은 도시에 신도심이 만들어졌다. 1960년대 중반 2500만 명이었던 인구가

2010년 5000만 명으로 증가하는 과정에서 전국 대부분의 도시가 인구 증가를 경험했고 이에 따라 도시의 팽창은 불가피했다. 기존 도심의 지가 상승은 신도심 건설을 당연한 전략으로 채택하게 만들었다.

이런 연장선상에서 혁신도시가 추진되었다. 구도심에서 밀려나온 인구를 받아줄, 다시 말해 구도심에서 자리를 잡지 못한 수요를 받아줄 신도심이 필요했던 경험을 토대로 혁신도시 또한 자연스럽게 인구를 넘겨받을 수 있을 것으로 기대했다. 하지만 혁신도시 사업이 진행될 무렵에 대한민국은 급격한 인구 감소 추세를 분명하게 드러냈다. 기존의 구도심에 이어 붙여 만든 신도심으로 구도심의 인구가 빠져나가면서 구도심이 공동화되는 현상이 나타나기도 했고 신도심이 계획대로 채워지지 않는 경우도 속출했다. 여기에 혁신도시가 추가되자 상황이 더욱 악화되었다. 이에 대한 대표적인 사례로는 진주를 들 수 있다. 구도심은 구도심대로 비었고 신도심은 예상만큼 인구가 늘지 않았고 혁신도시는 이주한 공공기관만 덩그러니 있는 형국이다.

인구 감소는 실질적인 공간 수요에 변화를 가져올 뿐만 아니라, 수요가 늘 것을 예상하고 추가로 공급되었던 공간의 불필요성을 더 빨리 드러낸다. 도시를 개발하든 도심을 개발하든 간에 개발업자 입장에서는 더 많은 공간을 공급하는 게 이득이다. 물론 이것은 분양이 다 된다는 것을 전제로 한다. 분양 시에 100%를 딱 맞추어 공급하는 것은 불가능한 일이다. 신이 아니면 알 수 없다. 예측보다 조금 적은 양을 공급하는 것도 방법이다. 그런데 이 방법을 택하기는 쉽지 않다. 안전하긴 하지만 기대할 수 있는 이득을 포기하는 느낌이다. 그러니 예측보다 조금 더 많은 공간을 공급한다. 분양 초기에는 비어 있더라도 시간이 흐르면서 점차 인구가 들어차는 것을 줄곧 봐왔기 때문이다. 이런 방법을 선호하거나 믿게 된 데는 인구가 증가하면서 수요가 차츰 늘 것이라는 전망 이외에도 다른 이유가 있다. 상업용이 되었든 주거용이 되었든 1인당 사용 면적이 꾸준히 증가해 왔기 때문이다. 주거용의 경우 1인당 사용 면적이 1990년 9m^2에서 2010년 33m^2로 증가했다.[30] 인구도 늘고 다른 한편에서는 1인당 사용 면적도 늘어왔기에 혁신도시 건설도 어렵게 생각하지 않았던 것 같다. 하지만 급격한 인구 감소 추세가 드러나기 시작하면서 혁신도시를 포함한 신도시 건설은 더 이상 불필요해지고 또한 불가능해졌다.

3) 국가균형발전의 대안

서울 과밀 문제를 해결하고 지방의 균형적 발전을 도모하려면 앞서 언급한 세 가지 문제, 도시 건설에 소요되는 비용 문제, 정책 수혜자 부재 문제, 인구 감소 문제를 해결할 수 있어야 한다. 첫째 문제에 대한 대책은 국가균형발전을 위한 근거지로 혁신도시 같은 신도시가 아니라 기존의 도시를 활용하는 것이다. 기존 도시도 중소도시가 아니다. 부산, 대구, 광주, 제주시 같은 기존 대도시를 기반으로 혁신도시를 구축하는 것이다.

부산, 대구, 광주, 제주시 같은 도시는 규모와 한계효용의 관계로 볼 때 노무현 정부의 혁신도시와 다르다. 인프라가 규모의 경제를 확보할 수 있는 수준으로 구축되어 있다. 반면에 지나친 과밀 현상이 드러나지도 않고 있다. 이는 한계효용은 크지만 추가적인 개발과 유지를 위한 한

그림 5-3 **도시 규모 확대에 따른 비용-효용 곡선**

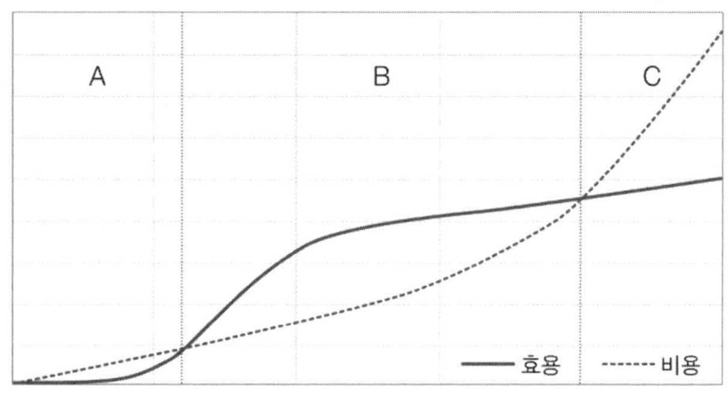

계비용은 작다는 의미다. <그림 5-3>에서 보면 B 구간에 해당한다. 반면 혁신도시는 A 구간에 해당하고 서울은 C 구간에 해당한다. 즉, [투자효용-(투자비용+유지비용)]의 관점에서 서울과 경쟁하기에 기존 지방 대도시가 혁신도시보다 훨씬 더 유리하다는 뜻이다.

둘째 문제, 즉 정책의 수혜자가 없다는 문제에 대해서도 대구, 부산, 광주, 제주시 같은 지방 거점 도시를 혁신도시로 발전시키는 전략은 장점을 갖는다. 기존의 지방 대형 도시를 거점으로 한 국가균형발전이 효과적일 수 있는 것은 그곳에는 정책의 수혜자가 뚜렷하게 있기 때문이다. 진주로 이전한 LH 본사, 나주로 이전한 한국전력 본사를 비롯해 16개의 공공기관이 지방으로 이전했다. 그런데 그런 곳에는 서울에서 마지못해 밀려온 한시적 거주자들만 산다. 그런 곳에서는 LH 본사 덕을 보거나 한국전력 본사 덕을 보는 사람이 아예 없지는 않지만 아주 미미하다. 그들이 정책의 수혜자가 되는 것은 분명하지만 정책의 수호자가 될 수는 없다.

반면 LH 본사가 부산으로, 한국전력 본사가 광주로 이전했다고 가정해 보자. 거기에는 정책의 수혜자가 뚜렷하고 수도 많다. 그들은 정책의 수혜자이자 수호자가 될 수도 있다는 얘기다.

셋째 문제인 인구 감소 문제에 대해서도 부산, 대구, 광주, 제주시 같은 기존 도시들을 혁신도시 대상으로 삼는 전략은 장점을 갖는다. 인구 감소에 대한 적절한 대응책이 될 수 있기 때문이다. 현재 한국의 인구 감소 추세를 볼 때 2060년경이면 이미 인구가 4000만 명으로 축소될 가능성이 많다. 인구 감소는 자연적으로는 국토 전체에서 일어난다. 서울도, 부산도, 대구도, 광주도 자연적으로는 인구가 감소한다. 그런데 이들 도시에서 인구가 감소하면 빈 공간이 생기는데 이들 도시는 다른 도시들보다 인프라가 잘 갖추어져 있는 터라 인근 소도시 사람이 이 빈 공간으로 들어올 공산이 크다. 이런 이유로 한국의 인구는 전체적으로는 감소하지만 반면에 지방 대형 도시로의 이동은 더욱 가속화될 것이다.

인구 감소와 함께 무턱대고 확장해 놓은 신도심 개발로 인해 구도심 공동화가 뚜렷하게 나타나고 있는 현 상황에서 지방의 모든 도시는 나름 도심재생계획이라는 것을 내놓고 있다. 각각의 도시는 이러저러한 방법을 쓰면 자신들 도시의 도심이 살아날 것이라고 희망찬 기대를 이야기한다. 그런데 재밌는 것은 지방 각 도시의 도심재생계획이 제대로 실현되려면 우리나라 인구가 줄어들기는커녕 되레 5000만 명 이상으로 늘어나야 한다는 것이다.

지방의 모든 도시가 내놓는 도심재생계획은 일자리를 확충해서 사람들을 끌어들이고, 동시에 그들이 거주할 수 있는 공간을 마련하겠다는 것이다. 빠져나가는 인구를 어떻게든 붙잡아 보겠다는 절박함이기도 하고, 인구가 더 늘어날 수 있는 상황을 가정하는 것이기도 하다. 타 도시와의 인구 유치 경쟁에서 승리한다면 그렇게 될 수도 있을 것이다. 그러나 승자가 있으면 당연히 패자도 있다. 인구 유치 경쟁에서 승리한 도시가 있으려면 패배한 도시도 당연히 있어야 한다. 인구 유치 경쟁은 다 같이 승리할 수 있는 게임이 아니다. 지방 각 도시가 세우고 있는 계획이 모두 성공하려면 우리나라의 인구가 늘어나는 수밖에 없다.

우리나라의 인구가 전체적으로 줄어드는 상황에서 서울과 경쟁할 수 있는 도시를 만드는 현실적인 방법은 기존 도시를 활용하는 것이다. 혁신도시가 빈 땅에 자리를 잡은 것은 초기 사업비를 줄이기 위한 목적이 크다. 기존 도심의 땅값이 워낙 비쌌기 때문이다. 하지만 지금은 상황이 다르다. 인구가 감소함에 따라 모든 도시가 도시 규모 축소를 목전에 두고 있는 상황이다. 인구 감소로 인해 축소될 도시 공간을 혁신도시로 사용하는 것이다.

4. 부동산 정책의 철학과 목표 공유

정부가 하는 일에 대해 야당이 주로 하는 일은 비판하는 것이다. 이건 원래 그렇게 하도록 되어 있다고 봐도 된다. 정부가 잘한다고 칭찬할 수도 있겠지만 그러다 보면 본업인 비판에 소홀해지기 쉽다. 적당한 칭찬과 따끔한 비판을 때와 장소를 가려서 할 수 있으면 좋지만 그건 어려운 일이다. 정부가 잘한 일에 대한 칭찬은 다른 데 맡기고 야당은 주로 비판을 하는 게 좋다. 이러고 보면 문재인 정부의 부동산 정책에 대해 야당이 쏟아내는 비판이 나빠 보이지 않는다. 그들은 자신이 해야 할 일을 열심히 하는 거니까 말이다.

언론은 문재인 정부의 부동산 정책에 대해 칭찬도 하고 비판도 하는 편이다. 세부적으로는 그렇다. 어느 한 신문사의 부동산 관련 기사를 살펴보면 때로는 칭찬을 하고 때로는 비판을 한다. 그런데 이 '때로'가 문제다. 칭찬은 가뭄에 콩 나듯 하고 비판이 주를 이루는 신문사도 있고, 반대로 칭찬을 더 많이 하고 비판은 적게 하는 신문사도 눈에 띈다. 전자의 신문사에는 보수 언론이라는 호칭이 붙고, 후자의 신문사에는 진보 언론이라는 수식어가 붙는다. 때로는 보수 언론이라거나 진보 언론이라는 수식어가 언론 행위 자체를 스스로 검열하게 만들기도 한다. 보수 언론은 보수여서 문재인 정부의 부동산 정책을 비판할 수밖에 없고, 진보 언론은 진보여서 정부의 부동산 정책에 대해 적극적으로 비판하지 못하는 것처럼 보이기도 한다.

정부의 정책은 정책의 효과로 평가해야 한다. 정책의 효과가 좋으면 좋은 평가를 받고 효과가 나쁘면 나쁜 평가를 받는 게 정석이다. 그런데 문제가 있다. 정부 정책의 효과를 평가할 때 적용할 잣대를 단 하나로 정하기 어렵다는 점이다. 잣대가 달라지면 평가가 달라진다. 이렇게 보면 잘한 일이 되고 저렇게 보면 잘못한 일이 된다. 부동산 정책의 효과에 대해 언론은 대체로 두 편으로 갈린다. 한편에선 칭찬을 하지만 다른 한편에서는 비판을 한다. 잣대가 달라서 그리 되는 것이니 크게 탓할 일은 아니다. 하지만 여기에 하나의 전제가 있다. 일관된 잣대라는 전제다. 하나의 잣대를 가지고 있다면 줄창 비판을 한다 해도 그저 해야 할 일을 하는 것이라 볼 수 있다.

하지만 언론이 보여주는 칭찬이나 비판을 보면 하나의 잣대를 일관성 있게 적용하는 것 같지는 않다. 여러 개의 잣대를 준비해 놓고 필요에 따라 골라 쓰는 모양새다. 하지만 그런 와중에도 일관성이 보이기는 한다. 비판을 위한 비판이라는 잣대이고, 옹호를 위한 옹호라는 잣대다. 한편에서는 정부의 부동산 정책을 비판하기 위해 모순된 잣대를 적용하고, 반대편 또한 정부를 옹호하기 위해 모순된 잣대를 적용하는 위험을 무릅쓴다.

부동산 정책의 최종적인 효과는 시민들의 반응에서만 확인될 수 있다. 부동산 전문가들이 이렇다 저렇다 말을 해도 결국 정책이 제대로 되었는지 아닌지를 최종적으로 판정하는 것은 시민들의 몫이다. 이 대목에서 또 하나의 문제가 발생한다. 시민이라고 해서 다 같은 시민이 아니라는 점이다. 시민들은 지역적으로 이해관계가 갈리기도 하고 계층적으로 이해관계가 갈리기도 한다. 계층적 차이에서는 쉽게 보수 대 진보의 구분이 연상된다. 부유한 계층과 상대적으로 그렇지 못한 계층 간의 구분은 제법 뚜렷하다. 지역적 차이는 진보, 보수의 구분과 관계없어 보이기도 하지만 실상은 그렇지 않다. 부유한 계층과 상대적으로 그렇지 못한 계층은 서로 사는 장소가 다른 경우가 많기 때문이다. 시민이라는 개념적 집합체도 결국 부동산 문제에 관해서는 진보와 보수로 나뉘는 경우가 많다.

정부의 부동산 정책을 비판하고 싶다면 비판의 최종적 타당성을 쥐고 있는 시민에게, 즉 여론에 물어보는 게 가장 좋을 텐데, 시민들의 생각이 다양하다는 게 문제다. 같은 정책에 대해서도 어떤 시민은 좋게,

어떤 시민을 나쁘게 생각할 수 있다. 지역과 계층에 따라 시민의 생각이 다양하지만 보수와 진보의 구분은 대개 통한다. 정부의 부동산 정책에 대해 보수는 보수끼리 대부분 생각이 같고, 진보는 진보끼리 또 대부분 생각이 같다.

언론은 부동산 정책을 최종적으로 판단하기 위해 여론을 묻는데, 이 때 골라서 묻는다. 비판을 하고 싶을 때 비판할 만한 시민을 골라내는 것은 일도 아니다. 칭찬도 마찬가지다. 칭찬하고 싶다면 칭찬할 만한 시민을 고르면 된다.

비판이 되었든 옹호가 되었든 원하는 답을 해줄 만한 시민을 고르면 되는 것은 마찬가지인데, 부동산 정책에 대해 옹호해 줄 시민을 찾는 것이 비판해 줄 시민을 찾는 것보다 훨씬 어렵다. 여기에는 세 가지 정도의 이유가 있다.

첫째 이유는 손해를 보는 집단은 분명하게 드러나는 데 비해 수혜를 입는 집단은 그만큼 분명하게 드러나지 않기 때문이다. 특정한 부동산 정책에 의해 손해를 보는 시민들은 매우 분명하다. 다주택자에 대한 과세를 더 무겁게 하면 다주택자가 손해를 보고, 임대주택사업에 부여하는 혜택을 회수하면 임대주택사업자가 손해를 본다. 반면에 부동산 정책에 의해 이득을 얻는 대상은 분명하지 않다. 예를 들어 다주택자가 손해를 보는 만큼 또는 임대주택사업자가 손해를 보는 만큼 반사적인 이득을 얻는 집단이 있을 텐데(손해만 끼치고 어느 누군가에게도 득이 되지 않는 부동산 정책은 있기 힘들다) 이들이 누군지 확연하게 드러나지는 않는다.

둘째 이유는 시민 개인이 얻는 수혜가 어떤 특정한 부동산 정책의 결과로 인한 수혜라는 것을 알기 쉽지 않기 때문이다. 한 가지 예를 들어

보자. 청년 1인 가구나 신혼부부 같은 경우 현 정부의 부동산 정책에 따르면 특별한 혜택을 입는 집단이다. 하지만 이들이 향유하는 혜택이 예산이 남아서 얻은 것이 아니라 다른 사람이 누릴 수도 있었던 혜택의 기회를 박탈한 결과라고 생각하기는 어렵다.

셋째 이유는 특정한 부동산 정책으로 인해 감수해야 할 손해가 직관적으로 드러나지 않는 경우가 많기 때문이다. 예를 들어보자. 현재 집값 상승 국면에서는 양질의 주택 공급을 늘려야 한다고 주장한다. 하지만 양질의 주택을 공급하면 수요-공급의 법칙에 따라 집값이 안정화될 가능성이 없는 것은 아니지만 장기적으로 집값 상승을 지속시킬 것이며(심지어 폭등의 위험까지 안고 있으며) 결국은 무주택자에게 경제적 부담으로 돌아올 것이라는 점을 인식하는 잠재적 피해자는 많지 않다.

이와 같은 이유들로 문재인 정부의 부동산 정책뿐만 아니라 모든 정부의 부동산 정책에 대해, 특히 집값 상승 국면을 맞아 다양한 규제 정책을 시행할 수밖에 없는 정부의 부동산 정책에 대해 비판하는 사람은 쉽게 찾을 수 있지만 옹호하는 사람을 찾는 것은 상대적으로 훨씬 더 어렵다.

정부는 현재 집값 상승은 가수요에 의한 것이고 이에 대응하기 위해 필요한 것은 공급이 아니라 좀 더 강력한 규제라고 판단한다. 문재인 정부는 노무현 정부와 마찬가지로 부동산 투자로 인한 소득은 불로소득이며 용인되어서는 안 된다는 철학을 가지고 있다. 명분은 훌륭하지만 현실은 명분이 지향하는 지점과는 차이가 있다. 야당과 일부 언론이 양질의 주택을 공급해야 한다고 주장하자 정부는 양질의 주택 공급은 결국 불로소득을 허용하는 일이라고 생각하면서도 한발 물러서야만 했다.

야당과 일부 언론의 주장이 틀렸다고 단언할 수도 없으므로 정부의 정책적 후퇴를 아쉬워만 할 일은 아니다. 그러나 정부가 정책의 일관성을 유지하고자 한다면 현 정부의 부동산 정책이 지향하는 가치와 정책 목표를 국민과 공유하기 위해 좀 더 노력했어야 한다.

지나치게 당연한 명분은 현실을 보는 눈을 어둡게 한다. 부동산 투기로 인한 불로소득을 인정할 수 없다는 것, 실수요자들에게 더 많은 집을 주어야 한다는 것은 누구도 반대하기 힘든 당연한 명분이다. 그러다 보니 정부는 그런 가치와 정책 목표가 국민들에게 당연히 공유되는 것으로 생각한 듯하다. 하지만 현시점에서 양질의 주택을 공급하는 것이 집값 안정이 아니라 집값 폭등을 불러올 수도 있다는 사실, 부동산 불로소득이 무주택자의 내 집 마련이라는 꿈을 점점 더 어렵게 하고 현실적으로 경제적 부담을 가중시키는 구조적인 질곡으로 작용한다는 사실을 미처 생각하지 못하고 살아가는 사람이 많다는 것을 알아야 한다. 부동산에 대한 철학과 정책 목표를 국민들과 공유하는 것은 모든 부동산 정책을 시행하기에 앞서 반드시 해야만 하는 일이다.

제6장

집은 사는(buy) 것이 아니라 사는(live) 곳이라는데

세상 돌아가는 것을 보면 집을 지니고 있어야 자산가치 상승으로 부를 축적할 수 있고, (뭔가 특별한 정부의 대책이 마련되지 않는다면) 서울 집값은 당연히 더 오른다고 자신 있게 얘기해도 좋을 것 같다. 서울에 집을 안 사면 부를 축적하기는커녕 평생 가난뱅이로 살게 될지도 모른다고 불안해하는 것도 무리는 아니다. 서울 집값은 당연히 더 오를 것이니 지금 못 사면 영원히 못 살 것 같다고 생각하는 것도 무리는 아니다. 그러니 괄호 안에 넣은 문구, '뭔가 특별한 정부의 대책'을 마련하는 것이 절실히 필요하다.

공급이 대책이라고 하기도 하고, 수요를 억제하는 것이 본질적 대책이라고 하기도 한다. 지금까지는 이 문제에 대해 논의했다. 공급만이 대책일 리도 없고 수요 억제만이 대책일 수도 없다. 수요 억제와 공급이 함께 이루어져야 한다는 게 지금까지의 논의다. 바라는 바는 누구라도 서울에서 살 필요가 생기면 거주할 공간을 마련할 수 있게 되는 것이다. 누구나 자기 집을 가지는 것까지는 바라지 않더라도 민간으로부터이든 공공으로부터이든 자신이 부담할 수 있을 만한 가격에 집을 얻어 살 수 있어야 한다.

서울에 집이 없는 사람도 너무 큰 박탈감을 느끼지 않을 정도로만 서울 집값이 유지되기를, 누군가 서울에 거주해야만 하는 상황이 벌어진다면 큰 어려움 없이 서울에 주거를 마련할 수 있는 미래가 펼쳐지기를 기대하면서, 이번 장에서는 집에 대해 다른 시각에서 이야기해 보고자 한다. 집을 사고파는 대상이 아니라 사람이 살아가는 곳이라는 시각에서 살펴보려 한다.

집과 도시가 사람이 살기 위한 곳이라는 것은 지극히 당연한 얘기처럼 들린다. 하지만 현실에서는 그렇지 않다. 현실에서 집과 도시는 돈을 벌기 위한 수단이다. 삶의 장소로서의 집과 도시의 기능은 돈을 벌기 위한 기능에 비해 뒷자리로 밀려난 지 이미 오래다. 너도나도 값이 오를 집을 찾아 나선다. 사는 데 느끼는 불편함 정도는 감내해야 된다고 믿는다. 잠시 참으면 큰 경제적 이익을 얻을 수 있고 그때가 되면 삶의 질도 되찾을 수 있을 것이라고 막연하게 기대한다. 그런 기대가 막연할 수밖에 없는 이유는 그 기대가 실현되기 어렵다는 것을 잘 알고 있기 때문이다.

가격이 오를 만한 집을 구해서 좀 남루하게 살면서도 언젠가는 삶의 질이 보장되는 전원생활을 하리라 흔히 꿈꾸지만 그것이 진정 꿈에 불과하다는 것을, 그리고 정작 전원생활을 즐길 수 있는 경제적 조건이 충족되면 그때는 이미 늦은 나이가 되어버린다는 것을 잘 알기에 미래에 대해 구체적으로 꿈꾸지 않는다. 삶의 질보다는 경제적 가치를 추구하면서 남루한 서울 생활을 마다하지 않는 개인들이 모여 서울 집값을 오르게 한다는 것도 잘 알지만 마음을 바꿔먹기가 쉬운 일은 아니다. 서울 집값 문제는 집과 도시의 기능에 대한 선호와 선택의 문제라는 것을 잘 알지만 그 굴레에서 벗어나는 일은 좀처럼 쉽지 않다.

서울 집값이 오른다지만 그건 집을 '사는(buy) 것'이라고 생각할 때 중요한 문제일 뿐이다. 집을 '사는(live) 곳'이라고 믿는다면 얘기는 달라진다. 지금부터는 서울 밖에 집을 지니고 산다는 것이 어떤 현실적 의미를 지니는지에 대해 말해보려 한다. 결론부터 얘기한다. 여러 가지 전제적 조건이 있기는 하지만 서울에 복작거리며 사는 사람들이 10년 후 집값이 많이 오를 거라 기대하면서 하루하루를 남루하게 사는 동안, 조금만 생각을 바꿔보면 좀 더 풍요로운 삶을 기대할 수도 있다. 이런 얘기를 하는 이유는 가수 이태원의 노래 「솔개」에 나오는 가사처럼 "애드벌룬 같은 미래를 위해 오늘도 의미 없는 하루"를 살아가는 건 아닌지 한 번쯤 생각해 보는 기회가 되었으면 해서다.

이런 말을 할 수 있는 것은 내가 그런 삶을 선택했기 때문이기도 하다. 그래서 제법 자신 있게 얘기할 수 있다. 어찌어찌하면 서울 변두리에 작은 집을 살 수도 있지만 차라리 지방 도시에서 사는 것이 서울에 사는 것보다 남루하지 않고 풍요로울 수 있다고 믿기에 나는 지방에 사는 걸 선택했다.

지금부터 하는 내 얘기가 이솝 우화에 나오는 신포도 얘기처럼 들릴 수도 있고 서울에 집 한 칸 장만하지 못한 사람의 구차한 변명으로 들릴 수도 있다. 어떻게 들릴지 모르겠으나 이제부터 내가 사는 용인시 성복동에서의 삶에 대해 이야기해 보려고 한다.

성복동은 도시 개발로 이루어진 곳이 아니다. 단지 하나씩 산자락에 들어앉으면서 만들어진 동네다. 도시 개발이 아닌 단지로 개발된 데에는 다 이유가 있다. 도시 개발은 대체로 규모가 크고 그에 따라 부수적으로 확보해야 할 편의시설도 더 많다. 그러면 개발이 번거롭고 돈이 더 많이 들어간다. 그걸 피하기 위해 단지를 작게 쪼개서 넣는 방법을 많이 썼다. 이 동네가 그렇다. 작은 개천이 흐르는 골짜기를 파고 들어가서 하나씩 자리를 잡았다. 전형적인 난개발이다. 난개발에 대해서 전문가들 간에 이의 없이 통용되는 사전적 정의는 없지만 누구나 동의할 수 있는 최소한의 정의는 분명하다. 거주시설과 거주를 지원하는 여타 시설 간에 불균형이 있을 때 난개발이라고 한다. 그렇게 보면 성복동의 시작은 분명 난개발이었다.

아파트가 처음 들어올 때는 산골짜기를 갉아먹는다고 말이 많았다. 자연경관을 훼손한다는 비난이었지만 저런 골짜기에 누가 들어와 살겠느냐는 우려도 있었다. 이 동네가 처음 시작될 때에는 뜻하지 않은 명성을 얻었다. 노인동네라는 별명이다. 서울 살다가 현업에서 은퇴한 사람들이 하나둘 모여들어 살다 보니 어느새 은퇴자 동네가 되었다. 은퇴자들이 나이가 좀 있는 것은 당연하고 그러다 보니 노인동네가 된 것이다. 골짜기가 꽉 찰 무렵 골짜기 안쪽 깊은 곳에 작은 평형대의 아파트가 지어지면서 어린 애들이 하나둘 보이기 시작했지, 그전까지 이 동네는 하루 종일 아무 소리도 들리지 않고 아무도 지나가지 않는, 사람이 살지 않는 동네 같았다.

은퇴자들이 여기에 모여든 이유는 우선 값이 싸서다. 지금과 마찬가지로 당시에도 서울의 집값에 비하면 매우 헐값이었다. 지금은 서울 집 하나를 팔면 같은 평형대 아파트 세 채는 살 수 있을 정도로 헐값이지만 당시는 서울 집이 이 동네에 비해 두 배 정도 비쌌다. 은퇴자들은 서울 집을 팔아서 집 한 채를 장만하고 나머지 돈은 자식들 결혼 자금 같은 것으로 사용했다. 그 금액이면 자식들이 서울에서 웬만한 전세를 얻는 데는 부족함이 없었다. 그러고도 돈이 좀 남았다. 은퇴자들은 그 돈을 생활자금으로 사용했다. 그렇게 이곳에 정착하기 시작한 사람들이 이제는 진짜 노인이 되었다.

사람이 모여들어 살다 보면 동네가 번화해지기 마련이다. 한때 산골짜기 동네가 서울 변두리 동네 정도로는 번화해졌다. 그랬더니 젊은 계층이 몰려왔다. 아마도 인근에 그들을 위한 일자리가 제법 생겨난 모양이다. 그래서 이 동네는 노인과 젊은이들이 제법 잘 어울려 사는 보통의 동네가 되어갔다.

이 동네가 산골짜기 깊숙이 자리 잡은 지도 20년이 된다. 요즘에는 다시 새로운 계층이 하나둘 찾아든다. 이들은 서울에서 은퇴한 사람도 아니고 이 근처에 직장이 있는 사람도 아니다. 여전히 서울에 직장을 가지고 있는 사람들이다. 그런데 이곳에 자리를 잡는다.

이 동네처럼 서울 외곽에 자리 잡은 신도시들은 처음에는 대부분 교통이 매우 불편하다. 그러다가 시간이 지나면 도로도 생기고 운이 좋으면 전철도 생긴다. 서울 지하철 노선도를 한번 유심히 살펴보라. 서울을 중심으로 외곽 2시간 거리까지 전철이 안 닿는 곳이 없다. 이들은 직장에서 가까운 신도시를 찾아온 사람들이다. 원하기만 한다면야 서울에 집을 구해 사는 것이 불가능한 사람들도 아니다. 집 살 돈은 있다는 얘기다. 그래도 그들은 이 동네를 선택했다. 뭔가 자신에게 득이 된다고 생각했기에 그리했을 것이다. 지금부터 그 얘기를 해보자.

1. 넓은 집

용인시 성복동의 63평 가격과 서울 25평 가격은 동일하다. 지금 이 글을 쓰고 있는 시점에서는 이 동네 집값도 좀 올랐다. 하지만 서울 집값 오르는 걸 따라가겠는가? 서울 25평 가격이 이 동네 63평 가격보다 좀 더 비싸다. 이 동네 63평과 같은 가격대를 서울에서 찾아봤다. 같은 가격에 그래도 좀 더 좋아 보이는 집을 골랐다. 문래동의 한 아파트가 마땅해 보인다.

25평과 63평의 차이를 살펴보자. 처음부터 좁은 집에 산 사람은 집이 좁은 걸 모르고 산다. 그래서 이런 말이 있다. 집은 늘려는 가도 줄여서는 못 산다고. 넓은 집에 살아보면 좁은 집이 너무 답답하게 느껴진다. 이 동네 63평의 평면 구성이 모두 같은 것은 아니지만 대체로 방이 네 개 아니면 다섯 개다. 서울 25평은 방이 두 개다. 거실로 사용하는 방을 침실로 쉽게 전용할 수 있게 만들어놓았다. 식구가 많으면 거실보다 침실이 먼저이기에 필요하다면 침실로 쓸 수 있도록 그렇게 만들어놓은 것이다. 이렇게 하면 방이 세 개가 되는데 그러면 거실이 없어진다. 부엌과 붙어 있는 공간을 거실이라고 생각하고 견디는 수밖에 없다.

성복동 63평에는 당연히 화장실이 두 개다. 서울 25평에는 당연히 화장실이 한 개다. 달동네를 배경으로 한 옛날 영화를 보면 공동 화장실

그림 6-1 **문래동 25평(왼쪽)과 성복동 63평(오른쪽) 평면도**

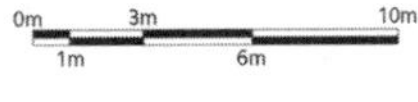

을 사용하는 장면이 종종 나온다. 그때 그 시절을 제대로 기억하거나 경험해 본 사람은 이제 드물 것이다. 그런 시절에 비하면 집 안에 화장실 하나 있는 것만으로도 호사다. 하지만 요즘 사람에게는 안 그렇다. 화장실이 두 개쯤은 있어야 불편함을 피할 수 있다.

63평에 몇 명이 사느냐에 따라 달라지겠지만, 식구 수는 서울 25평이나 성복동 63평이나 서로 비슷하다고 보면 된다. 적으면 둘, 많으면 넷, 대개는 셋이다. 방 다섯 개를 세 명이 쓰다 보니 자연 남는 방이 생긴다. 이런 방은 서재가 된다. 그러고도 남으면 취미 생활을 위한 전용공간이 된다. 서울 25평에서는 언감생심이다.

방이 남아서 서재로, 취미생활 공간으로 쓰는 게 그리 부러운 일이 아닐지도 모른다. 왜냐하면 처음부터 없어보면 제대로 갖추어놓고 사는 게 왜 좋은지 잘 모르기 때문이다. 25평에 사는 사람도 불편 없이 잘 살 것이다. 여기서 이러고 10년 좀 넘게 버티면 집값이 두 배쯤은 거뜬히 불어난다는 희망을 품고 말이다.

2020년을 휩쓴 코로나는 넓은 집의 위력을 실감하게 해주었다. 바이러스 전파를 막기 위해 많은 회사들이 재택근무를 실시했다. 고용주 입장에서는 불만이 많고 걱정도 많을 터이지만 노동자의 입장은 다르다. 오고 가고 하루 두 시간씩 출퇴근길에 시달리지 않아서 좋다. 하루 종일 직장 상사의 감시의 눈길에 매여 있다가 거기서 벗어날 수 있으니 더 좋다. 점심시간 동료와 함께하는 맛집도 생각나고 잠시 짬을 내서 마시는 커피와 담소가 아쉽기도 하지만 그래도 전체적으로 보면 재택근무가 아주 좋다.

재택근무가 길어지면서 노동자들에게도 불편함이 닥쳤다. 직장 일을 할 장소가 마땅치 않은 것이다. 거실이 제일 만만하지만 원래 그곳을 차지하고 있던 사람이 엄연히 있고 또 그곳은 공동의 장소다. 부엌 식탁을 이용해 보기도 하지만 그것도 마땅치 않다. 이럴 때는 서재나 취미방 같은 것이 따로 있었으면 하는 마음이 절실해진다. 코로나 기간 동안 가정 폭력이 늘었다는 신문 기사들도 많다. 좁은 집에서 복작거리다 보니 서로에게 주는 스트레스가 적지 않은 모양이다. 이럴 때는 넓은 집이 아쉽다.

2020년 상반기에 뉴욕에서는 탈뉴욕 현상이 벌어졌다고 한다. 뉴욕을 떠나 교외의 집을 찾는 사람들이 많다고 신문은 전한다. 이들이 뉴욕을 떠나는 가장 큰 이유는 우선 코로나의 위험 때문이다. 이는 짐작 가능한 이유이지만 자세히 들여다보면 더욱 흥미로운 사실을 알게 된다.

학교가 문을 닫기 시작한 시기 이후부터 탈뉴욕이 벌어졌다. 이것도 충분히 짐작할 수 있는 상황이다. 짐작하기 쉽지 않은 것은 소득 수준에 따라 탈뉴욕의 정도가 대단히 달라진다는 점이다. 소득이 하위 80%인

그림 6-2 **탈뉴욕 현황**

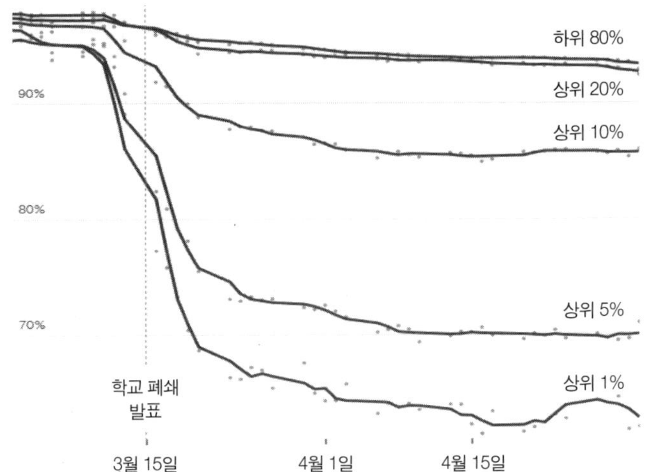

자료: *The New York Times*, "The Richest Neighborhoods Emptied Out Most as Coronavirus Hit New York City"(May 15, 2020).

경우 여전히 90% 이상이 뉴욕에 거주하고 있지만 소득이 상위 1%의 부유층은 60%를 조금 넘는 비율만 뉴욕에 거주하고 있었다.[1]

맨해튼에서 코로나가 워낙 심하게 유행한 것이 주된 이유이기도 하지만 코로나로 집에 있는 시간이 늘어나면서 넓은 집을 선호하게 된 것도 코로나 이후 탈뉴욕을 불러왔다.[2] 코로나가 종식된다면 또 어떻게 달라질지 모른다고 한다. 그때가 되면 언제 그랬냐는 듯 또다시 뉴욕으로 되돌아갈지 모른다고도 한다.

제2차 세계대전 이후도, 9·11 직후도 이와 비슷한 경험을 했다고 한다. 전쟁 직후, 9·11 직후 많은 사람들이 뉴욕 교외로 나갔지만 결국은 모두 뉴욕으로 돌아왔다. 코로나 사태가 진정되고 뉴욕의 직장이 다시 문을 열게 되면 상황은 다시 달라질 것이라고 보고 있다.[3]

코로나 사태 또한 그와 비슷하게 결말이 날 거라고 보는 사람도 있고, 코로나는 9·11과는 다르므로 결과도 다를 것이라고 말하는 사람도 있다. 한번 나간 사람들 중 일부가 되돌아올 수는 있어도 뉴욕 탈출은 이어질 것이고 나가서 돌아오지 않는 사람이 많을 것이라는 얘기다. 이게 흔히 말하는 뉴노멀 중 하나로 꼽힌다.

넓은 집이 단순히 공간이 넓고 방의 개수가 많아서 편리하다고만 생각해서는 안 된다. 넓은 집이 가지는 장점은 또 있다. 거리가 주는 정서적 차이에서 비롯되는 장점이다. 한 집안 식구끼리도 프라이버시라는 게 필요하다. 누구나 동의할 것이다. 이 프라이버시는 두 사람 사이에 튼튼한 벽을 하나 둔다고 해결되지는 않는다. 각자가 자기만의 방을 갖고 그 방들 사이가 튼튼한 벽으로 나뉘고 소음이 완벽하게 차단된다고 하더라도 프라이버시가 충분히 보장되는 것은 아니다. 프라이버시에 대한 충만감을 느끼게 해주는 가장 중요하고 기본적인 요소는 거리감이다.

나는 자식들에게 효도를 받고 싶으면 아파트에서 살지 말라고 얘기한다. 요즘 세상에 자식들에게 효도 바라고 사는 사람이 있겠느냐고 반문할지도 모르겠지만 누구나 속마음은 그렇지 않다. 일반인을 대상으로 교양 강좌를 할 때마다 나는 수강생들에게 묻는다. 노후에 자식들과 같이 살고 싶은 생각이 있느냐고. 열이면 열, 다 같은 대답을 한다. 그러고 싶지 않다고. 그런데 왜 나는 그 대답이 같이 살고 싶다고 들리는지 모르겠다. 적어도 그들의 대답이 그렇게 확신에 찬 어조가 아니라는 것은 분명하게 느낀다.

사람은 나이대에 따라 필요한 프라이버시의 정도가 다르다. 우선 서너 살 아이를 생각해 보자. 이 아이들에게 프라이버시는 독이다. 프라이버시를 주면 몹시 힘들어한다. 오죽하면 분리 불안이라는 병명이 생겼을까. 이들에게 필요한 것은 프라이버시 영(0) 레벨이다. 이러던 아이들이 점점 크면서 자기 방문을 꼭 잠그기 시작한다. 부모와 아이들 간에 사소하지만 의미 있는 새로운 다툼이 생겨난다. "왜 노크를 안 하고 막 들어오세요!" 어느 부모라도 경험하는 일이다. 서운하기도 하고 화도 살짝 난다. 그래도 할 말이 없다. 개인의 프라이버시를 존중하는 현대인의 생활 스타일을 부인할 방법이 없으니 말이다. 다음부터는 노크를 잘한다. 그래도 아이의 표정이 그리 밝지는 않다. 아이의 속마음은 '왜 들어오세요?', '들어오지 마세요' 이거다.

아이들이 이렇게 프라이버시에 민감할 수밖에 없는 것은 상당 부분 아파트의 공간 구조 때문이기도 하다. 아파트는 거실을 중심으로 모든 방이 매달려 있는 구조다. 각 개인이 자기 방을 가지고 있다 해도 방문을 열고 나오면 거실이다. 외출하고 돌아올 때도 마찬가지다. 거실을 거치지 않고서는 자기 방에 들어갈 수 없다. 거실은 아이들에게는 감옥의 감시탑이 된다.

사춘기쯤 되면 프라이버시 요구량이 최대가 된다. 자기 자신을 빼놓고는 모두로부터 격리되고 싶어 한다. 친구들만 빼고. 사춘기 또래 아이들은 친구를 자신과 동일시하는 경향을 보이기도 한다. 친구들하고는 같이 있기를 더 좋아하지만 그 외의 사람들과는 아니다. 특히 가족들과는 더하다. 부모와는 더 심하다.

아파트의 구조 때문에 아이들은 더욱 심하게 감시받는다는 느낌을 가지게 된다. 한 가지 사례를 들어보자. 대학생이 된 아이가 술을 먹고

들어오는 것은 낯설지 않은 풍경이다. 이런 날이면 아이는 부모가 일찍 잠자리에 들었기를 바란다. 실망스럽게도 부모는 그런 날이면 꼭 밤늦게까지 거실에 앉아서 TV를 본다. 진짜로 TV를 보고 싶었을 수도 있지만 아이는 절대 그렇게 생각하지 않는다. 자기가 들어오는 것을 감시하기 위해 일부러 TV를 본다고 생각한다. 이래저래 아이는 탈출을 꿈꾼다. 결혼을 하면 대개는 부모로부터 벗어난다. 이들이 부모에게 다시 돌아가기는 쉽지 않다. 프라이버시가 부족했던 숨 막히는 아파트 생활에 대한 기억 때문이다.

문래동 아파트나 성복동 아파트나 아파트이긴 마찬가지이지만 크기가 다르다. 더 중요한 것은 구조가 다르다는 점이다. 성복동 아파트의 평면도를 잘 보면 알 수 있다. 아이들 방이 현관 문 쪽에 있으면 집에 들어와서 거실이라는 감시탑을 거치지 않고도 자기 방에 들어갈 수 있다. 나갈 때도 마찬가지다. 온종일 거실에 감시하는 부모(주로 낮 시간 동안의 간수는 엄마이고, 늦은 밤 시간에는 아빠가 역할을 넘겨받는다)의 눈을 피해 드나들 수도 있다. 두 개인 화장실의 위치도 눈여겨보자. 현관 쪽 화장실을 이용한다면 거실 감시탑의 눈을 피할 수 있다. 개인 침실과 화장실만 있으면 꽤 오랫동안 부모의 눈길로부터 벗어날 수 있다. 배가 고파져서 부엌을 가야 하기 전까지는 말이다. 부엌 가는 길만 확보되면 완벽한 프라이버시가 보장될 텐데 아쉽다고 생각할 수도 있다. 그래서 '키치넷'이라는 걸 만들기도 한다. 간이 부엌이다. 보조 주방이라고 부르기도 한다. 간단한 요리를 해먹는 데는 불편함이 없다. 아파트 크기가 80평을 넘어가면 이런 공간을 만들기도 한다.

큰 집이 주는 장점은 이 외에도 상당하다. 아무리 얘기해도 작은 집에 사는 사람은 알기 어려울 수 있다. 한 번도 큰 집에서 살아본 적이 없다면 불편함은 느끼더라도 다른 해결책이 강구했을 테고 다른 누군가는 그런 큰 집에서 살고 있다는 걸 실감하지 못할 테니 말이다.

2. 깊은 마당

2000년대에 들어 아파트 시공에 주목할 만한 변화가 생겼다. 그전까지는 설계와 시공의 초점이 주로 내부 공간에 맞추어졌다. 베이 수를 많이 확보하는 게 설계의 주목적인 적도 있었다. 아파트 평수 크기의 효과를 확실히 보여주는 게 베이의 개수다. 판상형 아파트를 기준으로 할 때 하나의 단위 주호는 두 개의 면을 갖는다. 설계할 때는 가능하면 그 면들 중 하나를 정남으로 향하도록 배치하는데, 대개 거실을 배치한다. 이때 거실이 놓인 면 쪽으로 배치되는 실의 개수가 베이 수다. 가장 작게는 실 하나가 배치된다. 이런 때는 어쩔 수 없이 그 실은 침실로 사용된다. 흔히 말하는 원룸하우스가 이런 형태다. 베이가 두 개면 하나는 거실로, 하나는 침실로 사용한다. 가족 수가 많으면 거실을 침실로 쓰기도 한다. 설계 시 원래는 거실 용도이지만 침실로 바꾸어 쓰기 좋게 하는 경우도 있다. 베이가 세 개면 침실, 거실, 침실을 배치할 수 있다.

베이의 수가 많다는 것은 남쪽으로 향할 수 있는 실의 수가 많다는 뜻이다. 우리나라처럼 북반구의 중간쯤에 위치한 나라에서는 어디에서나 남향이 최고다. 베이 수가 많아지면 그만큼 살기 좋은 쾌적한 아파트가 된다.

베이의 수가 이렇게 중요하다 보니, 한때는 어떻게 하면 같은 폭에 더 많은 베이를 넣을 수 있는가가 설계에서 가장 중요한 고려사항이기도 했다. 베이의 수는 사실 크게 달라지기 어렵다. 10평형대 원룸이면 베이 하나, 20평대는 두 개, 30평대는 세 개, 60평대가 넘어가면 네 개가 정상적이다. 여기서 정상적이라는 것은 정상적인 크기를 갖는 실이 그 실의 면 전체를 외부에 노출시킨다는 뜻이다. 이렇게 하면 좀 전에 얘기한 그런 숫자 외에는 허용되기 어렵다.

베이의 수가 가장 중요한 요소가 되다시피 하니 묘안을 짜낸다. 그 묘안이라는 게 대체로 이렇다. 우선 실의 크기를 약간 줄인다. 특히 외부에 접하는 면의 길이 방향으로 줄인다. 대신에 면의 깊이 방향은 좀 길게 해준다. 이러면 필요한 면적은 확보할 수 있기 때문이다.

우리나라는 전통적으로 사각형에 가까운 방을 선호해 왔는데, 사실 방의 쓰임새로 보자면 좀 길쭉한 직사각형이 더 쓸모가 있다. 이런 이유로 면의 길이 방향으로 치수를 줄이고 깊이 방향의 치수를 늘리면서 필요한 면적을 확보하는 것이 그리 무리는 아니었다. 다른 방법은 모든 실의 전체 폭을 외부로 노출하지 않는 것이다. 어차피 해당 실에 제공되는 창의 크기만큼만 노출되면 된다. 이런 식으로 노출되는 면의 치수를 줄이면 더 많은 베이를 확보할 수 있다. 그래서 한때 30평형대인데도 4베이라고 요란스럽게 홍보하기도 했다.

베이 수 말고 내부 공간 설계 및 시공에서 주안점이 되었던 것은 단연 내부 마감이다. 멋쟁이의 멋 부리기는 신발로 완성된다는 말이 있다. 진짜 멋쟁이인지를 보려면 신발을 봐야 한다는 의미다. 경제적 여력이 허락하면 우선 가장 눈에 띄는 차림새부터 제대로 갖추어 입으려고 할 것이므로, 마지막으로 신경 쓰게 되는 것은 역시 신발이다. 가장 마지막에 신경을 쓸 수밖에 없는 것을 멋쟁이냐 아니냐를 판별하는 기준으로 삼는 것은 제법 말이 된다.

아파트로 보자면 멋쟁이의 신발에 해당하는 것이 내부 마감이다. 바닥은 아무래도 너무 딱딱하지 않고 온기를 보유할 수 있는 재료가 좋다. 그래서 나무 바닥이 많이 사용된다. 그런데 나무로는 비싼 티를 내기가 쉽지 않다. 그러다 보니 대리석을 깔기도 한다. 그런데 대리석은 딱딱하고 차갑다. 살아보니 불편하다. 겨울에 난방을 계속할 때는 모르겠지만 간절기에는 슬리퍼가 필수다. 불편하다. 지금도 대리석을 까는 집이 없는 것은 아니지만 한번 해본 사람이 다시는 하지 않는다.

내부 마감 중에서 멋쟁이의 신발에 해당하는 것으로는 문고리, 수도꼭지 같은 것을 들 수 있다. 기성품을 사다가 달 수도 있지만 만들어서 붙이면 더욱 폼이 난다. 어느 집에 가도 없는 것이 우리 집에는 있다는 자부심도 따라온다. 건축하는 사람들은 이런 걸 잡철이라고 부른다. 잡다한 철제 제품 정도로 이해하면 된다. 잡철의 효과는 의외로 대단하다. 신발로 멋쟁이가 완성되는 것만큼이나 잡철이 집 안의 품격을 높인다. 지금도 여전히 고급 잡철로 내부 마감을 제대로 해서 집의 품격을 높이는 사람들이 많다.

내부 공간에서는 많은 발전이 이루어졌다. 더 이상 발전할 만한 것이 나올 것 같지 않다. 그래도 아파트 고급화는 계속되었다. 방법은 무엇이었을까? 외부 공간으로 눈을 돌리기 시작했다. 외부 공간은 아파트 앞마당이라고 생각하면 된다. 아파트 동의 모양이 기역자 형이라면 아파트 외부 공간은 확실하게 마당 느낌이 난다. 마당이란 경계로 둘러싸여서 구획된 느낌이 있어야 하기에 그렇다. 판상형도 마찬가지다. 앞뒤로 늘어선 아파트 동들 사이가 마당이다.

아파트가 우리나라에 지어지던 초기에 마당은 그냥 건물을 짓고 남은 공간에 가까웠다. 당시에는 자동차도 별로 없었으니 주차장으로 사용된 것도 아니다. 그냥 남은 땅이었다. 지금으로서는 상상하기 어려운 일이다. 그런데 잘 생각해 보면 왜 그랬는지 알 수 있다. 당시 사람들이 머리가 나빠서, 디자인 감각이 세련되질 못해서, 시공능력이 떨어져서 그런 것은 절대 아니다. 아파트 도입 초기에 중요한 것은 싸게 공급하는 일이었다. 당시에 외부 공간을 잘 치장하는 것은 과자 포장지에 신경을 쓰는 일이나 마찬가지였다. 포장지보다는 내용물을 꽉 채우는 게 중요했던 시절이다.

베이 수도 늘리고 내부 마감도 세련되게 하고 나니, 포장지에도 관심을 가지게 되었다. 마당을 치장하기 시작한 것이다. 이렇게만 보면 아주 자연스러운 발전 같아 보이는데 실상은 그렇지도 않다. 건설사들이 마당에 공을 들이기 시작한 것은 분양가 상한제와 관계가 있다. 분양가 상한제는 원가에 적정한 이윤을 붙이는 방식이다. 분양가 상한제가 적용될 때 분양가를 적법하게 높이려면 원가를 높여야 한다. 건설사들은 원가를 높이는 방법으로 외부 공간을 치장하기 시작했다. 외부 공간을 치장하는 것을 나쁜 의도로만 볼 필요는 절대 없다. 외부 공간 치장은 주거환경 설계 방법이 발전하는 자연스러운 과정이기도 했다. 그리고 이윤을 극대화하겠다는 자본주의적 발상이 꽤나 끼어들기도 했지만 결과적으로 아파트라는 주거 공간을 매력적으로 만드는 데 기대 이상의 역할을 했다는 것도 기억할 필요가 있다.

외부 공간이 아파트라는 거주공간을 매력적으로 만드는 데 기대 이상의 역할을 할 수 있는 것은 아파트라는 공동 주택에서 자칫 부족하기 쉬운 프라이버시를 높여주는 데 아주 큰 역할을 하기 때문이다. 외부 공간을 본격적으로 치장하기 시작할 때부터 이런 효과를 확신했던 것 같지는 않다. 앞서 얘기한 것처럼 건설사들이 외부 공간에 공을 들인 것이 원가를 높이기 위해서였던 것은 분명하다.

아파트 단지의 구조를 떠올려보자. 아파트 단지 외부에 공용도로가 있고, 그 도로가 마당으로 이어지고 그다음에 아파트 동 현관을 들어가서 각자의 집으로 들어간다. 외부 공간 치장이 본격화되기 전까지 마당은 그저 비어 있는 공간이었다는 사실을 생각하자. 외부 도로에서 아파트 동으로 쑥 하고 들어가는 느낌이다. 길거리에 이부자리를 펴고 누운 느낌이라고나 할까?

아파트 마당이 치장되면 외부 도로와 아파트 동을 분리해 준다. 아파트 동과 외부 도로 사이에 마당이라는 또 다른 공간이 끼어들면서 만들어지는 분리감이다. 이 공간이 주는 효과는 생각보다 대단하다. 없을 땐 모를 수도 있지만 한번 겪고 나면 없어서는 안 되는 공간이 된다. 이러저러한 이유로 마당을 잘 가꾸기 시작했다. 이제부터 성복동과 문래동의 외부 공간을 비교해 보자.

문래동에서 외부 공용 도로와 아파트 동을 분리해 주고 있는 것은 한 줄로 나무를 심은 식재공간이다. 나지막한 둔덕을 만들고 그 위에 나무를 심는다. 둔덕은 나무에 필요한 양분을 공급해 주는 흙더미이기도 하지만 외부 도로와 아파트 동을 좀 더 든든하게 구분해 주는 장벽 역할을 하기도 한다. 둔덕을 좀 더 높이면 외부 도로와의 분리감이 더 확실해지

그림 6-3 **문래동의 식재 공간과 개념도**

겠지만 그러면 아파트 1층의 시야를 너무 가린다. 햇빛도 가리고 바람길도 막는다. 아쉽지만 둔덕의 높이는 지금이 최적이다.

성북동에서는 외부 공용 도로와 아파트 동이 멀찍이 떨어져 있다. 그리고 진입로가 있어서 둘 사이를 연결한다. 진입로에는 가로수가 심어

그림 6-4 **성북동의 식재 공간과 개념도**

져 있다. 공적인 공간에서 사적인 공간으로 진입한다는 느낌을 주기에 충분하다. 마당이 두 영역을 분리해 주는 좋은 장치가 된다고 했는데, 기본적으로 중요한 것은 앞서 말했다시피 거리다. 먼 거리만큼 분리감을 만드는 데 성공적인 것은 없다. 먼 거리를 확보할 수 없기에 둔덕이나 식재로 장벽을 설치하고 마당을 사이에 끼워 넣는 구차한 일을 하는 것이다.

그림 6-5 **성북동의 진입 마당**

두 영역을 분리하는 거리에도 적당한 수준이 있다. 멀면 분리 효과가 있지만 너무 멀면 왔다 갔다 하기가 불편해진다. 어떤 때는 약간 부족한 거리를 제공하고 나머지는 다른 방법, 즉 마당을 끼워 넣는 식의 방법으로 채워주는 게 좋다.

문래동에서는 둔덕에 심은 나무로 둘러친 얇은 벽으로 공적 공간으로부터 아파트 동을 지켜내고 있다. 너무 얇아서 빈약하다는 생각이 안 드는가? 안 들 수 있다. 그렇지 않은 아파트에서 살아보지 않았으면 빈약하지 않다는 게 뭔지 모를 수도 있다. 이즈음에서 문래동 아파트가 성북동 아파트보다 비싸다는 사실을 다시 한번 강조한다.

문래동 아파트 마당으로 나가보자. 어린이 놀이터가 있다. 휴식 공간이 되어주기에는 너무나 빈약하다. 어린이 놀이터는 뙤약볕에 노출되어 있어 정말 놀이터가 될지 의문이다. 그 너머로 바짝 붙어 달리는 차

그림 6-6 **문래동의 중정과 놀이터**

도의 소음과 매연도 별로 좋아 보이지 않는다.

성복동에도 문래동과 비슷하게 어린이 놀이터가 있다. 놀이기구는 거의 같다. 어떤 놀이기구를 설치해야 하는지 법으로 정해져 있다. 법으로 정해진 이상으로 설치해 주고 싶어도 그렇게 하지 않는다. 더 잘 하려고 했다가 예상치 못한 사고라도 나면 책임져야 하기 때문이다. 그래서 법이 요구하는 대로 법이 규정하는 대로만 한다. 어린이 놀이터를 조금 더 재밌게 꾸미는 데 돈이 들어봐야 얼마나 들겠는가. 돈이 아까워서가 아니라 긁어 부스럼 될까 봐 시키는 대로만 한다. 그러다 보니 대한민국 어디나 아파트 놀이터는 다 똑같은 모양을 하고 있다. 비치된 놀이기구는 같아도 성복동과 문래동은 많이 다르다. 어린이 놀이터를 제법 튼실한 나무들이 둘러싸고 있다. 한여름 땡볕에도 몸을 숨길 곳이 꽤 된다.

그림 6-7 **성복동의 중정과 놀이터**

문래동 아파트 마당을 반 넘게 차지하고 있는 것은 주차장이다. 다들 출근하고 난 뒤에는 주차장이 좀 비지만 퇴근 후에는 주차 자리를 찾는데 애를 써야 하고 늦은 저녁이면 이중 삼중으로 주차를 해야 한다.

성복동 내부 마당에도 주차장은 있다. 그런데 대개 지하에 주차를 한다. 지하 주차 공간은 남아돌아서 세 대 주차 구역에 두 대만 세워도 된다. 문콕 같은 건 걱정할 필요가 없다.

성복동과 문래동의 외부 공간의 본격적인 차이는 큰 마당이다. 성복동 아파트에는 대체로 중앙공원이라는 게 있다. 문래동에는 없다. 이유는 간단한다. 성복동은 단지 개념으로 개발된 곳이라서 그렇다. 문래동은 재개발로 끼워 넣은 아파트라 단지라고 해도 몇 동 되지 않는다. 중앙공원을 넣고 말고 할 공간이 없다. 그런 공간이 있다면 아파트 동 하나를 더 넣거나, 하다못해 아파트 주호 한 채라도 더 넣는 쪽을 서슴없

그림 6-8 **성북동 지하 주차장**

이 택한다. 이게 다 땅이 부족해서다. 성북동의 건폐율은 12%, 문래동의 건폐율은 28%다. 서울이 땅을 두 배 반 정도 빽빽하게 쓴다. 용적률도 차이가 난다. 성북동은 197%이고 문래동은 286%다. 용적으로도 한 배 반 가까이 빽빽하게 쓴다. 문래동이 성북동보다 외부 공간이 부실할 수밖에 없는 이유다.

3. '슬세권' 공원

이제 단지 외부로 눈을 돌려보자. 우선 주변의 자연환경부터 살펴보자. 문래동 아파트 인근에는 안양천이 있고 산책할 수 있는 공원처럼 꾸며져 있다. 아쉬운 게 있다면 둔치가 휑하니 그냥 비워져 있다는 것이

그림 6-9 **문래동 아파트 인근의 안양천**

다. 그런데 이건 어쩔 수 없다. 홍수 시 범람에 대비해서 비워두어야만 한다. 한강 둔치를 생각해 보면 쉽게 이해가 갈 것이다. 홍수 때문에 그 좋은 땅을 그냥 휑하니 비워둔다. 하다못해 나무를 심으면 좋을 것 같지만 홍수가 나면 나무가 물의 흐름을 상당히 방해한다. 불어난 물이 빠르게 지나가지 못해 범람의 위험이 커진다.

자연도 그냥 많이 있다고 해서 좋은 게 아니다. 안양천변처럼 너무 크게 열려 있으면 별로 좋지 않다. 아늑한 맛이 없다고 할 수 있는데 건축 전문 용어로 표현하자면 휴먼스케일이 못 되는 것이다. 휴먼스케일을 고려해 좀 더 작게 나눠놓고 싶어도 홍수에 대비해야 하므로 그렇게 하지 못한다.

문래동 아파트와 인접한 안양천에서 가장 아쉬운 것은 접근성이다. 문래동 아파트에서 안양천으로 가려면 서부간선도로라는 대로를 넘어가야만 한다. 육교나 지하 통로로 건너갈 수는 있지만 이런 보행시설을 넘어가는 데 따르는 심리적 부담감이 적지 않다. 그래도 안양천은 문래동 아파트의 숨통을 틔어주는 데 큰 역할을 한다.

성복동처럼 수도권에 새로 조성된 아파트 밀집 지역에는 흔히 개천

그림 6-10 **성북동 아파트 인근의 성북천**

이 있다. 하나같이 다 있다고 봐도 된다. 산골짝마다 파고 들어가서 조성된 집들이기에 그렇다. 개천을 잘 꾸며놓았다. 산책로도 있고 중간중간 벤치도 있다. 그뿐만 아니라 안양천변에는 없는 게 있는데, 바로 군데군데 나무들을 심어놓은 것이다. 벤치 위에 걸친 수양버들은 작은 그늘이지만 한여름 땡볕을 면하게 해준다. 안양천에 비해 장점은 휴먼 스케일이 적용되는 외부 공간이라는 점이다. 자연도 그냥 두어서는 인간에게 마냥 좋은 게 아니다. 적당하게 잘라서 적당한 크기로 체험되게 해야 한다. 문래동과 비교할 때 성북동 공원의 가장 큰 장점은 '슬세권'이라는 점이다. 슬리퍼를 신고 갈 수 있다는 뜻이다. 그만큼 편하게 언제라도 향유할 수 있는 공원이라는 뜻이다.

자연환경 측면에서 성북동과 문래동의 가장 큰 차이는 접근성이다. 문래동과 달리 성북동은 즐길 수 있는 자연환경이 접근을 방해하는 장애물이 없는 상태로 가까이에 있다. 성북동뿐만 아니라 수도권의 아파트 단지들은 대개 이런 자연을 쉽게 즐길 수 있다.

4. 쇼핑몰

나는 어렸을 때 시골에 살았다. 시골은 요즘은 잘 사용하지 않는 단어다. 국민학교를 초등학교라고 부르는 것처럼 시골보다는 그냥 지방이라고 부른다. 시골이라는 말이 뭔가 좋지 않은 뉘앙스를 풍긴다는 것을 인정하는 셈이다. 국민학교는 일제의 군국주의 냄새가 묻어난다고 초등학교라고 부른다. 나는 아직도 국민학교가 입에 붙는다. 굳이 초등학교라고 바꿔 쓸 필요가 있을까라는 생각도 한다. 시골도 마찬가지다. 요즘 시골이라는 단어를 쓰면 좀 이상하다고 느끼는 모양이다. 지방의 반대말은 뭔가? 도시? 대도시? 절대 아니다. 그냥 서울이다. 서울 아니면 지방이다. 지방이라는 말로 시골을 승격시켜 준 모양인데 그런 것만도 아니다. 예전에는 서울도 있고, 서울 아닌 중대형 도시도 있고, 소도시도 있고, 그리고 시골도 있었다. 그런데 지금은 그냥 서울 아니면 지방이다. 나 같은 시골 사람은 승급한 셈이고 나머지 도시 사람들은 강등된 셈이다.

시골과 서울의 차이를 일일이 나열하자면 너끈히 밤도 샐 수 있다. 하지만 시골에서 유년기를 보낸 나에게 가장 중요한 차이는 서울에는 내가 가지고 싶은 물건이 모두 다 있다는 거였다.

방학이면 서울서 공부하는 형제들이 시골집에 내려왔는데 올 때마다 내 눈이 휘둥그레질 물건을 선물로 사오곤 했다. 지금도 생각나는 게 있다. 모터보트다. R56 모터를 장착한 길이 30cm 남짓 되는 플라스틱 보트다. 이 보트는 왱~ 하는 굉음을 내면서 물살을 가르고 나아갔다. 동네 개울로 이걸 들고 나가면 난리가 났다.

"이런 걸 어디서 샀어?" "백화점이라는 게 있단다." 백화점? 그건 어떻게 생긴 걸까? 이런 궁금증을 가지고도 서울의 백화점이라는 걸 내 눈으로 직접 본 것은 10년쯤 더 지나서였다. 서울 명동 신세계백화점이 내가 본 최초의 백화점이었다. 딱 상상하던 그만큼 대단했다. 단층짜리 장터 건물에 익숙한 내 눈에 5층짜리 백화점은 엄청난 고층건물이었다. 엘리베이터라는 걸 타고 오르내려야 한다니 놀라웠다. 그 안에 있는 물건의 가짓수는 더욱 놀라웠다. 백화점은 시골과 서울을 가르는 가장 큰 잣대였다.

백화점은 불과 얼마 전까지만 해도 서울과 수도권 도시를 가르는 잣대로 사용될 만했다. 수도권 도시 사람이 고급 물건을 구하려면 서울로 가야 했다. 서울에 있는 백화점이 수도권 도시에는 없었기 때문이다. 아무래도 백화점이 생기려면 사람이 많아야 하고, 특히 돈 쓸 사람이 많아야 하는 법이니 서울에는 당연히 있는 백화점이 수도권 도시에는 없는 경우가 많았다.

요즘은 수도권 도시 어디에나 백화점이 있다. 인구 규모가 꽤 될 뿐만 아니라 구매력이 커졌기 때문이다. 성복동도 마찬가지다. 차를 타고 10분 가야 하는 거리에 신세계백화점이 있었는데 얼마 전 걸어서 갈 수 있는 거리에 롯데몰이 들어왔다. 국내에서 면적으로 치면 두 번째로 큰 롯데몰이라고 한다. 그게 들어온다 하니 사람들이 이런 산골짜기에 그렇게 큰 쇼핑몰이 들어와서 장사가 될까 걱정하기도 했지만 그런 사업성이야 우리가 걱정할 바는 아니다. 잠깐이라도 장사가 될까 걱정했던 것은 장사가 안 돼서 폐업을 하면 어쩌나 해서 그런 것이다. 뜻하지 않게 굴러 온 선물이 없어질까 마음이 쓰인 거다.

롯데몰이 개장하는 날 인근 골짜기 사람들이 다 몰려나왔다. 서울 백화점이라면 차려입고 나섰겠지만 여긴 좀 다르다. 반바지에 슬리퍼를 신고 동네 사람들이 다 몰려왔다. 입구에 들어서면 5층 높이로 열린 중앙 홀이 있다. 거기에 초대형 스크린이 달려 있다. 각 층의 가게도 중앙의 길을 따라 늘어서 있다. 여기 사람들은 이런 공간이 얼마나 특별한지를 안다. 서울 백화점에서 흔히 보던 그런 공간이 아니기 때문이다. 고급스럽다. 널찍널찍하다. 물건의 종류는 서울 백화점보다 더 많았으면 많았지 못할 게 없다.

문래동 아파트에서 가장 가까운 백화점은 신세계백화점 영등포점이다. 거리로는 1.8km 정도 된다. 걸어가기엔 먼 거리다. 차를 타고 가야 한다. 이곳에는 물건도 넘쳐나고 시설도 꽤나 좋다. 아마도 별 불만이 없을 것이다. 왜냐하면 문래동 사람들은 신도시에 새로 생긴 쇼핑몰에 대해서 잘 모르기 때문이다. 서울 사람이라 그렇다. 서울에는 없는 게 없다 보니 서울 밖의 일에 신경 쓸 필요가 없다. 변두리 신도시 사람들이야 어쩔 수 없이 종종 서울 신세를 져야 하기에 서울에 대해서도 잘 안다. 그러다 보니 이런 신도시에 새로 생긴 쇼핑몰이 얼마나 좋은지를 잘 안다.

변두리 신도시 성복동에 사는 나는 음식점에 들어갈 때마다 신도시 쇼핑몰의 공간적 질을 실감한다. 서울의 음식점에서는 다닥다닥 붙어서 먹어야 한다. 옆 사람 팔꿈치에 부딪히기 일쑤다. 여기서는 그런 걱

그림 6-11 **성복동 롯데몰 중앙 홀**

정은 하지 않아도 된다. 테이블이 멀찍멀찍 떨어져 있다. 나는 음식점에서 항상 더 절실하게 느낀다. 나 같은 변두리 신도시 사람은 이제 서울에서 살기 힘들다는 것을.

성복동의 쇼핑몰이 문래동의 백화점보다 훨씬 좋다. 얼마나 좋은지 정량적으로 얘기할 수도 있다. 한 세 배쯤 좋다. 무슨 근거로 세 배 좋다고 말할 수 있을까? 분명한 근거가 있다. 문래동 땅값이 성복동 땅값보다 세 배 쯤, 혹은 그 이상으로 비싸기 때문이다. 문래동에선 그 비싼 땅값에 해당하는 '지대'를 생산해 내려면 성복동보다 세 배 이상 비싼 값으로 팔든지 아니면 운영비를 3분의 1로 줄여야 한다. 반대로 보면 성복동은 땅값이 3분의 1로 싸기 때문에 문래동보다 공간을 세 배로 넉넉하게 쓸 수 있다. 또는 성복동은 문래동보다 세 배 많은 서비스를 제공해 줄 수 있다.

서울 주변 신도시의 쇼핑몰이 서울의 백화점보다 낫다고 하면 서울 사람들은 웬 말인가 싶을지도 모르지만 단순한 계산으로도 변두리 신도시 쇼핑몰이 서울 백화점보다 나으면 나았지 나쁠 수 없는 상황임을 알 수 있다. 그저 땅값과 그에 따르는 '지대'의 문제다.

이런저런 예를 들어가며 같은 돈으로 누릴 수 있는 공간적인 사치와 편의시설, 그리고 자연환경을 기준으로 서울과 서울 주변 신도시를 비교해 봤다. 서울 주변 신도시가 집도 넓으며, 집 마당도 넓고 좋다. 주변 자연환경도 좋다. 편의시설은 서울이 따라오지 못할 정도가 되었다. 서울보다 주변 신도시의 생활환경이 더 좋다는 얘기다.

같은 돈으로 누릴 수 있는 현황을 비교해 보았는데 서울이 아무리 좋아져도 이런 우열이 뒤집어질 수는 없다. 이 우열은 다 땅값으로부터 비롯되는 것이기 때문이다. 서울의 땅값이 주변 신도시에 비해 세 배가 비싸면 서울 사람이 기대할 수 있는 공간의 질과 편의성은 주변 신도시의 3분의 1이다. 서울의 땅값이 네 배가 되면 그때는 4분의 1만 기대해야 한다. 주변 신도시와 동일한 공간의 질과 편의성을 얻으려면 네 배를 지불하면 가능하다. 땅값이 오르면 오를수록 공간의 질과 편의시설의 질은 상대적으로 떨어진다. 희한하게 들릴지 모르지만 사실이다. 덧셈 뺄셈만 해서는 이해하기 어렵지만 곱셈이나 나눗셈을 할 줄 알면 쉽게 알 수 있다.

나도 서울에서 살던 사람이지만 지방에 내려와 산 지가 이제 20년 가까이 된다. 지방에 내려온 초창기에 나의 배우자는 일주일에 두세 번은 서울로 이사를 가자고 했다. 나는 직장이 가깝다는 핑계 아닌 핑계를 대기도 했고, 여기가 자연환경이 훨씬 더 좋지 않느냐는 빈약한 논리로 설득하기도 했다.

시간이 흘러도 아내의 푸념은 사라지지 않았다. 일주일에 두세 번이 한 달에 두세 번 정도로 줄었을 뿐이다. 나도 마음만 먹는다면 서울 변두리에 작은 집 한 칸은 마련할 수 있었다. 살던 집을 팔고 이것저것 끌어모으면 못할 것도 없는 일이었다. 서울 올라가서 비좁고 시끄럽고 공기 나쁜 환경이지만 거기서 10년만 버티면 집값이 두 배는 될 거라고 기대하고 살 수도 있었다. 갈등이 어찌 전혀 없었을까. 때로는 내일 당장 집을 보러 가자고 잠들기 전에 마음을 다져 먹은 것도 한두 번이 아니다. 하지만 그리하지 못했다. 내가 시골에서 태어나고 자라서인지 서울처럼 복작거리는 환경은 견디기 힘들 것만 같았다. 10년 후의 두 배 돈을 포기하고 지방에 살기를 선택했다.

요즘은 내가 아내에게 서울 가고 싶으면 가라고 한다. 내 마음이 바뀌어서 그런 거냐고? 이제와 돌이켜 보니 후회가 돼서 더 늦지 않게 두 배 돈을 찾아 가보려는 마음이 생겨서 그런 거냐고? 아니다. 아내도 이곳에 살다 보니 여기 삶도 괜찮다고 생각하기 시작했기 때문이다. 그래서 안 갈 걸 알기에 일부러 한번 해보는 소리다. 아내가 여기도 살 만하다는 생각을 하게 된 데는 롯데몰 같은 쇼핑센터가 한 몫 단단히 했다. 때로 서울에서 나를 보러 온 친구들이 이곳의 편의시설을 보면 놀란다. 이런 시골에 이렇게 좋은 편의시설이 있다는 것에 꽤나 놀라는 눈치다.

아내도 이제는 서울살이를 포기하고 산다. 아니 그보다 좀 더 긍정적으로 말할 수도 있겠다. 서울살이를 견뎌서 얻을 수 있는 두 배의 돈만한 가치가 여기에도 있다고 생각하는 모양이다.

서울 사람들은 같은 돈을 주고 세 배, 네 배 나쁜 환경을 견디고 산다.

10년만 참자. 20년만 참자. 그러면 집값이 오르리라. 다시 그 노래 가사를 생각하게 된다. "애드벌룬 같은 미래를 위해 오늘도 의미 없는 하루." 하지만 오르는 땅값, 집값에 의미를 두고 사는 것도 괜찮을 것 같다는 생각을 여전히 해본다.

제7장

팽창형 거대도시의 소멸

사람들은 자신이 태어나기 전부터 있었던 것, 적어도 자신이 살아가는 동안에는 있으리라고 믿는 것을 자연스럽고 당연한 것으로 받아들이는 경향이 있다. 그런 것들 중에서 대표적인 것을 고르라면 자연환경이겠지만 도시도 그에 못지않다. 사람들은 도시의 현재 상태를 자연스러운 것으로, 당연한 것으로, 그래서 언제나 그런 모양으로 변치 않을 것으로 쉽게 생각한다.

서울의 땅값, 집값은 끊임없이 오른다. 10년 전과 다르고 때로는 1년 전과도 다르게 땅값과 집값은 오르기를 멈추지 않는다. 대한민국 땅에 사는 대다수의 사람들은 자신이 태어나기 전부터 그랬으므로 자신이 살아가는 평생 동안에도 계속 그러할 것이라고 쉽게 생각한다. 하지만 정말 그럴까? 조금만 더 긴 안목으로 과거와 미래를 살펴본다면 다른 답을 찾을 수도 있다. 끊임없이 오르는 땅값, 집값은 사실 자연스럽거나 당연한 것이 아니다.

1. 대도시는 자연스럽고 당연한 존재인가?

서울시가 시정 현황 자료를 공개한 웹사이트를 보면 다른 도시들과 서울을 비교하는 자료를 모아놓은 페이지가 있다. 여기서 서울을 뉴욕, 런던, 파리, 베이징, 도쿄, 싱가포르와 비교하고 있다.[1]

관심을 끄는 정보는 역시 면적, 인구, GDP 정도다. 면적을 보면 얼추 비슷하다. 서로 약속이라도 한 듯이 비슷하다. 하지만 파리의 면적만 유독 작다. 다른 도시들은 서울(605m^2)과 비슷한데 파리만 105m^{2}로 매우 작다. 이상하다 싶었더니 비교표 아래에 별표로 파리의 대도시권은 1200km^{2}라고 밝히고 있다. 파리라고 이름이 붙은 행정구역은 105m^{2}이지만 파리 광역시의 실질적인 면적은 그보다 훨씬 넓어 서울과 비교하자면 두 배가 된다는 얘기다. 인구는 대체로 1000만 명 수준이다. 파리 광역시가 2000만 명으로 인구가 제일 많다. 나머지는 1000만 명에서 크게 벗어나지 않는다. GDP는 1~3 배 정도 차이가 난다.

서울시 웹사이트의 비교표에 등장하는 도시들은 모두 다 서울만큼이나 크다. 면적도 그렇고 인구도 그렇고 GDP도 그렇다. 이런 도시들과 비교하다 보면 서울이 왜소하다는 생각도 든다. 서울을 좀 더 키워야 하는 것 아닌가라는 생각도 든다. 흔히 사람들이 가장 중요하게 여기는 것은 GDP일 텐데, 그걸 늘리자면 덩치를 좀 더 키우는 게 맞지 않을까 하는 생각도 하게 된다. 면적과 인구를 늘린다는 얘기다.

이들 도시는 서울과 쉽게 비교되는 도시이고, 세계의 정치, 경제, 문화의 중심지이다 보니 이런 도시들의 존재가 너무나 자연스럽다. 인구가 여기도 1000만, 저기도 1000만이다. 인구 1000만 도시가 낯설지 않다. 자연스럽다.

인구 1000만 명이 한 지역에 모여 살려면 빽빽하고 비좁을 수밖에 없다. 널찍하게 살자면 도시의 수평거리가 너무 커진다. 도시의 한 지점에서 다른 지점으로 이동하는 데 너무 많은 시간과 비용이 소모된다. 다소 불편해도 모여 사는 게 시간과 비용 면에서는 확실히 효과적이다. 그러자니 사람들은 층층이 켜를 쌓고 들어앉아 산다. 이 때문에 고층 주거가 즐비하다.

우리나라에 30층이 넘어가는 고층 주거가 등장하기 시작했을 무렵에는 그런 높은 곳에 어떻게 사람이 사냐며 걱정도 했지만 금방 적응했다. 처음에는 걱정이 많았지만 지금은 부러움이 더 크다. 서울에서 고층은 부의 상징이기 때문이다. 따지고 보면 사람들이 고층을 짓고 산 것은 꽤나 오래된 일이다. 중세 유럽도 그랬다. 도시가 번창하면서 사람은 몰려드는데 그렇다고 성곽을 무한정 넓힐 수는 없기 때문에 자연히 여러 층으로 된 건물을 짓고 살았다. 중세 유럽의 성내 건물은 대개는 5층 정도였다고 한다. 현대 유럽의 적지 않은 도시가 여전히 그때의 모습을 간직하고 있다. 5층 정도의 건물들이 다른 건물과 경계벽을 공유하면서 가로변으로 빽빽하게 들어차 있다. 1000년 전 중세 유럽에서도 고층에 살았으니 고층이 그리 낯선 것도 아니다.[2]

고층의 역사는 좀 더 오래전으로 거슬러 올라간다. 고층 건물은 2000년 전 로마에도 있었다. 로마에는 인슐라라는 공동주택이 있었다. 10층까지 짓고 살았다. 사람의 힘으로 끌어올리는 아주 원시적인 형태이기는 하지만 현대의 엘리베이터와 같은 기능을 하는 건물 내 수직 이동장치도 있었다. 로마 성내가 비좁았기에 그에 대한 대응책으로 발전한 건물이다. 로마는 이런 인슐라의 층수를 10층으로 제한했다. 법적으로 제한했기에 10층이 된 것이지 그런 규제가 없었더라면 그 이상으로도 올렸을 것이다.[3]

법적 규제가 시행되기 이전에 로마에서는 로마로 몰려드는 사람들을 수용하기 위해 인슐라의 층수를 점점 높이고 있었다. 도시라는 게 들어가 거주할 수 있는 주택만 있다고 다 되는 건 아니잖은가. 주택에 맞춰 도로나 하수도 같은 인프라도 필요하고 갖가지 편의시설도 필요하다. 이런 것들을 우겨넣다 보니 과밀을 걱정한다. 냄새, 소음, 그리고 다닥다닥 붙어 있는 집들 때문에 심심치 않게 발생하는 대화재 같은 것들이 과밀을 대표한다. 게다가 그 시대의 기술력에 비해 너무 고층으로 지었기 때문에 인슐라가 무너지는 일도 발생했다. 따라서 차제에 인슐라의 층수를 제한했다. 층고 제한으로 과밀을 억제한 셈이다. 로마의 인슐라를 생각해 보면 인류의 고층살이 역사는 2000년 전으로 거슬러 올라간다.

조금만 더 무리하면 고층 건물의 역사를 3000년 전까지 끌어올릴 수도 있다. 우리에게는 바벨탑이 있으니 말이다. 여기까지 갈 필요는 없을 것 같다. 이 지점에서는 인류에게 고층이 그리 낯설지는 않다는 역사적 증거만 챙기면 된다.

유구한 2000년 고층 건축의 역사적 맥락에서 보면 현대 대도시의 초고층이 자연스럽게 보이기도 한다. 이렇게 끌어다 붙이니 초고층 건물이 들어찬 대도시가 정말 자연스러워 보인다. 지금 현재 지구상에 살아 있는 모든 사람이 태어날 때부터 대도시는 이미 존재하고 있었다. 이들이 성장하는 동안에도 대도시는 팽창을 거듭했다. 이들 중 대부분은, 아마도 전부 다 대도시가 건재한 모습을 지켜보며 사라질 것이다. 그래서 대도시의 존재를 너무나도 당연한 것으로 여긴다. 그런데 진짜로 그럴까? 지금부터 그 얘기를 해보자. 결론을 미리 얘기하자면, 대도시는 인류 역사에서 필요에 의해 나타난 역사적 존재라는 것이다. '역사적 존재'라는 것은 역사상 없다가 나타났다는 것이다. 그리고 그건 없어질 수도 있다는 얘기다. 특히 필요가 없어지면 당연히 사라진다.

2. 팽창형 거대도시의 시작

1750년경 영국에서 산업혁명이 시작되었다. 이 무렵부터 유럽 대도시 인구는 증가하기 시작했다. 당시 유럽에서 가장 큰 도시라고 할 수 있는 도시는 런던과 파리였는데, 파리의 인구는 1801년 기준 54만 7800명이었고[4] 런던의 인구는 1800년 기준 87만 명이었다.[5] 당시 조선의 한양의 인구는 어땠을까? 19만 4000명 정도였다.[6] 20만 명이 조금 못 되는 이 수는 1600년의 런던 인구와 비슷하다.[7] 현대의 거대도시를 대표하는 인구 1000만 도시들은 이렇게 시작했다.

파리는 나폴레옹 3세 시기에 거대도시로의 첫발을 뗐다. 당시 눈에 띄는 건물은 왕궁과 성당 정도였다. 주거와 상업을 겸하는 작은 건물들이 난립해 있었고, 비좁은 골목이 그 건물들을 연결하는 인구 60만 명이 채 안 되는 도시였다.

나폴레옹 3세는 파리를 새롭게 개조했다. 우선 도시 곳곳에 거점 시설을 설치했다. 기차역이나 개선문, 루이 15세 광장 같은 기존의 주요 건물을 거점으로 활용했다. 거점이 확보되면 이들 사이를 직선 대로로 연결했다. 대로에 걸치는 모든 건물은 철거되었다. 이 와중에 파리 내 가옥의 7분의 3이 파괴되었다.[8]

거점들 사이를 연결하는 도시계획 방법은 이미 바로크 로마에서 충실하게 검증되었다. 로마 교황 식스터스 5세는 1585년 교황으로 선출된 후 고대 로마의 유적이 있는 지점을 거점으로 삼고 그 거점들을 연결하는 직선 대로를 만드는 방식으로 새로운 로마, 즉 바로크 로마를 건설했다. 건축역사학자 에드먼드 베이컨은 "무질서한 환경에 질서를 부여한 놀랄 만한 지적 업적으로서의 위대한 로마 계획의 근본 아이디어가 여기에서 입증되고 있다"라고 찬탄한다.[9] 나폴레옹 3세의 파리 또한 이런 맥락에서 잘 이해된다.

나폴레옹 3세의 파리 개조라고 얘기하면 낯설게 들릴 수도 있지만 그때 건설된 것 중 우리에게 익숙한 것으로 샹젤리제가 있다. 샹젤리제는 이때 만들어진 직선 대로 중 하나다. 거점을 직선 대로로 연결하면 대로로 둘러싸인 구획이 형성되는데 여기에 건물을 채워 넣는 방식으로 파리가 개조되었다.

나폴레옹 3세는 왜 파리를 개조하려고 했을까? 나폴레옹 3세가 황제로서의 자신의 위엄을 드러내 보이기 위해 그리했다고 흔히 얘기한다. 대체로 동의하는 이론이다. 어떤 이들은 파리를 폭동을 진압하기에 용이한 도시로 만들려는 의도가 숨어 있었다고 얘기하기도 한다.

프랑스 대혁명 기간에 정부군은 파리 골목 곳곳에 바리케이드를 치고 대항하는 시민군에 의해 큰 어려움을 겪었다. 비좁은 골목에서는 많은 수의 병사도, 대포 같은 강력한 무기도 별로 힘을 발휘할 수 없었다. 골목 안이 비좁다 보니 그 안으로 진입할 수 있는 병사의 수가 제한되었고 대포도 발사각을 확보하지 못하니 무용지물이었다. 폭동이 언제 또 일어날지 모르니 도시를 정비하는 김에 폭동 진압에 유리하게 한다는 목표를 추가했다는 주장이다.

폭동 진압을 용이하게 만드는 것은 간단하다. 길의 폭을 넓히고 곧게 펴면 된다. 길 폭을 넓히면 대규모 병력 이동이 가능해지고, 길을 곧게 펴면 대포 쏘기가 쉬워진다. 하지만 길의 폭을 넓히고 곧게 펴는 주된 이유는 원래 따로 있다. 그 주된 이유를 따르다 보니 길의 폭이 넓어지고 곧아진 것인데, 결과적으로는 폭동 진압도 유리해진 것처럼 보였다. 폭동 진압에 용이하게 하기 위해 그리했다는 주장도 틀렸다고만 하기는 어렵다. 눈에 보이는 도시의 구조가 폭동 진압에 맞춰진 듯하기 때문이다.

서울에서도 이와 비슷한 이야기가 있었다. 반포 지역이 개발될 당시의 얘기다. 한강변을 따라서 판상형 아파트가 겹겹이 늘어섰다. 남향집을 많이 넣으려다 보니 그리된 것인데 세간에서는 북한이 쳐들어오면 한강 이남을 지키는 방어선으로 사용하려고 그리했다고 한다. 우스운 얘기처럼 들리지만 생각해 보면 아주 틀린 말이 아닌 것 같기도 하다. 목적 자체가 그런 것은 아니었지만 결과적으로 그런 효과를 기대할 수 있게 되었으니 말이다.

파리를 개조한 진짜 이유에 대한 얘기를 시작해 보자. 황제의 권위를 세우기 위해서라거나 폭동을 쉽게 진압하기 위해서라는 것은 설득력이 떨어진다. 단순히 황제의 권위를 세우기 위해 파리의 7분의 3을 파괴하는 어마어마한 규모로 도시를 개조했다는 것은 상식 수준에서 이해하기 어렵다. 폭동을 쉽게 진압하기 위해서였다는 것 또한 결과적으로는 그리 볼 수도 있지만 그다지 말이 되지 않는다. 그럴 만한 이유를 찾아보자.

나폴레옹 3세 치하에서 프랑스는 영국만큼 산업혁명이 뚜렷하게 진행되고 있지 않았다. 여전히 농업이 가장 중요한 산업이었다. 하지만 산업에서 변화가 전혀 없었던 것은 아니다. 이 시기 파리는 도제 기반 가내 수공업이 공장형 가내 수공업으로 전환되고 있었다. 당시 공장 통계를 보면 알 수 있다. 1847년 파리에는 6만 5000여 개의 공장이 있었고 평균 5명 정도를 고용하고 있었으며 7000개 정도의 공장이 10명 이상을 고용하고 공장형으로 진화하고 있음을 확인할 수 있다.[10]

한편 프랑스 혁명 기간에 길드가 폐지되었다는 사실을 눈여겨볼 필요가 있다. 중세 산업 경제의 기반을 형성하고 있던 길드가 폐지될 수밖에 없었다는 것은 길드 체제로는 수용할 수 없는 어떤 변화가 산업 경제 분야에서 일어났다는 것을 의미한다. 그 변화는 무엇이었을까?

길드는 장인조합이다. 이 조합에서는 개별 장인들의 생산 및 판매 활동을 엄격하게 통제했다.[11] 물건을 생산하는 방법을 상세하게 규정해서 물건의 품질이 유지될 수 있게 했고, 각 장인별로 판매 지역을 정해서 그 안에서만 물건을 팔 수 있게 했다. 여기서 특히 눈여겨봐야 하는 것은 판매 지역이 정해져 있다는 대목이다. 판매 지역이 정해져 있다는 것은 판매량이 정해져 있다는 말과 같다. 길드에 소속된 장인은 정해진 양보다 더 많은 물건을 만들어서는 안 된다. 더 많이 만든다고 더 많이 팔 수 있는 것이 아니기 때문이다. 그렇다면 판매할 수 있는 양은 얼마나 되었을까? 이것도 당연히 판매 지역의 범위와 관련되는데, 당시 사고파는 행위가 걸어서 도달할 수 있는 보행권으로 한정될 수밖에 없었다는 점을 생각하면 보행권 내에 사는 사람들이 쓰기에 부족함이 없는 정도가 판매 가능한 총량이었다. 생산량이 판매 가능 총량에 맞추어지는 것은 당연하다. 정해진 생산 방식대로, 정해진 소량의 물량만 만들도록 되어 있는 길드 체제에서 개별 장인이 취할 수 있는 최선의 생산 방식은 도제 기반 가내 수공업이었다.

1800년대 중반 파리에서 공장형 수공업이 발전하고 있었다는 점에 주목해 보자. 도제 기반 가내 수공업과 공장형 수공업의 가장 큰 차이는 작업 인원과 그에 따른 생산량의 차이다. 1인당 생산성에서는 크게 차이가 없다. 공장형이라고 해서 별다른 기계를 도입했던 것도 아니고, 대략 200년 후 포드가 주창한 분업이 효과적으로 이루어지고 있었던 것도 아니며, 생산 과정에 사용되는 특별한 기술이 발달되었던 것도 아니니 당연한 일이다. 그런데 1인당 생산성에서는 큰 차이가 없지만 작업 인원이 많아진 만큼 생산량이 증가했다. 하나의 작업장에서 생산하는 양이 많아졌다는 의미다.

하나의 공장에서 생산하는 양이 늘었다는 것은 더 많은 구매자가 필요해졌다는 얘기다. 더 많은 구매자를 필요로 한다는 것은 판매 대상 지역이 넓어질 수밖에 없음을 의미한다. 생산 물량이 많아지면 판매 지역을 확대하는 것이 불가피한데, 길드 체제에서는 이게 불가능했다. 모든 생산자의 판매 지역이 제한적으로 확정되어 있었기 때문이다. 길드 체제는 더 많은 물건을 팔기를 원하는 공장형 수공업을 가로막는 장애물이었다. 길드는 폐지될 수밖에 없었다.

프랑스 대혁명의 결과 중 하나인 길드 제도의 폐지는 공장형 수공업 체제의 승리라고 볼 수 있다. 이제부터 생산자는 판매가 자유로워졌다. 지역적 제한도 없어졌고 팔 수 있는 양에서도 제한이 없어졌다. 이제는 생산한 물건을 어떻게 운송할 것이냐가 현실적인 문제가 되었다.

길드 시절 파리는 골목과 골목의 연결이었다. 마차가 다닐 만한 길은 드물었다. 그래도 별 지장은 없었다. 판매 범위라고 해봐야 보행권 정도이니 짊어지고 배달을 하거나 물건을 사서 짊어지고 가면 그만이었다. 18세기 말 프랑스 파리에서 보행권을 넘어 다니는 사람은 별로 없었다. 여기저기 다니면서 공증 같은 일을 하는 법무인 정도가 예외에 해당하는 직업군이었다. 법무인을 포함한 지극히 일부의 사람만 보행권을 넘어 다녔을 뿐이다.[12] 이런 사람은 소수였으므로 넓은 길이 필요하지 않았다.

공장제 수공업의 발달로 생산량이 늘었다. 인근에 팔고도 남는 양을 생산하게 되었다. 더 멀리까지 가서 팔아야 했다. 그러자면 길이 필요했다. 나폴레옹 3세가 만든 새로운 도시는 이러한 필요에 부응해 넓은 대로를 구비했다. 파리의 아주 작은 지역적 범위에서 일어나던 보행권 기반 산업 행위가 더 넓은 권역을 대상으로 삼을 수 있는 기틀을 마련한 셈이다.

이와 때를 맞춰 파리에는 버스가 도입되었다. 버스라고 부르기는 하지만 요즘 버스처럼 동력 장치를 갖춘 자동차는 아니었다. 말이 끄는 마차였다. 비록 마차이기는 하지만 대중교통으로 기능할 수 있도록 서비스가 제공되었다. 마차가 원활하게 다닐 수 있는 길이 만들어지고 그 위를 승합 마차 버스가 다니면서 파리 전역이 하나의 경제 생활권으로 성장했다.[13] 그 결과 공장제 수공업자들은 더 많은 물건을 더 넓은 지역을 대상으로 판매할 수 있게 되었다.

프랑스의 모든 인구가 파리에 사는 것은 아니다. 파리 바깥에도 구매력이 있는 사람들이 많았다. 여전히 프랑스의 주요 경제 산업이 농업이라는 걸 생각하면 파리의 공장주들이 물건을 팔아 수익을 올릴 대상은 전체적으로 보자면 파리보다는 파리 바깥에 더 많았다고 봐야 한다. 이들에게도 물건을 팔아야 했으므로 예전 같은 운송 체계로는 곤란했다. 때를 맞춰 철도가 도입되었다. 파리에 중앙 철도역이 생기고 사방으로 뻗어나갔다. 증기 동력을 이용한 철도의 도입으로 파리 이외 지역의 사람들도 파리로 와서 물건을 살 수 있게 되었다. 공장주들도 파리 개조 계획 덕에 대로가 생기고 뒤이어 철도가 도입되자 프랑스 전역에 물건을 팔 수 있게 되었다.

프랑스 대혁명 이전부터 두각을 드러내기 시작한 부르주아의 경제력은 생산을 촉진하는 역할을 했다. 공장형 수공업 체제가 이전의 생산 체제보다 더 많은 물건을 만들 수 있고 팔 수 있더라도 구매자가 없다면 말짱 헛일이 된다. 당시 프랑스는 이런 걱정을 하지 않아도 좋았다. 상공업 활동을 통해 부를 축적함으로써 충분한 구매력을 갖춘 부르주아 계층이 있었기 때문이다.

공장형 수공업으로 인한 생산력 증가, 도로와 교통수단을 이용한 물자와 사람의 이동효율 증대, 그리고 때를 맞추어 준비된 부르주아의 구매력이 톱니바퀴처럼 물리면서 계속 확대되었다. 공장이 늘어나고 도로와 교통수단이 더욱 확충되고 일자리가 늘어나니 소비력도 증가했다. 소비하지 않는 소비력은 독이 되기도 한다.[14] 그러나 당시의 소비력은 소비로 곧장 연결되었다. 늘어난 소비력은 공장을 늘렸다. 이로 인해 또다시 도로와 교통수단이 늘어나고 소비력이 늘어나는 확장의 선순환이 시작되었다. 현대 팽창형 거대도시는 여기서부터 시작된다. 팽창형 거대도시는 많이 만들고 많이 팔고 많이 소비하기 위해 고안된 도시다. 특히 '팽창형'이라는 수식어에 강조점을 두고 볼 필요가 있다. 아직 도시는 거대하게 성장하지는 않았다.

3. 역사 속에서 잊혔던 조닝을 불러내다

공장형 수공업이 발달하면 직원이 늘어난다. 그러면 직원들을 위한 숙소가 필요해진다. 숙소는 기왕이면 공장 가까이 있는 것이 여러모로 낫다. 공장과 숙소를 오가면서 들이는 시간을 줄일 수 있고 이동하면서 쌓이는 육체적 피로를 면할 수도 있기 때문이다. 따라서 공장에 인접해서 주택이 들어선다. 공장에서 만든 물품을 파는 시장도 공장 가까이에 있으면 좋다.

파리나 런던 등 당시 유럽을 선도하던 도시에는 공장을 중심으로 주택과 시장이 모여 있는 단위들이 도시의 여기저기에 산재하면서 건설되었다. 그전까지 보지 못한 새로운 풍경이었을 것이다. 새로운 풍경에 취한 탓인지 공장 굴뚝에서 뿜어져 나오는 매연도 대수롭게 생각하지 않은 것 같다. 공장과 주택과 시장이 어우러지는 도시가 활기차고 매력

그림 7-1 **로런스 로리의 작품 「산업 풍경: 운하(Industrial Landscape: The Canal)」(1945)**

자료: Michael Leber and Judith Sandling(ed.), *L. S. Lowry* (London: Phaidon Press, 1987).

적인 장소로 느껴지기도 한 모양이다. 영국 북부 산업도시를 주로 그렸던 로런스 로리[15]의 그림에서는 그런 분위기가 느껴진다.

로리는 공장과 주택과 시장이 뒤섞여서 돌아가던 도시의 밝은 면을 보았으나, 도시의 어두운 곳에 초점을 맞춘 사람도 있었다. 찰스 디킨스다. 그는 소설 『어려운 시절』에서 가상의 도시 '코크타운'을 이렇게 묘사하고 있다. "코크타운은 붉은 벽돌로 만들어진 도시였다. 어쩌면 붉은색이 아니었을 그 벽돌들은 연기와 재로 붉게 변했는지도 모른다. 도시엔 기계와 높은 굴뚝만 있었고 거기에서 나오는 연기는 뱀처럼 끝이 보이지 않을 정도로 길게 뻗어 있었다. 그 도시엔 검은 운하가 흘렀다. 그리고 역겨운 냄새가 나는 자줏빛으로 염색된 강물이 흐르고 있었다."[16] 공장의 매연이 이제 곧 도시 사람들을 극단의 고통 속으로 몰아

넣을 것이라는 것을 잘 알고 있는 듯이 새로운 도시를 어둡게 묘사했다.

공장과 주택과 시장이 마구 뒤섞여 팽창을 거듭하며 거대화되던 도시에 예정된 재난이 닥쳤다. 1952년 런던의 스모그 사태다. 단 며칠 사이에 1만 2000여 명이 매연으로 목숨을 잃었다. 사람들은 도시에 머지않아 그런 재앙이 닥칠 것을 이미 알고 있었다. 알고 있었는데도 그런 일이 벌어졌던 것이다. 런던의 스모그 참사 이후 사람들은 대책을 강화했다. 그 대책은 조닝(zoning)이라는 것이다.

20세기 전반이 되면서 사람들은 도시에서 공장을 분리하는 게 좋겠다는 생각을 하기 시작했다. 1917년 프랑스 건축가 토니 가르니에는 주택가와 분리된 공장도시를 제안했다. 도시계획사에서는 토니 가르니에의 '공업도시 계획안'으로 잘 알려져 있다.[17] 토니 가르니에가 제안한 공장도시는 넓은 경사지에 위치하는 도시다. 가장 아래쪽에 공장지대가 설치되고 공장지대 위쪽으로는 주거지가 펼쳐진다. 그리고 주거지 위쪽으로 공공시설들을 배치하고 있다.

산업혁명 이후 도시에서는 공장지대와 주택지역이 뒤섞여 있는 곳이 매우 많았다. 매연, 소음, 악취 등이 사회적으로 심각한 문제였다. 사람들은 공장으로 가는 길이 좀 멀어지더라도, 멀어서 출퇴근 시간이 더 걸리고 오가느라 육체적 피로가 심해지더라도 공장은 주거지역에서 좀 떨어져 있는 게 좋겠다는 생각을 하게 된 것이다.

지금에 와서 보면 아주 간단한 아이디어다. 이런 아이디어를 생각하는 게 그리 어려울 것 같지 않다. 더럽고 냄새나는 게 있으면 멀리 치우려는 게 사람의 본능 아닌가? 작은 범위에서는 이런 생각을 곧잘 한다. 눈이 있고 코가 있어서 제대로 보고 제대로 냄새를 맡을 줄 아는 사람이

그림 7-2 **토니 가르니에의 공업도시 계획안**

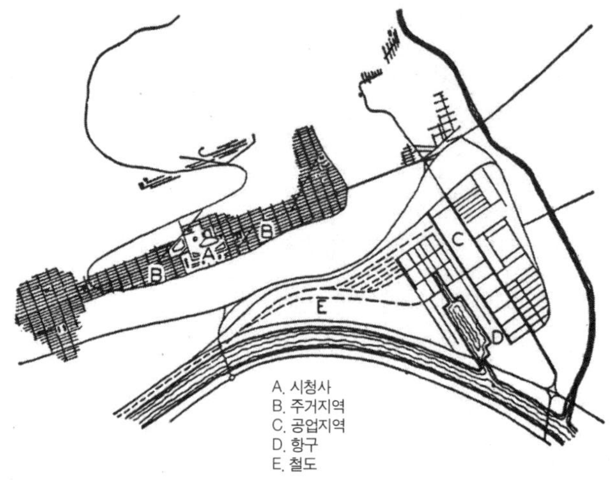

자료: 윤정섭, 『도시계획사』(건우사, 1984), 337쪽.

라면 쉽게 할 수 있는 생각이다. 오히려 이런 생각을 안 하기가 더 어렵다. 그런데 범위가 커지면 이런 생각을 하기가 어려워진다. 게다가 자신이 태어나기 전부터 상황이 그랬다면 당연히 그렇게 살아야 하는 줄 알기 쉽다. 개선해야 할 필요성을 느끼기가 어려우며, 개선이 가능할 것이라고 상상하기는 더 어렵다.

도시계획에서 유사한 기능은 모아놓고 이질적인 기능은 떨어뜨려 놓는 것을 조닝이라고 한다. 소음이 나는 지역은 그들끼리 묶어놓으면 별 문제가 안 된다. 사람의 왕래가 분주하게 일어나는 기능끼리 묶어놓는 것도 그렇다. 왕래가 분주한 기능끼리 모아놓으면 일의 효율이 높아지고 다른 지역은 안정된 분위기를 유지할 수 있어서 좋다. 이질적인 기능은 분리해서 서로 방해가 되지 않도록 하고, 유사한 기능은 모아놓아 서로 물리적 이동과 정보의 소통이 용이해지도록 하면 시너지 효과를 기대할 수 있다. 이런 일을 하는 것이 바로 조닝이다.

토니 가르니에는 공장이라는 기능과 주거라는 기능, 그리고 공공시설이라는 기능으로 전체 시설을 분류하고 그들 간에 조닝을 계획한 것이다. 당대의 대부분의 사람들에게 도시란 주거와 공장과 시장이 뒤섞여서 복잡하게 뒤얽혀 살아가는 게 정상이었다. 이런 상황에서 새로운 도시의 모습을 보여줬으니 획기적이라고 할 수 있었다. 하지만 그리 대단한 것도 아니었다.

인류는 아주 오래전부터 조닝에 대해 알고 있었다. 역사적으로 볼 때 가장 오래된 조닝의 증거는 대략 2500년 전 그리스의 식민도시인 밀레투스에서 발견된다. 밀레투스는 계획된 신도시였다.[18] 그리스 본토에서 먹고살기 어려워서 해외로 진출한 사람들이 의도를 가지고 계획적으로 만든 상업도시였다. 밀레투스를 보면 조닝이 잘 적용되어 있음을 알 수 있다. 도시 중심부에 상업시설이 모여 있고 중심을 살짝 비켜서 해안가 쪽으로 공공시설이 집단적으로 배치된다. 중앙에서 외곽 쪽으로 주거지역을 배치하고 더 외곽으로 야외 경기장을 배치한다. 현대 도시와 다를 게 없이 조닝을 체계적으로 적용한 공간 구조다. 조닝과 관련해서 이런 전례가 있었으니 토니 가르니에의 공업도시 계획안을 보고 감탄할 필요는 없다.

1930년쯤 되면 조닝에 기반을 둔 현대도시의 전형이라고 할 수 있을 만한 도시계획이 나타난다. 프랑스 건축가 르코르뷔지에의 '빛나는 도시'다. 르코르뷔지에가 토니 가르니에를 직접 만난 적이 있고, 그와의 만남이 르코르뷔지에의 도시 공간 개념에 전기를 마련해 주었다고 하

그림 7-3 **그리스의 계획된 식민도시 밀레투스**

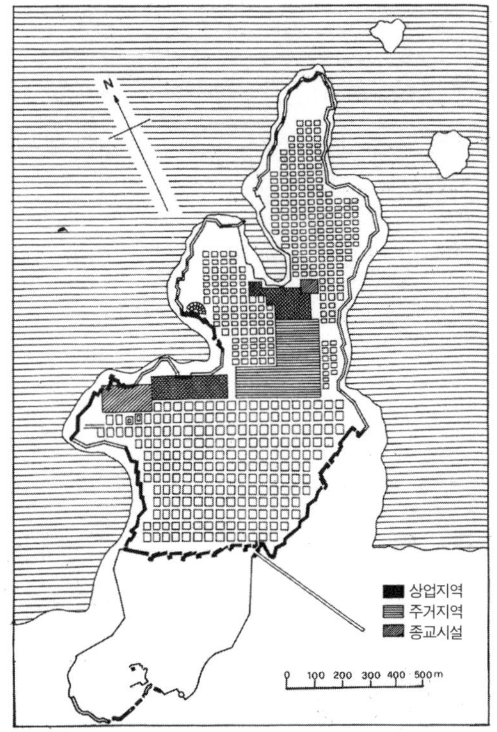

자료: 레오나르도 베네볼로, 『세계 도시사』(세진사, 2003), 110쪽.

니 르코르뷔지에의 '빛나는 도시'를 토니 가르니에의 '공업도시'의 연장선상에서 이해할 수도 있다.[19]

'빛나는 도시'에서는 공장은 보이지 않는다. 그 대신 중앙을 차지하고 있는 업무지구가 초고층화된 것이 눈길을 사로잡는다. 도시의 중앙부에 업무시설을 배치하고 주변에 주거지역을 배치한다. 주거지역은 저밀도로 계획되어 있다.[20] 외곽에 철도, 공항을 배치해서 다른 도시와의 연결을 의도하고 있다. 1930년 제시된 '빛나는 도시'는 매우 신선하

그림 7-4 **르코르뷔지에가 제안한 빛나는 도시**

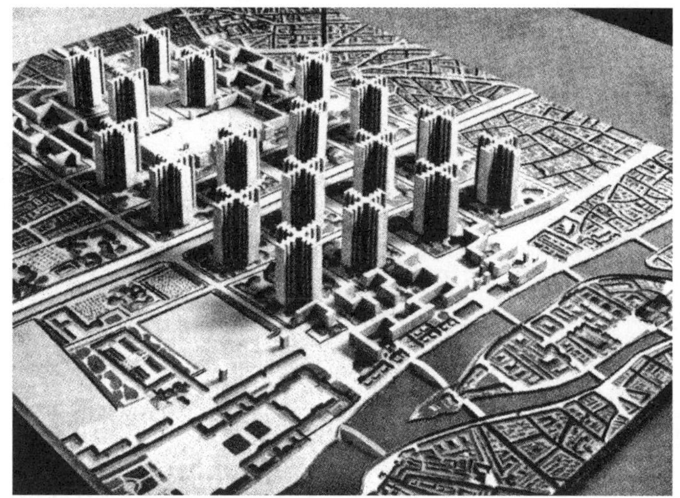

자료: 봉일범, 『도시: 사건과 구조』(시공문화, 2002), 91쪽.

고도 자극적이었다.

'빛나는 도시'에서는 조닝이 매우 과감하게 나타난다. 전통적인 도시 구성 방법이었던 직주근접을 확실하게 무시하고 있다. 주거지와 직장 사이를 오가는 것이 분명히 예전보다 불편해졌다. 하지만 주거지의 거주환경을 적정 수준으로 확보할 수 있는 방법이라는 면에서 보자면 이보다 더 좋은 아이디어가 있기 힘들다. 공장과 주택과 시장을 연접해서 배치하는 도시 구조로는 도시가 더 이상 확장되기 어려웠다. 로리의 그림에서 보이는 활기찬 도시는 그저 상상 속의 도시일 뿐이었다. 매연은 더 이상 참고 견딜 수 있는 문제가 아니었다. 도시가 사람이 살 수 있는 공간으로 지속적으로 확장해 나가기 위해서는 거주지로부터 공장을 분리해야만 했다. 이때 조닝은 아주 효과적인 해결책이 되어준다.

르코르뷔지에 이후 현대 도시는 조닝에 기반을 두고 마음껏 퍼져 나갔다. 외곽으로, 더 외곽으로 퍼져 나가면서 주거지가 수평적으로 팽창했고, 중앙의 중심업무지구는 위로, 더 위로 솟아오르면서 수직적으로 팽창했다. 현대 팽창형 거대도시가 탄생한 것이다. 이쯤 되면 팽창형 거대도시라는 이름에서 거대도시라는 수식어가 명실상부한 표현이 된다.

조닝이 팽창형 거대도시가 시작될 수 있는 기반을 마련해 준 것은 분명하지만 팽창형 거대도시의 잠재력을 최대화하기 위해서는 몇 가지 계기가 더 필요했다.

우선, 조닝으로 인해 직장과 주거 사이의 거리가 멀어지면서 생기는 교통 문제를 해결해야 했다. 이 문제의 해결사로 자동차가 등장했다. 기차가 더 오래 전부터 있기는 했지만 기차는 대량 수송 수단이다. 도시가 확장되면서 그때그때 생기는 중소규모의 주거지역을 일일이 기차로 연결하는 것은 효과적이지 못하게 되었다. 중소규모 수송에 적합한 교통수단이 필요했다. 해결책은 자동차였다. 기차와 비교할 때 자동차의 또 다른 장점은 막대한 공사를 필요로 하는 철로를 건설하지 않아도 된다는 점이다. 이동 수요가 많으면 큰 길을, 수요가 적으면 작은 길을 만들면 된다. 수요의 크기와 관계없이 막대한 공사비가 들어가는 기차와 비교할 때 과다한 비용 투자를 피해갈 수 있는 현명한 방법이다. 게다가 자동차 길은 철도와 달리 어느 곳에나 만들 수 있다. 사람들은 길만 있으면 어디에서나 살 수 있다. 도시가 더 확대되기 위해 필요한 조닝이 얼마든지 가능해진 셈이다.

도시가 확장하는 데 자동차 외에 또 큰 역할을 한 것은 전기다. 공장의 동력원이 석탄에서 전기로 대체되면서 공장지대에 큰 변화가 생겼다. 로리의 그림에서 보이는 거대한 굴뚝이 사라진 것이다. 전기를 동력으로 사용하는 공장에서는 더 이상 로리의 공장에서 뿜어져 나오는 매연 같은 것이 없다. 여전히 전기를 만드는 원천은 석탄이지만 발전소에서만 매연이 발생할 뿐이다.

공장의 동력원이 전기로 대체되면서 매연을 덜 걱정하게 되었고, 공장 중 일부는 다시 도시 내부로 들어올 수 있게 되었다.[21] 공장이 도시로 다시 들어올 수 있다는 것은 집중의 효과를 제고할 수 있게 되었음을 의미한다. 이로써 도시는 더 고밀도로 팽창할 수 있는 동력을 얻었다.

1차 산업혁명을 거쳐 2차 산업혁명 과정에서 자동차와 전기를 장착한 인류 최고의 발명품인 도시는 확장 일로에 들어섰다. 도시가 커지면 사람이 몰려들고, 사람이 몰려들면 소득이 높아지고, 소득이 높아지면 소비량이 늘고, 소비량이 늘면 또 공장이 들어서고, 공장이 들어서면 또 사람들이 모여들고…. 도시는 규모 면에서는 이 같은 선순환을 계속했다. 농촌 인구가 도시로 몰려들었고 더 많은 사람들이 더 많은 경제적 부를 누리고 더 잘살 수 있게 되었다.

도시는 경제성장이라는 면에서도 선순환을 이어갈 기반을 마련해 줬다. 현대 인류는 역사상 유례가 없는 경제적 번영을 누리며 산다. 이게 다 도시 덕분이니 팽창형 거대도시는 인류 최고의 발명품이라고 아니할 수 없다.

4. 그린벨트가 도시에 미친 영향

현대도시가 지금의 모습을 갖추는 데는 또 한 번의 계기가 필요했다. 그린벨트다. 파리 개조 계획 이후 도시는 사람과 물자와 정보를 효율적으로 이동하기 위한 적극적인 수단으로 발전했다. 공장에서 물건을 잘 만들기 위해서도, 공장의 물건을 잘 팔기 위해서도, 주거지역에서 직장을 잘 다니기 위해서도 사람과 물자와 정보의 효율적인 이동이 필요했다. 팽창형 거대도시라는 발명품은 이런 필요에 아주 잘 부응했다.

팽창형 거대도시를 발명품이라고 부르는 것에 거부감을 느낄 수도 있다. 도시는 원래 아주 오래전부터 있어 왔고 그런 도시가 탄생한 것조차도 특정 시기의 특정인에 의한 발명은 아니기 때문에 거부감이 들 수도 있다. 하지만 도시에 팽창형이라는 수식어와 거대라는 수식어를 붙일 수 있기까지는 적지 않은 발명이 필요했다. 그래서 그냥 도시가 아닌 팽창형 거대도시는 인류의 발명품이라고 부르는 게 맞을 것 같다.

현대도시를 팽창형 거대도시라고 부르는 이유는 일단 그 규모가 거대해졌기 때문이다. 파리가 거대도시로의 성장을 시작한 1700년대 말에는 파리 인구가 57만 명 정도였던 데 비해 오늘날의 파리 인구는 2000만 명이다. 40배로 커졌다. 거대도시라고 말하는 데 반대할 이유가 별로 없다. 더 재밌는 것은 팽창형이다. 도시가 계속 팽창하기에 붙여지는 이름이다. 얼핏 보면 당연한 얘기 같지만 결코 그렇지 않다.

더 많은 공장, 시장, 거주지를 만들고자 한다면 기존 도시의 규모를 키워도 되지만 다른 도시를 만들어도 된다. 도시 하나의 규모를 마냥 키워나가는 것보다 도시 다수의 규모를 키우는 방법이 나을 수도 있다. 영국은 극단적으로 런던이라는 하나의 거대도시에 의존하고 있다. 전자의 단적인 사례다. 반면 독일은 수도인 베를린보다 GDP 규모가 더 큰 뒤셀도르프도 있고, 베를린만 한 프랑크푸르트도 있고, 뮌헨도 있다.[22] 후자의 대표적인 사례다.

팽창형 도시가 유일한 해법도 아니고 가장 효과적인 방법도 아니라는 것을 영국의 런던도 잘 알고 있었다. 런던은 1930년대 후반[23] 도시가 지나치게 팽창되었다고 판단했다. 지나친 팽창의 부작용은 흔히 과밀이라는 용어로 표현된다. 과밀의 내용을 들여다보면 살 집을 찾기가 힘들어졌다는 것, 그리고 주거가 교외로 밀려나면서 점점 더 통근에 많은 시간이 걸리게 되었다는 것으로 요약된다. 여기에 추가해서 자주 거론되는 것은 너무 밀집해서 사는 탓에 대기오염이 발생한다는 것이다.

런던은 팽창을 차단하기로 했다. 그 방법으로 고안된 것이 성곽이었다. 견고한 성곽을 둘러침으로써 더 이상 도시가 확장하는 것을 막으려 했다. 대략 1000년 전부터 써먹던 방법이다. 유럽의 중세 성곽도시가 대체로 이렇게 했다. 하지만 차이가 있었다.

1000년 전에는 도시를 둘러싸는 차단막으로 성곽을 사용했지만 현대 런던은 녹지를 이용하기로 했다. 그린벨트다. 자연으로 남았던 지역을 그린벨트라는 이름으로 지정하고 건물을 짓지 못하도록 했다. 그린벨트에서 그린은 주로 숲으로 대표되는 녹지를 의미한다. 벨트는 하나의 도시를 환상형으로 둘러싸는 모습이 벨트와 같다고 해서 붙여진 이름이다. 그린벨트로 인해 팽창형 거대도시는 잠시 팽창을 멈춘 듯이 보였다.

도시가 극적으로 거대해지고 팽창하는 데 가장 큰 역할을 한 것은 아

그림 7-5 **유럽 주요국의 도시별 GDP 비교**

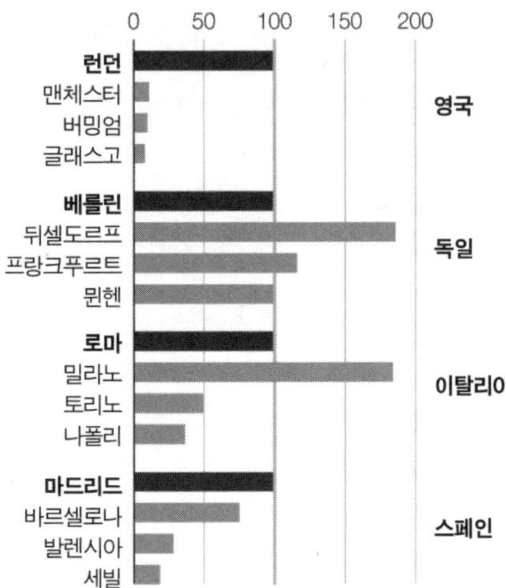

주: 수도를 100으로 했을 때의 수치로 환산함.
자료: *The Economist* (2015.6.6).

이러니하게도 그린벨트다. 그린벨트가 없었을 때 도시는 중심에서 주변으로 점진적으로 확장되었다. 주택 부족, 교통체증, 대기오염이 발생했다. 주택이 부족한 것은 일자리를 찾아 도시로 몰려오는 사람들이 많아졌기 때문이고, 교통체증이 일어나는 것은 도시 주변부에 살면서 도심으로 출퇴근하는 이동량이 많아졌기 때문이며, 대기오염이 발생하는 것은 주로 냉난방과 차량 배기가스 때문이었다.

주택 부족은 고층화를 통해, 교통체증은 좀 더 고도화된 교통수단을 통해, 대기오염은 에너지 활용 수단의 개선을 통해 해결할 수도 있었다. 그러나 도시 과밀 문제에 부닥친 도시계획 담당자들은 무턱대고 도시 성장을 제한하는 방향으로 나아갔다. 그 결과물이 그린벨트다. 기존 도시 주변으로 녹지대를 둘러치고 그곳에서의 개발행위를 제한했다.

이들은 도시의 확장이 왜 일어나는지도 정녕 모르는 사람들이었던 것 같다. 도시 확장은 필연적이었다. 더 많은 사람에게 더 많은 일자리를 제공하고 그들에게 거주할 수 있는 공간을 제공하자면 도시 확장은 불가피한 선택이었다. 과밀은 거대도시에 동반되는 부작용일 뿐인데 거대도시의 부작용을 해결하기보다는 거대도시를 포기하는 길을 선택했던 것이다. 과밀이라는 부분적인 부작용 때문에 거대도시라는 효율적인 장치가 전체적으로 멈춰 섰다. 그린벨트를 설치하면 거대도시의 확장을 멈출 수 있을 것이라고 생각했던 것이다.

과밀이라는 부작용이 있었지만 거대도시는 여전히 효과적이었다. 특히 일자리를 창출하는 면에서는 명백하게 그랬다. 주택 부족, 교통체증, 대기오염은 일자리를 얻어서 먹고사는 문제가 해결된 다음에야 돌아볼 수 있는 문제들이다. 거대도시로 들어와야만 먹고살 수 있는 사람들이 여전히 그린벨트 바깥쪽에 남아 있었지만 그린벨트로 거대도시의 문을 잠가버리고 만 것이다.

중세 유럽에서 성문을 걸어 잠그자, 성벽에 붙어 기대고 사는 사람들이 생겨났다. 비록 성 바깥쪽이지만 성벽에라도 기대는 게 여러모로 좋았기 때문이다. 성문이 열리는 시간에 성 안에 들어가기도 용이했고, 아무래도 사람이 많이 모여 사는 성에 의지하면 도적 떼로부터도 안전할 것 같다고 생각했기에 그러했을 것이다.

성 밖에는 점점 더 많은 사람들이 몰려들었다. 상인들이 가장 먼저 찾아들었고, 상인들의 상업 활동에 부수적으로 필요한 일을 하는 사람들이 몰려들었다. 그러자 성 밖의 규모가 성장했다. 시간이 흐르면서 성 밖이 성 안보다 더 커지게 되었다. 성 밖을 지키기 위한 성곽이 필요

그림 7-6 **독일 아우스부르크의 이중 성곽도시**

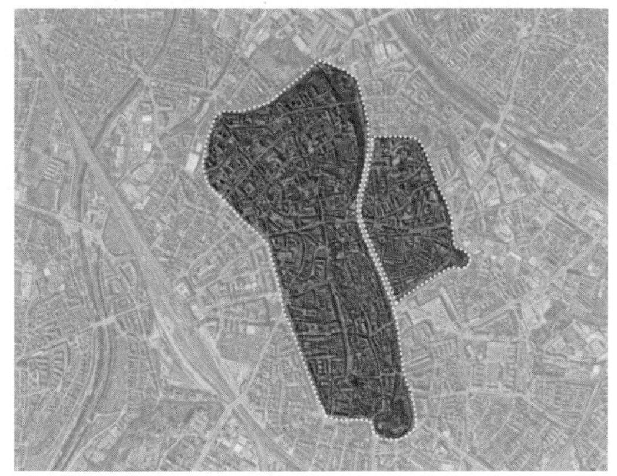

할 정도가 되었다. 기존의 성곽에 붙여서 새로운 성곽을 건설했다. 기존의 성곽에 붙여 지으면 반만 지어도 되기 때문이다. 그 결과 기존의 성곽에 붙여서 새롭게 건설된 이중 성곽도시가 탄생했다.[24] 독일의 아우스부르크나 본이 대표적인 사례다.

1000년 전에 일어난 일이 런던에서도 똑같이 일어났다. 그린벨트 밖으로 내몰았더니 그린벨트에 기댄 새로운 도시들이 생겨났다. 형식은 1000년 전과 매우 유사하지만 내용은 조금 다르다. 1000년 전 외부의 성은 자급자족 도시였지만 현대의 그린벨트 밖 도시들은 그린벨트 안 기존 도시에 기생한다. 도시는 그린벨트에 가로막혀 점진적 확산이 불가능해지자 산발적 확산을 시작했다. 이런 현상을 도시계획 용어로는 어번 스프롤(Urban Sprawl)이라고 한다.

도시의 지나친 성장을 막자고 시작한 그린벨트가 어쩌다 보니 오히려 도시의 팽창을 가속화한 셈이 되어버렸다. 적어도 수평적 면적만 놓고 보면 분명히 그렇다. 그린벨트가 없었더라면 지금 면적의 반이면 되었을 도시의 규모가 두 배로 늘어났다.

5. 팽창형 거대도시의 진화

인류 최고의 발명품이라 부를 만한 팽창형 거대도시를 더 잘 활용하는 사람들이 나타났다. 이들은 팽창형 거대도시의 새로운 용도를 찾아냈다. 팽창형 거대도시를 2차로 발명한 셈이다. 이들에 의해서 거대도시는 명실상부한 발명품이 되었다. 이들에게 거대도시는 단순히 사람과 물자와 정보의 이동을 효율적으로 해주는 도구 이상이다.

도시가 생기고 도시 중심에 업무지구가 생기면 사람들이 몰려든다. 사람들이 몰려들면 주택지가 수평으로 확장되고, 확장된 주택지로 몰려든 사람들이 더 많은 소비를 하면 소비에 대응하기 위해 다시 업무지구가 확장되고, 업무지구가 확장되면 사람들이 또 다시 더 몰려드는 순환이 발생한다. 이런 순환을 거치면서 거대도시는 팽창을 거듭한다.

도시가 거대해지고 끊임없이 팽창하는 것은 사람과 물자와 정보의 이동을 효율화하기 위해서다. 그렇게 시작한 것은 분명하다. 그런데 어느 순간 사람들은 사람과 물자와 정보의 이동 효율과는 상관없이 팽창형 거대도시를 다른 용도로 이용하기 시작했다.

그린벨트 밖으로 중심도시에 기생하는 주택지역이 들어차면서부터 비상한 머리를 가진 사업가들이 새로운 이익 창출 방법에 눈을 떴다. 그린벨트 밖에 신규 주택단지를 만든 것은 도심 가까이에 집 지을 땅이 없기 때문이었는데 이런 상황을 적극적으로 이용하기 시작한 것이다. 주택단지를 도심에 혹은 도심 가까이에 건설하는 것보다 그린벨트 외곽에 짓는 것이 오히려 더 이문이 남는 장사가 될 수 있다는 생각을 하기 시작했다. 그중 하나가 자동차 회사다. 사람들이 도심에만 몰려 살았더라면 자동차가 지금처럼 많이 필요하지는 않았을 것이다. 사람들이 그린벨트 밖으로 쫓겨 간 덕에 자동차 회사는 신이 났다. 그린벨트 밖 사람들은 자동차가 절대적으로 필요하기 때문이다.

개발업자들도 눈을 떴다. 도심이나 도심 가까운 곳에 주택지를 건설하려면 돈이 어마어마하게 든다. 대형 개발업자가 아니라면 엄두도 내지 못할 일이다. 그런데 그린벨트 밖이라면 사정이 다르다. 땅값이 싸니 개발이 쉽다. 여기에 은행이 가세한다. 은행은 대출을 해줘야만 먹고사는 존재다. 대출거리가 있어야 한다. 개발업자에게 기꺼이 대출을 해준다. 땅이라는 훌륭한 담보물이 있기에 대출을 꺼릴 이유가 없다.

자동차 회사, 개발업자, 은행가들은 도심에 혹은 도심 가까이에 주택지를 건설했더라면 상상할 수도 없었던 이득을 챙기게 되었다. 이렇다면 굳이 도심을 중심으로 고밀도로만 도시를 개발할 필요가 없다. 팽창해 나가는 대로 주택지를 건설하고 도로만 연결해 주면 된다. 도시가 팽창해 나가는 것을 권장하고 싶을 정도다.

이들은 팽창형 거대도시를 더 잘 이용해 보기로 한다. 가능하면 자동차가 많이 필요한 도시 구조가 오히려 더 좋다. 이들은 때로 감히 상상하기 힘든 대단한 아이디어를 내놓기도 했다. 자동차의 경쟁자는 기차다. 기차는 한 번에 수백 명씩 실어 나르니 자동차보다 훨씬 더 효율적이다. 에너지 사용량도 적고 공해 배출도 적다. 하지만 기차가 활성화되면 자동차는 덜 팔린다.

1945년 미국의 서부 도시 로스앤젤레스에서는 재밌는 일이 벌어졌다. 기차가 비효율적이라면서 기차 노선을 폐선한 것이다. 누가 그랬느냐가 중요하다. 자동차 회사였다. 자동차 회사는 먼저 기차 회사를 사들였다. 그다음 폐업을 하고 철도를 없애버렸다. 일반 시민들에게는 선택의 여지가 없었다. 울며 겨자 먹기로 자동차를 살 수밖에.[25]

자동차 회사, 개발업자, 은행가들은 팽창형 거대도시를 사업 수단으로 아주 잘 활용하는 부류다.[26] 그런데 이들만 그런가? 정유회사를 생각해 보자. 정유회사는 자동차가 많이 팔려야 한다. 난방용으로 팔리는 석유를 생각해 봐도 그렇다. 집합주택보다 개별 주택이 난방 효율이 떨어진다. 당연히 석유가 더 팔린다. 정유회사 사장이라면 팽창형 거대도시 찬가를 부를 것이다. 도시가 그런 방향으로 발전하지 않았더라면 전혀 기대할 수 없는 매출로 호황을 누리니 말이다.

정유회사만 그런가? 도시 중심과 외곽을 연결한 도로변에 휴게소를 차리는 사람도 있을 것이고, 휴게소에 오가면서 식사할 수 있는 식당을 차리는 사람도 있을 것이다. 팽창형 거대도시가 아니고서는 찾아보기 힘든 시설들이다. 팽창형 도시가 점점 거대해지면 출퇴근 시간이 길어지고 정체가 발생하기 때문에 자연스럽게 휴게소가 들어서고 식당도 들어서게 된다. 휴게소에서 쉬고 밥도 먹으면서 물건도 사면 어떤가? 쇼핑몰도 생긴다. 휴게소 사장님, 식당 사장님, 쇼핑몰 가게 사장님 모두 팽창형 거대도시 덕에 일자리가 생겼다. 팽창형 거대도시가 아니라면 불가능했을 일자리들이다.

팽창형 거대도시는 생산과 소비가 선순환하면서 지속적으로 증가하는 도시 공간에 대한 요구를 충족시키기 위해 고안된 장치다. 필요의 산물이었던 것이다. 그러나 팽창 자체가 소비를 증대할 수 있는 유효한 수단이 될 수 있다는 것을 깨닫는 순간부터 팽창형 거대도시는 새로운 단계로 진입했다. 도시 공간에 대한 요구를 충족시키기 위한 수동적 도구가 아니라 도시 공간에 대한 요구를 촉발시키는 능동적 도구로 진화했다. 사람이 살기 위한 도시가 아니라 도시가 성장하기 위해 사람을 불러들이는 살아있는 장치가 되었다.

6. 팽창형 거대도시의 독주

오늘날 팽창형 거대도시가 전 세계적 추세인 것은 맞지만 팽창형 거대도시에 경쟁자가 전혀 없었던 것은 아니다. 다핵도시라는 게 있다. 다핵도시는 핵, 즉 도시의 중심이 여러 개 있다는 뜻인데, 팽창형 거대도시는 이와 달리 중심이 하나만 있는 단핵도시다. 중심이 하나일 때와 여러 개일 때의 가장 큰 차이는 집중도다. 단핵도시는 하나의 중심으로 모든 게 몰려 있으니 집중도가 높고, 다핵도시는 여러 개의 중심으로 분산되므로 집중도가 낮다.

부작용을 동반해서 그렇지 하나의 중심으로 집중하는 것은 많은 장점을 갖고 있다. 우선 도시의 존재 이유인 사람과 물자와 정보의 이동이 효율적이다. 원스톱 서비스가 가능하다는 표현을 사용해서 집중의 효과를 얘기하기도 한다. 한번에 필요한 모든 것을 다 할 수 있다. 하나의 중심에 필요한 모든 서비스가 몰려 있으니 그렇다. 단핵의 장점은 뭐니 뭐니 해도 원스톱 서비스다.

다핵은 특화된 중심이 여러 개 있는 것이라고 보면 된다. 예를 들어 금융으로 특화된 중심 따로, 쇼핑으로 특화된 중심 따로, 이런 식으로 특화된 중심 여러 개가 도시 내에 분산되어 있는 것이다. 사람들이 일을 볼 때 금융 일과 쇼핑을 항상 동시에 하는 건 아니다. 어느 날은 금융 일을 보기도 하고 또 어느 날은 쇼핑을 하기도 한다. 이게 더 자연스럽기는 하다. 다핵도시는 모든 활동을 한날한시에 하지는 않는다는 사실에서부터 시작한다. 그런데 생각해 보면 모든 활동을 한날에 하지 않는다고 해서 각각의 활동 중심이 도시 여기저기에 분산되어 있을 필요는 없다. 서비스 구매자 입장에서 보면 분명 단핵이 더 편리하다.

다핵 개념이 적극적으로 고려되는 것은 서비스 공급자 입장에서다. 도시의 중심부에서도 가장 비싼 위치를 차지하고 있는 업종들을 보면 대개 금융업이다. 그만큼 금융업의 생산성이 높다는 뜻이기도 하다. 도시의 중심을 금융업이 차지하고 있다고 해보자. 누군가 쇼핑몰을 운영하려고 할 경우, 이미 금융 중심으로 자리 잡고 있는 기존 도심을 사업지로 선택하는 게 효과적일 것이다. 접근성이 좋을 뿐만 아니라 금융 업무차 이곳을 방문하는 사람들에게 자연스럽게 노출될 수 있으니 효과적이다. 그런데 문제는 금융업이 차지하고 있는 곳 인근은 너무 비싸다는 것이다. 단위 면적당 생산효과를 보면 대체로 쇼핑몰 업종은 금융의 상대가 되지 못한다. 금융업이 지불하는 만큼의 비용을 지불하는 것이 불가능하다. 이럴 때 쇼핑몰 업종은 고객 유인이라는 위험 부담이 있지만 불가피하게 땅값이 싼 곳을 찾을 수밖에 없다. 그런데 이왕 새로운 곳을 찾을 거라면 쇼핑몰 업종이 함께 모여 있는 것이 효과적이다. 홍보

효과를 포함해서 다양한 시너지 효과를 기대할 수 있기 때문이다. 금융 중심과는 별도로 쇼핑몰 업종 중심이 발생할 수 있는 이유다.

다핵화는 단핵의 중심에 위치하는 다양한 기능을 분리한 후 도시의 여러 곳에 그 기능을 산재해서 위치시키는 방법이다. 서울에서도 이런 노력이 이루어졌다.[27] 서울은 6·25 전쟁 이후 종로, 을지로에 산업이 몰려들었다. 을지로를 중심으로 인쇄산업, 종로 세운상가를 중심으로 전자산업, 충무로를 중심으로 영화산업이 몰려들었다. 이 외에도 다양한 산업이 종로와 을지로를 중심으로 하는 도심에 몰려들어 서울의 단핵 중심을 구성하고 있었다.

서울시는 이런 단핵이 도심 과밀을 불러온다고 보고 다핵화시키는 방안을 강구하고 실행했다. 인쇄소는 모아서 파주로 보냈고, 전자는 모아서 용산으로 이전시켰다가 다시 좀 더 먼 장지동으로 이전시켰다. 서울시의 다핵화 노력으로 다른 다핵이 형성되었다고 볼 수 있을지는 잘 모르겠지만 기존 핵을 상당 부분 파괴하는 데는 성공했다. 을지로 인쇄소 골목이 사라진 것은 분명하고, 세운상가를 중심으로 한 전자상가가 상당 부분 없어진 것도 명확하다.

한양 천도 이후 서울의 산업 중심지 역할을 하던 종로, 을지로, 충무로 권역은 기존 핵을 구성하던 시설을 이전하면서 상당 부분 약화되었다. 어느 면에서 보자면 성공한 셈이기도 하다. 외관상으로도 성공의 결과가 드러난다. 도심이 쇠퇴한 것이다.[28] 적어도 인구밀도로 보자면 전통적인 서울 도심은 효과적으로 해체되었다고 봐도 좋다.

다핵화 이론을 바탕으로 진행된 도심 재개발은 도심의 단핵을 파괴하고 다핵으로 흩뿌리는 데는 성공했지만 별로 바람직하지 못한 결과를 두 가지 남겼다. 첫째는 단핵을 파괴할 수는 있었지만, 즉 단핵 중심으로 향하는 교통량은 줄일 수 있었지만, 역설적이게도 결과적으로는 서울이 팽창하는 데 일조했다. 서울의 영향력은 파주로, 장지동으로 확장되었다. 그린벨트가 기대하지 않은 결과를 가져온 것과 동일하다. 도시의 확장을 제한하기 위해 도입한 그린벨트가 어번 스프롤이라는 형태로 오히려 도시의 극적인 확장을 불러온 것처럼 서울시의 다핵화 노력은 서울의 영향권을 확대하는 결과를 가져왔다. 간단히 말하자면 서울이 더 커지는 데 일조했다는 것이다.

둘째, 다핵화 작업은 결과적으로 서울 구도심의 쇠퇴를 가져왔다. 서울의 전통적인 도심이라고 할 수 있는 종로구와 중구의 인구를 보면 알 수 있다. 현재 서울 중구, 종로구는 조선시대 말 한양의 인구밀도보다 낮다. 이게 다 다핵화의 결과다. 도심의 역할을 제대로 활용해서 서울의 확산을 막는 게 더 효과적이었을 수 있다. 다핵화로 구도심 중심의 밀도를 낮추는 데는 성공했지만 그 줄어든 밀도가 결국은 서울 외곽으로 뻗어나가는 동력으로 작동했다.

다핵도시가 도시의 과밀을 감소시켜 줄 것이라는 기대는 충족되었다. 도시계획가의 이론이 제대로 작동했다. 그러나 도심의 밀도가 감소된 대가로 서울은 더 크게 확장되었다. 다핵화는 구도심의 밀도를 떨어뜨렸다는 것 외에는 도시에 아무런 득이 되지 않았다. 다핵을 의도하고 도심의 밀도를 낮추어보려고 노력했지만 어찌 되었든 서울은 결과적으로 더 팽창했고 더욱 거대해졌다. 비싼 땅의 범위만 넓어진 셈이다.

서울을 예를 들어 다핵화를 위한 노력을 설명했지만 다른 나라의 수도권에서도 별로 다르지 않은 상황이 나타났다. 세계의 많은 도시들이 도심 집중을 극복하기 위해 다핵화를 시도했지만 도시의 확장이라는 정반대의 결과를 가져왔을 뿐이다. 팽창형 거대도시는 한때 유망해 보이던 경쟁자, 즉 다핵도시의 추격을 뿌리치고 유일무이한 도시 전략이 되었다.

7. 4차 산업혁명과 코로나로 인한 도시 지대 구조의 변화

역사적으로 산업혁명은 수차례 있었다. 가장 널리 알려진 것은 1700년대 영국에서 시작한 산업혁명이지만 산업에서 혁명적인 변화가 일어난 것은 그때가 끝이 아니었다. 영국에서 시작된 산업혁명의 연속이라고 보기에는 어려운 혁명적인 변화가 이어졌다. 영국의 산업혁명 이후 여러 차례 발생한 산업상의 변화를 영국 산업혁명의 연속선상에서 보기 어려운 첫째 이유는 하나의 연속이라고 보기에 어려울 정도로 시간 차이가 있었기 때문이다. 둘째 이유는 산업 기술 자체가 달랐기 때문이다. 그래서 역사가들은 각각의 혁명적인 산업상의 변화에 이름을 붙였다. 1차 산업혁명, 2차 산업혁명, 3차 산업혁명이라는 이름이 주로 사용된다.

1차 산업혁명이 주로 증기기관과 기차의 문제라면, 2차 산업혁명은 전기와 자동차, 석유화학 산업상의 발전이 주 내용을 이룬다. 3차 산업혁명은 주로 정보통신기술상의 큰 변화를 일컫는다. 일반인들이 피부로 느끼는 산업상의 변화는 차수를 거듭할수록 약해지는 듯하다. 1차 산업은 모든 사람을 놀라게 했다. 2차 산업은 그보다는 덜한 것 같고,

주로 정보 전달과 관련된 3차 산업혁명은 혁명이라고 불러야 하나 모호할 정도다. 그래서 사람들은 3차 산업혁명은 실체가 없다고 말하기도 한다.

3차 산업혁명의 실체성에 대해서도 왈가왈부가 끊이질 않는데, 이 와중에 많은 사람들은 4차 산업혁명에 대해 이야기한다. 그게 뭐냐고 물어보면 명쾌하게 답할 만한 일관된 정의가 아직은 없는 것 같다. 사후 규정이라기보다는 사전 예측에 더 가까운 듯하다. 확실하지는 않지만 산업 기술에서 일어나는 큰 변화가 점점 더 진폭은 커지고 주기는 짧아지는 것 같아 조급증이 생긴 모양이다. 빨리 이름을 붙이고 싶어 한다. 이런 조급증을 느끼게 하는 신기술은 인공지능, 3D 프린터, 로봇, 이런 것이다. 이들이 실제 산업 현장에 적용되면 지금까지와는 판이하게 다른 산업지형이 형성될 것으로 기대한다. 물론 사람들의 생활도 큰 변화를 겪게 될 것이라고 하면서 말이다.

4차 산업혁명의 성격을 엄밀하게 규정하기까지는 좀 더 시간이 걸리겠지만 지금 이 순간에도 분명하게 말할 수 있는 4차 산업혁명만의 특징이 있다. 1, 2, 3차 산업혁명은 사람이 할 수 없는 일을 기계가 대신하는 것이었다면 4차 산업혁명은 사람이 할 수 있는 일을 기계로 대체하는 기술이라는 것이다. 대체만으로 끝나지 않는다. 단순한 대체라면 그냥 안 바꾸고 이전처럼 사람이 계속하겠다고 우길 수도 있겠지만 이건 그런 차원이 아니다. 새로운 기술이 훨씬 더 능숙하게 일을 잘한다. 이제 기계로의 대체는 선택의 문제가 아니다. 피할 수 없는 길이다.

4차 산업이 사람을 대신하는 기술을 총칭한다면 4차 산업이 가져올 파장은 어마어마하다. 사람들은 일자리를 걱정한다. 지금 당장의 기술

수준으로도 머지않아 인간의 직업 중 45% 가까이가 로봇과 인공지능에 의해 대체될 것이라고 예상한다.[29] 좀 더 적극적으로 인간을 대체하려 한다면 인간의 창의성이 필요한 부분 말고는 모든 것이 대체될 수 있을 것이라고 한다. 문학이나 예술처럼 창의성이 필요한 분야가 앞으로 빛을 발할 것이다. 그동안 돈 잘 벌던 직업들은 4차 산업혁명의 총아인 인공지능을 장착한 로봇 앞에서 벌벌 떨고 있다.

IBM에서 개발한 왓슨은 이미 일부 분야에서는 의사보다 낫다고 한다. 산업 현장에 선보인 지 꽤 오래된 조립 로봇들은 인간이 따라갈 수 없는 경지를 보여준다. 정교하고 지치지 않으며 처우를 개선해 달라고 불평하지도 않는다. 마지막 장점만으로도 자본가와 고용주들은 현장의 인력을 로봇으로 싹 갈아치우고 싶은 생각이 들 것이다.

알파고라는 보지도 듣지도 못하던 새로운 캐릭터는 인간의 두뇌가 별것 없음을 인정하게 만들었다. 바둑의 신 이세돌을 한참 능가하는 바둑 괴물이 탄생한 것이다. 바둑은 무궁무진한 묘수의 세계이고 창의성의 세계라고 믿어왔는데 기계한테 한 방 제대로 맞았다. 이세돌이 일방적으로 패배했다는 게 문제가 아니다. 알파고와 이세돌 대국에서 알파고가 던진 의문의 한 수는 사람들 이마에 식은땀이 흐르게 만들었다. 처음 볼 때는 악수였다.[30] 그 악수를 놓치지 않고 반격한 덕에 이세돌은 한 판을 승리할 수 있었다. 이 대목에서 사람들은 한숨을 돌렸다. 역시 아직도 기계는 기계라고.

알파고의 악수에 대한 검토가 이어졌다. 처음에는 악수라고, 잘못된 수라고 믿어 의심치 않았지만 분석 결과 절묘하고 기상천외한 창의성이 보이는 수라고 평가되었다. 알파고는 기존의 대국을 보고 스스로 학습한 기계다. 이 기계가 가르쳐주지도 않은 것을 학습해 낸 것이다. 이런 정도라면 학습에서 사람의 수준을 넘어선다는 것은 이미 확실해졌다. 기계가 절대로 따라오지 못할 창의성의 영역이 있다는 믿음조차 금이 가기 시작했다. 단순 노동에 기반을 둔 사람이 느끼는 두려움을 창의적인 일을 하는 사람도 느껴야 할 시점인 것 같다.

4차 산업혁명은 사람들로 하여금 일자리를 잃을까 봐 전전긍긍하게 만든다. 아직까지는 주로 육체노동자가 걱정할 일인 듯싶다. 4차 산업혁명이 본격화된다는 것은 고용자 입장에서는 황금알을 낳는 거위를 손에 넣는 일일 수도 있다. 인건비를 획기적으로 절약할 수 있는 기회이기 때문이다. 로봇은 초기 구입비가 비쌀지 모르지만 매달 월급을 지불하지 않아도 되고 생산성도 높다. 가장 좋은 것은 노동자들의 불평에 시달리지 않아도 된다는 것이다. 4차 산업혁명은 자본가와 고용주에게는 천국이 도래하는 셈이다. 이걸 아니라고 반박할 만한 근거는 전혀 없다.

4차 산업혁명은 노동자에게는 최악이고 고용자에게는 최상인 상황이다. 이제는 나눠 먹는 분배의 규칙을 새롭게 정해야 한다. "일하지 않는 자는 먹지도 마라"라는 구호는 더 이상 유효하지 않을 것이다. 가까운 미래에 일자리의 50%가 없어지고 좀 더 멀리 내다보면 90% 이상의 일자리가 없어질 것이다. 어떤 사람들은 여기서 말하는 50%, 90%라는 것은 지금의 직업을 기준으로 할 때 그렇다는 것이지 새로운 일자리가 생길 것이라고도 주장한다. 아무리 인공지능이 발달하고 로봇이 발달한다 해도 사람만이 할 수 있는 일이 있을 것이라고 기대 섞인 예견을 한다.[31] 정말로 그럴까? 로봇은 못하고 사람만이 할 수 있는 일이 있을까? 사람의 감정을 소비하는 영역이 아니라면 그런 일을 기대하는 것은 무리일 것 같다. 인공지능이 이미 창의성의 영역까지 넘보고 있다. 무엇을 한들 인공지능을 장착한 로봇이 사람보다 못할 것 같지는 않다. 사람의 감정을 소비하는 일이 구체적으로 무엇이 될지 예상하고 싶지는 않다. 하지만 그게 감정을 소비당하는 입장에서 보자면 환영하고 싶은 일은 아닐 게 분명하다.

4차 산업혁명은 일자리 이외의 경제적인 측면에도 큰 변화를 가져올 것으로 예측된다. 그중 하나가 부동산이다. 부동산의 가격에 큰 변화를 가져올 것이다. 우선 부동산의 가격이 어떻게 결정되는지를 생각해 보자. 부동산 가격은 물리적 조건에 투기 혹은 투자가 끼어들어 결정되는 것이라서 심리적 요인에 의한 변동이 심하다. 이런 것들은 모두 잘 알고 있는 사실이므로 여기서는 좀 더 근본적인 부동산 가격 구조에 대해 생각해 보자.

도시는 사람과 물자와 정보를 효율적으로 이동하기 위한 도구이며, 도시 내 특정 부동산의 가격은 그 부동산의 위치가 도구로서의 역할을 얼마만큼 효율적으로 수행할 수 있는가에 따라 결정된다.

도시가 책임지는 사람과 물자와 정보 중에서 정보는 일찌감치 도시의 물리적 구조의 한계를 벗어났다. 여기에는 두 가지 조건이 필요했다. 첫째, 정보가 사람으로부터 분리되어 독자적으로 존재할 수 있어야 했고, 둘째, 정보가 전달될 수 있는 수단을 찾아야 했다. 첫째 조건은 문자의 발명으로 족했다. 인간은 지적인 능력을 획득한 이후 문자가 나오기까지 구전이라는 방법에 의존할 수밖에 없었으나, 문자가 발명된 이후 정보는 독립성을 획득했다. 오로지 사람의 입을 통해 정보가 전달되는 한계에서 벗어난 것이다. 둘째 조건은 전기적 신호를 전달하는 방식을 발명함으로써 충족되었다. 이로써 정보는 인간으로부터 분리될 수 있었고 효과적으로 전달될 수 있는 방식도 찾았다. 그 결과 정보는 도시의 통제권 밖으로 자유롭게 탈출하게 되었다.

정보가 인간으로부터 완전히 자유로워지는 데는 또 하나의 단계가 필요하긴 하다. 정보의 사용자, 좀 더 구체적으로 말해서 정보의 최종 사용자가 인간뿐이라고 생각하면 곤란하다. 정보의 최종 사용자는 인간인 경우보다 또 다른 사물인 경우가 많다. 한 장소에서 다른 장소로 이동된 정보가 최종적으로 효과를 발현하려면 사물과 연결되어야 한다. 인간은 물리적 변화를 일으키는 능력이 미미한 탓에 뭔가 무겁고 큰 것을 움직이려면 기계에 의존하는 방향으로 발전해 왔기 때문이다.

지금은 사물이 정보를 스스로 해독할 수 있게 되었고 정보가 사람의 손을 거치지 않고 사물로 직접 전달될 수 있게 되었다. 사물인터넷 덕분이다. 이제 정보는 사람의 도움 없이 전 세계 어느 기계에서든 접근할 수 있게 되었다. 사물인터넷이 구현되는 데서 도시라는 물리적 기반이 어떠한 형상을 가지는지는 중요하지 않다. 정보의 이동은 이제 완전하게 도시 구조와는 별개의 것이 되었다.

이제 도시가 담당해야 할 것은 사람과 물자다. 사람의 몸이 전기 신호로 분해되어 어딘가로 이동할 수 있는 정도의 기술이 개발되지 않는다면 사람의 위치는 도시 구조에 종속된다. 도시는 사람의 이동을 효율적으로 수행할 수 있는 구조를 가져야 한다는 얘기다. 4차 산업혁명은 사람을 전기 신호로 분해하는 그런 종류의 기술이 아니다. 앞서 얘기한 것처럼 사람이 할 수 있는 일을 더 잘 대신할 수 있는 기술들에 관한 혁명이다. 하지만 이것만으로도 도시 구조의 조건, 즉 인간이 효율적으로 이동할 수 있는 구조를 가져야 하는 조건으로부터 벗어나기에 족하다. 사람의 이동 중 대부분이 노동을 위한 목적이기에 그렇다. 더 이상 노동은 사람의 몫이 아니다. 인공지능을 장착한 로봇의 몫이다. 사람 이동의 필요성이 대부분 사라지는 것이다. 사람은 더 이상 예전처럼 움직이지 않아도 된다.

도시의 핵을 중심으로 한 동심원 구조는 사람의 이동을 전제로 한 구조다. 더 이상 사람이 이동하지 않는다면 동심원 구조일 필요가 없다. 동심원처럼 하나의 중심을 향해 모든 것이 매달려 있는 구조가 더 이상 필요하지 않다. 중심이 없는 격자형이어도 좋고, 아예 모여서 살 필요가 없기도 하다. 물론 효율적인 노동을 위한 이동이라는 것을 전제로 했을 때의 얘기다. 사람은 노동을 위해서가 아니라 여행을 위해 이동하기도 한다. 그런 이동은 여전히 필요하다. 하지만 절대량으로 볼 때 여행을 위한 이동은 도시의 구조에 영향을 미칠 정도는 되지 않는다.

부동산의 가격은 동심원 구조에 대응한다. 중심 가까이에 있으면 비싸고 중심에서 멀면 싸다. 역세권이 아주 좋은 사례다. 전철역에 한 발짝이라도 가까이 있으면 그만큼 비싸다. 4차 산업혁명의 결과물인 인공지능을 장착한 로봇이 인간 대신 일하고 인간이 예전처럼 이동할 필요가 없다면 동심원 구조는 더 이상 필요하지 않다. 그 얘기는 중심의 부동산 가격이 하락할 수밖에 없다는 얘기다.

인공지능이 아무리 발전한다 해도 여전히 사람이 필요할 것이라고 주장하고 싶을지도 모른다. 맞는 말이다. 적어도 가까운 미래의 얘기라면 더더욱 그렇다. 사람은 다소간 필요할 것이다. 그렇다면 사람의 이동이 여전히 필요할 것이고, 도시의 동심원 구조도 여전히 유지될 것이며, 따라서 중심부의 부동산 가격도 여전히 유지될 것이라고 기대할 수도 있다. 하지만 코로나 사태가 우리에게 또 다른 가능성을 보여주고 있다.

뉴욕, 런던 같은 팽창형 거대도시에서는 그간의 전형과는 다른 새로운 변화가 감지된다. 영국과 미국의 주요 도시 상황을 보도한 CNN 뉴스를 보자. CNN 뉴스 보도에 따르면, 런던에서는 재택근무가 일시적으로 도입된 상황에서 아예 런던 밖으로 나가 살려는 사람들이 나타나고 있다고 한다. 한 시민은 코로나 사태가 끝나더라도 재택근무 방식은 점차 더 늘어날 것이므로 굳이 런던 시내에서 살 필요는 없을 것 같다고 인터뷰했다. 그 시민은 런던에서 살기 위해 감당해야 하는 가장 큰 문제는 집값이며, 런던 밖에 거주할 경우 신선한 공기, 넓은 마당 같은 여러 가지 장점을 누릴 수 있다고 얘기했다. 이 CNN 보도에서는 이런 경향이 궁극적인 것이 아닐 수도 있다는 멘트를 빼놓지 않았다. 런던에서는 과거에도 탈런던 현상이 수차례 있었다. 페스트 때에도 그랬고, 제2차 세계대전 때에도 그랬고, 런던 스모그 사태 이후에도 그랬지만 결국 런던으로 되돌아왔다며 장래를 확실하게 점칠 수는 없다고 부연한다.[32]

CNN 뉴스에서 미국 도시와 관련된 보도는 좀 톤이 다르다.[33] 코로나 사태의 파급효과가 매우 크며 또한 지속될 것으로 보는 전망을 강조해서 보여준다. 미국에서도 부동산 가격 변화의 진원은 역시 재택근무다. 코로나 사태 이후 미국은 전례 없는 규모로 재택근무를 실시했다. 지금까지 재택근무 결과는 별로 나쁘지 않은 것 같다. 과거에도 미국의 유수한 대기업들이 재택근무를 실시한 적이 있었지만 얼마 안 가 회사로 복귀하도록 했었다. 지금도 여전히 그럴 가능성은 남아 있다. 코로나 사태가 진정되면 재택근무를 종료하고 코로나 이전의 업무 방식으로 돌아갈 수도 있다. 여기까지만 보면 런던과 유사하다. 미국의 대도시에서도 탈도시 현상이 벌어지고 있지만 코로나 사태 이후에는 다시 도시로 돌아올 것이라고 예측하기도 한다. 이 관측을 가장 강력하게 뒷받침하는 것은 역시 재택근무에서 사무실 근무로 복귀한 과거의 경험이다.

그러나 미국의 현황을 예전처럼만 보기 힘든 이유는 이미 대기업 중 68% 정도가 코로나 사태를 경험하면서 도시 중심의 사무실 규모를 줄일 계획을 가지고 있다는 점이다. 한편 설문 응답자 중 88%의 노동자가 재택근무를 더 선호한다는 사실에도 유의해야 한다. 재택근무를 사무실 근무와 병행해서 실시하는 방법도 진지하게 고려된다. 주 5일 근무에서 2~3일 정도는 사무실에서 현장 근무하고 나머지 3~2일은 집에서 근무하는 방식이다. 현장 근무를 주당 2~3일 정도로 축소하는 것은 매우 의미 있는 일로 평가된다. 이 정도면 도시 중심의 사무실 규모를 확실하게 축소할 수 있기 때문이다.

기업들은 이미 도심의 높은 지대 비용을 피하기 위해 사무실의 규모를 줄이는 방안을 검토하기 시작했다. 이런 결정의 배경을 이루는 것은 역시 코로나로 인한 재택근무 실험 결과가 그다지 불만스럽지 않기 때문이다. 다른 한편에서 재택근무가 지속될 것이라고 보는 큰 이유는 노동자들의 88%가 재택근무를 원하기 때문이다. 재택근무를 실시하지 않는 기업은 인재를 모집하는 데 어려움을 겪을 것이다. 결국 기업의 존망이 사람에게 달린 것임을 감안한다면 기업은 고급 노동인력의 재택근무 요구를 받아들이지 않을 수 없을 것이다.

인공지능을 장착한 로봇에 의해 사람이 대체되고 로봇으로 대체되고 남은 부분이 재택근무로 채워진다면 이론적으로 더 이상 도심이 유지될 필요가 없다. 도심이 유지될 필요가 없다면 접근성을 이유로 형성된 부동산 가격이 더 이상 지탱될 수 없다. 4차 산업혁명이 가시화되면서 이런 전망에 힘이 더 실렸지만 코로나가 그 속도를 앞당겼다.

8. 배달의 시대를 맞아 퇴색하는 팽창형 거대도시의 가치

도시의 중심이 있고 그곳에 '가서' 물건을 사는 행위에 대해 생각해보자. 그게 자연스러운가? 혹은 그게 더 효율적인가? 물건 구매는 원래 배달 위주였다. 파는 사람이 사는 사람에게 물건을 가져다주었다. 이게 비효율적이긴 했다. 물건을 살 사람이 언제, 어디에 있는지를 알기 어렵기 때문이다. 그러다 보니 물건을 모아놓고 구매자가 찾아가는 방식으로 바뀌었다. 그렇게 만들어진 것이 시장이라는 곳이다. 시장에서는 시간과 장소를 정해놓고 사람들에게 물건을 사러 오게 만들었다. 잘 생각해 보면 시장이 물자의 이동에서 효율적인 이유는 다만 구매자들이 언제, 어느 위치에 있는지 모르기 때문이다. 구매자가 언제 어디에 있으며 무엇을 얼마나 필요로 하는지 알 수만 있다면 배달을 하는 게, 즉 판매자가 구매자를 찾아가서 전달하는 게 효과적이다.

피자 배달을 생각하면 간단하다. 만일 열 사람이 피자를 먹으려 할 경우 열 사람이 각자 피자가게에 가서 피자를 사올 수도 있지만 피자 가게에서 배달을 할 수도 있다. 피자를 사러 열 사람이 움직이는 것보다 한 사람이 배달하는 것이 이동거리를 훨씬 줄일 수 있다. 도시의 교통망 상황과 구매자의 현재 위치에 따라 달라지기는 하지만 사러 가는 것보다 배달하는 것이 총 이동거리를 상당 부분 줄인다.

과거의 사람들에게는 없지만 우리에게만 있는 것이 있다. 전화다. 전화로 주문하면 된다. 전화 덕에 이제 구매자가 언제 어디에 있으며 무엇을 얼마나 필요로 하는지 알 수 있다. 시장은 불필요해졌고 오히려 예전의 배달 방식이 더 효과적이 되었다.

구매행위가 '사러 가기'에서 '배달하기'로 바뀌고 있다. 이런 현상은 이미 도시 계획에 반영되고 있다. 피부로 와 닿게끔 경험할 기회가 없었으니 일반인들은 잘 모를 것이다. 도시 계획가들이 심각하게 고민하는 것 중 하나가 주거면적 대비 상업면적의 비율이다.

도시를 개발하면 가장 먼저 용도계획이라는 것을 한다. 전체 땅이 100만 평이라면 주거용, 상업용, 업무용, 공원용, 공공시설용지로 각각 몇 퍼센트를 사용할지 결정하는 일이다. 대개는 주거면적을 기준으로 나머지 용지의 규모가 결정된다. 이때 상업지의 비율을 결정하는 게 중요하다. 상업지가 비싼 땅이기 때문이다. 개발하는 사람 입장에서는 가능한 한 많은 상업지를 팔기를 원한다. 하지만 상업지가 너무 많으면 장사가 안 된다. 사람들이 상업지가 너무 많다고 판단하면 분양 자체가 안 된다. 그러니 적절한 비율을 찾아야 한다.

1970~1980년대 이후 주거지 면적 대비 상업지의 면적은 상향 추세였다. 주거지 면적의 2~3%로 시작해서 5% 정도까지 올라갔다.[34] 그런데 지금은 그 이하로 내려갔다. 상업지를 원하는 사람들이 줄어들었기 때문이다. 이유는 배달 때문이다. 이제 사람들은 사러 가기보다는 배달시키기를 더 좋아한다. 특별히 시장을 구경할 게 아니라면 말이다. 시

장 구경은 가끔이면 족하다.

사려가기가 배달하기로 변화하면서 당연히 도심이나 지역 중심의 의미가 퇴색되었다. 굳이 땅값이 비싼 곳에 가게를 차려야 할 이유가 없어진 것이다. 유통만 할 경우 가게 자체가 없어도 된다. 생산자와 소비자를 연결시켜 주기만 하면 된다. 생산자는 여기저기에 산재해 있어도 좋다. 유통업자가 소비자와 생산자를 최단 이동거리로 연결시켜 주기 때문이다. 이렇게 되면 지역 중심의 땅값이 떨어지는 것은 지극히 당연해진다.

배달의 역사에 길이 남을 하나의 기술이 완성되고 있다. 무인 자동차다. 사러 가기 체계에서 배달하기 체계로 바뀌는 데서 가장 큰 걸림돌은 배달 인력인데 이제 곧 이런 걱정도 할 필요가 없게 된다. 무인 자동차에 물건을 싣고 배달 지점을 누르기만 하면 될 테니 말이다. 무인 자동차라는 용어를 쓰고 있다고 해서 꼭 지금 같은 자동차를 생각할 필요는 없다. 오토바이에 더 가까울 수도 있고 드론에 더 가까울 수도 있다.

무인 자동차가 실용화되면 거리는 더욱 텅텅 비게 된다. 굳이 낮에 배달할 필요가 없기 때문이다. 밤에 배달하면 된다. 교통체증은 지나간 역사의 한 장면이 될 수도 있다. 도시의 구조를 규정하는 세 가지 요인 중 마지막 하나인 물자의 이동 효율 또한 도시의 특정 구조와 무관해지는 순간이다. 정보의 흐름도, 사람의 이동도, 물자의 유통도 특정 도시 구조와 무관해진다. 이는 이제 더 이상 우리가 팽창형 거대도시에 의존하지 않아도 된다는 것을 의미한다.

4차 산업혁명은 사람과 물자와 정보의 이동에 획기적인 변화를 가져올 것이다. 그건 분명한 사실이다. 이 사실을 부정하고 싶은 사람들도

그림 7-7 **텅 빈 미국 고속도로**

자료: CNN, "From City To City | September 2, 2020"(2020.10), https://www.youtube.com/watch?v=DCgmZ7hcYNk.

그림 7-8 **텅 빈 뉴욕 지하철**

자료: 이솜, "코로나19 공포로 텅 빈 뉴욕 지하철", ≪천지일보≫, 2020년 4월 6일 자, 1면.

있을 것이다. 그들은 대개 중심이라는 위치 때문에 득을 보는 사람들이다. 하지만 더 이상 부정할 수 없는 증거를 코로나가 보여주고 있다.

코로나로 텅 빈 미국의 고속도로와 텅 빈 뉴욕의 지하철에서 무엇이 보이는가? 걱정스러운가? 저래서야 경제가 잘 돌아갈 수 있을지 걱정인가? 자신이 점유하고 있는 위치의 권력이 축소될까 봐 과장해서 걱정하는 것은 아닌가? 어떤 걱정인지는 상관할 필요가 없다.

내가 텅 빈 미국의 고속도로와 텅 빈 뉴욕의 지하철에서 주목하는 지점은 좀 다르다. 나는 고속도로와 지하철이 텅 비었어도 미국 의회예산국이 2020년 전체 기간 경제성장률을 -5%대로 전망하고 있다는 점에 주목한다.[35] 코로나로 경제가 붕괴될 것처럼 걱정하지만 그런 일은 벌어지지 않는다. 이는 이미 우리의 일상생활과 경제 시스템이 예전만큼 도시 구조에 종속적이지 않다는 증거다. 팽창형 거대도시의 소임은 머지 않아 끝이 날 것 같다. 역사 속으로 사라져 가는 팽창형 거대도시의 뒷모습이 보인다. 서울로의 집중 또한 하나의 역사적 사실로만 남게 될 것이다.

주

들어가는 글

1 윤은성, 『세상을 바꾼 한국사 역사인물 10인의 만남』(서울: 미디어샘, 2018).

2 호머 헐버트, 『대한제국멸망사』, 신복룡 옮김(서울: 집문당, 2019).

3 「고종 20년 3월 22일 임인 1번째 기사」, 『고종실록 20권』, 1883년 조선 개국 492년 자.

4 『호구총수』는 규장각에서 전국의 호수(戶數)와 인구수를 기록해서 1789년에 간행한 관찬서다.

제1장 집값 문제를 보는 조감도

1 KB부동산, "2020.7월 '[월간]KB주택가격동향' 조사결과"(2020), https://onland.kbstar.com/quics?page=C059744&cc=b061784:b061784(검색일: 2020.7.27).

2 서울특별시 스마트도시정책관 빅데이터담당관, "서울시 주민등록인구 (구별) 통계"(2020), http://data.seoul.go.kr/dataList/419/S/2/datasetView.do(검색일: 2020.11.19).

3 통계청, "장래인구특별추계(2017~2067년) 보도자료"(2019), https://www.kostat.go.kr/portal/korea/kor_nw/1/1/index.board?bmode=read&aSeq=373873(검색일: 2019.3.28).

4 그린벨트는 1971년 1월 19일 '도시계획법' 제21조에 의해 개발제한구역이라는 명칭으로 제정되었다.

5 트렌드모니터, "2015 1인 가구 관련 조사"(2015), https://www.trendmonitor.co.kr/tmweb/trend/allTrend/detail.do?bIdx=1292&code=0404&trendType=CKOREA(검색일: 2015.3.26).

6 공준현은 자신의 연구에서 "특정 지역 내에 사회간접자본 시설이 건설되면 시민들의 교통 접근성과 주거 및 업무환경이 개선되어 부동산의 내재가치가 차별적으로 상승하고 주택가격도 그 상승된 내재가치에 수렴하게 된다"라고 주장하면서 "그럼에도 불구하고 주택가격의 사회간접자본 효과에 대한 연구는 매우 부족하다"라고 지적한다. 자세한 내용은 공준현·조주현, 「패널분석을 이용한 대도시 주택가격변동의 결정요인 연구」, ≪부동산학연구≫, 24권 2호(2018), 51~62쪽 참조.

7 대한민국 고속도로의 대명사로 불리는 경부고속도로는 1970년 6월 30일에 준공되었다.

8 2012년 기준 서울에는 9개의 지하철 노선이 건설되었고 총거리는 343.4km다. 자세한 내용은 서울특별시 홈페이지, "지하철 건설 현황", https://news.seoul.go.kr/citybuild/archives/201092 참조.

9 정미나·노정현, 「KTX 개통에 따른 지역 간 상대적 의존성 변화에 관한 실증 연구」, ≪국토계획≫, 50권 7호(2015), 141~153쪽.

10 S. Lee, "Forecasting Changes in Trade Areas Due to the Introduction of GTX, a New Regional Express Rail System in Seoul Metropolitan Area," *The Korea spatial planning*

review, Vol.96(2018), pp.37~51.

11 김현·김연규·정경훈·안상용, 「대심도 철도 건설 정책의 실행방안 연구」, ≪한국교통연구원≫, 연구총서 2009-17(2009), 1~200쪽.

12 이와 유사한 효과를 기대할 수 있는 것이 서울 강북에 철도를 건설하는 사업이다. 서울시는 강남에 비해 접근성이 떨어지는 강북 지역에 도시 철도를 확충할 계획을 가지고 있다. 이 계획이 실현되면 서울 세부 지역 간의 접근성 순위에 변화가 생긴다. 현재 접근성 순위에서 높은 위치를 차지하고 있는 강남권의 접근성이 상대적으로 하락할 것으로 예측된다. 자세한 내용은 이상현·김옥연, 「도시철도 추가 건설에 따른 서울시 역내 지역별 접근성 변화」, ≪대한건축학회 논문집 계획계≫, 35권 12호(2019), 105~114쪽 참조.

13 서울 열린데이터광장, "서울시 사업체현황 종사자수(산업대분류별/동별/성별) 통계"(2020), http://data.seoul.go.kr/dataList/10939/S/2/datasetView.do(검색일: 2020.1.22).

14 증권거래세가 증권 거래를 축소시켜 투기 규제의 효과를 기대할 수 있는 것과 마찬가지의 효과를 여기서도 기대할 수 있다. 자세한 내용은 임동원, 「증권거래세의 국제적 동향과 시사점」, ≪한국경제연구원≫, 18-09(2018), 1~12쪽 참조.

15 공준현은 지역 내 총생산 같은 것은 주택유효수요를 대리하기에는 범위가 큰 지표라는 개념을 제시하고 있다. 유동성 또한 지역 내 총생산과 마찬가지로 주택의 유효수요를 대표하기에는 부적절한 지표라고 볼 수 있다. 자세한 내용은 공준현·조주현, 「패널분석을 이용한 대도시 주택가격변동의 결정요인 연구」, 51~62쪽 참조.

16 이를 입증하는 연구로는 G. Zandi, M. Supramaniam, A. Aslam and L. K. Theng, "The Economical Factors Affecting Residential Property Price: The Case of Penang Island," *International Journal of Economics and Finance*, Vol.7, No.12(2015), pp.200~210이 있다. 그는 주택 가격 결정 요인 중 가장 큰 영향을 미치는 것은 대출 금리와 국내 총생산이라고 밝히고 있다. 공준현 연구에서 재참조. 자세한 내용은 공준현·조주현, 「패널분석을 이용한 대도시 주택가격변동의 결정요인 연구」, 51~62쪽 참조.

17 임명규, "정권별 양도세율과 집값의 상관관계", ≪비즈니스워치≫, 2017년 9월 19일.

18 국토해양부, "국민 주거안정을 위한 도심공급 활성화 및 보금자리 주택 건설방안"(2008), https://www.korea.kr/archive/expDocView.do?docId=24645(검색일: 2008.9.19).

19 '도시개발법' 제11조 제6항.

20 서울 열린데이터광장, "서울시 주택현황 및 보급률(새로운 산정방식)(2015년 이후) 통계"(2017), http://data.seoul.go.kr/dataList/10941/S/2/datasetView.do(검색일: 2020.1.22).

21 남창균, "'신도시 있다→없다' … 주택공급 40년 돌아보니", ≪비즈니스워치≫, 2015년 1월 23일.

22 국토교통부, "서민 주거안정을 위한 주택시장 정상화 종합대책"(2013), http://www.molit.go.kr/USR/NEWS/m_71/dtl.jsp?id=95071878(검색일: 2013.4.1).

23 국회기획재정위원회, "역대정부 주택정책의 평가와 시사점"(2017), https://finance.na.go.kr:444/finance/reference/reference01.do?mode=view&articleNo=521434(검색일: 2017.12.21).

24 국토교통부, "'국민 누구나 집 걱정 없는 더 나은 주거생활' 실현을 위한 제2차 장기 주거종합계획(2013~2022) 수정계획 수립"(2018), https://www.molit.go.kr/USR/NEWS/m_71/dtl.jsp?id=95080977(검색일: 2018.6.28).

25 국토교통부, "서민 주거안정을 위한 주택시장 정상화 종합대책"(2013), http://www.molit.go.kr/USR/NEWS/m_71/dtl.jsp?id=95071878(검색일: 2013.4.1).

26 국회기획재정위원회, "역대정부 주택정책의 평가와 시사점"(2017), https://finance.na.go.kr:444/finance/reference/reference01.do?mode=view&articleNo=521434(검색일: 2017.12.21).

27 선분양제도와 관련된 자세한 내용은 신운경, 「1960-70년대 아파트 선분양시스템에 관한 연구: 서울 아파트 분양공고 분석을 통해」, ≪대한건축학회 논문집 계획계≫, 36권 3호(2020), 91~102쪽 참조.

28 1996년 주택분양보증제도의 실시로 이런 문제는 상당 정도 해결되었다.

29 분양가 상한제의 이론적 배경과 제도 정착 과정에 대한 자세한 내용은 김성욱·김지현, 「주택분양시장 추이를 통해서 본 분양가상한제의 의의와 한계: 공분산분석을 이용하여」, ≪한국지역개발학회지≫, 22권 3호(2010), 97~121쪽 참조.

30 조시 라이언-콜린스·토비 로이드·로리 맥팔렌, 『땅과 집값의 경제학: 우리 삶의 불평등, 그 시작은 땅과 집에서 비롯되었다』, 김아영 옮김(서울: 사이, 2017), 220쪽 참조.

31 "[기자수첩] 빚 내서 집 사라고 한 적 없다는데 정말 그런가", ≪중앙일보≫, 2015년 8월 19일 자, 1면.

32 관련 내용은 조시 라이언-콜린스·토비 로이드·로리 맥팔렌, 『땅과 집값의 경제학』, 44쪽 참조.

33 주택보급률이 실질 100%에 가까운 상황에서 주택을 추가로 공급하는 것은 투기 세력에게 먹잇감을 제공하는 일이라고 생각하는 견해가 적지 않다. 대표적인 사례로는 김부겸을 들 수 있다. 자세한 내용은 성한용, "김부겸 '부동산은 욕망의 문제… 극약 처방할 때 왔다'", ≪한겨레≫, 2020년 7월 15일 자, 1면 참조.

34 LTV를 통한 주택담보대출 조절의 타당성은 영국을 포함한 거의 모든 선진국에서는 주택담보대출 신용의 대부분이 이미 지은 집을 여러 가계가 서로 사고파는 데 사용된다는 사실에서 찾을 수 있다. 주택담보대출로 신용과 돈이 창조되어 기존의 집과 땅으로 흘러들어감에 따라 집값은 오르는 결과가 나타난다. 이렇게 서로 사고파는 과정에서 집값 거품이 발생한다. 자세한 내용은 조시 라이언-콜린스·토비 로이드·로리 맥팔렌, 『땅과 집값의 경제학』, 225쪽 참조.

35 조세를 통해 유동성을 회수할 수 있다는 것은 통화론자들의 일반적인 주장이다. 더 나아가 현대통화이론(MMT)에서는 조세에 의한 통화 조절을 더욱 강조하고 있다. 조세가 화폐 회수를 통한 유동성 조절에 효과가 있다는 주장은 대체로 공감을 얻고 있는 이론이지만 그 이외의 방향으로도 유동성 조절에 일정한 역할을 한다. 특히 세율을 올리면, 무엇보다 거래세의 경우 결과적으로 상품의 가격이 상승하며 이로 인해 거래의 속도가 떨어지기도 한다. 즉, 조세에 의한 유동성 조절은 화폐 회수 같은 유동성 축소와 거래 지연에 의한 유동성 속도 조절이라는 두 가지 방향에서 기대할 수 있다.

36 자세한 내용은 김의준·김양수·신명수, 「수도권 아파트 가격의 지역간 인과성 분석」, ≪국토계획≫, 35권 4호(2000), 109~117쪽; 최명섭·김의준·방정욱, 「공간종속성을 고려한 서울시 아파트 가격의 공간 영향력」, ≪지역연구≫, 19권 3호(2003), 61~80쪽 참조.

37 분양가 담합 사례는 적지 않다. 자세한 내용은 박수진, "'분양가 담합' 13社에 과징금… 공정위 사상 처음", ≪한국경제≫, 2004년 6월 10일 자, 1면 참조.

38 서영지, "김태년 '행정수도 완성, 여야 합의가 중요' 국회의 시간 강조", ≪한겨레≫, 2020년 7월 23일 자, 1면; 조국현, "첫 연설 김태년 '행정수도 이전해야'", MBC뉴스, 2020년 7월 20일.

39 김민우, "김종인 '청와대·국회 세종 이전? 헌재 판결 뒤집을 수 없어'", ≪조선비즈≫, 2020년 7월 20일.

40 이범준, "행정수도 이전, 16년 전 '관습헌법' 결정… 여야 합의로는 못 바꾼다", ≪경향신문≫, 2020년 7월 27일 자, 1면.

41 이동훈, "국회 1조, 고속도로 10조… '세종천도론' 비용청구서 뽑아보니", ≪조선일보≫, 2020년 8월 2일 자, 1면.

42 ≪한국경제≫, "정부합동 수도권 주택공급 확대방안 발표문", 2020년 8월 4일 자, 1면.

43 정진수, "4대강 반대 외쳤던 문재인 정부… '그린벨트 해제' 강추", ≪동아일보≫, 2020년 7월 16일 자, 1면.

44 국토교통부, "「서울권역 등 수도권 주택공급 확대방안」을 포함한 수도권 127만호 공급계획"(2020), https://www.molit.go.kr/USR/NEWS/m_72/dtl.jsp?id=95084255(검색일: 2020.8.4).

45 철저하게 공급 위주라는 주장에 대해 반론이 있을 수 있다. 노태우 정부는 200만 호 건설이라는 대대적인 공급 대책 외에 수많은 규제를 양산했기 때문이다. 하지만 둘 중 어느 쪽에 역점을 두었는지 살펴보면 아무래도 공급에 치중했다고 판단된다.

46 주택산업연구원 자료에 따르면 노태우 정부 기간 동안 서울 집값은 42.2% 상승했다. 역대 어느 정부 때보다 많이 오른 편이지만 200만 호 주택 공급이 없었다면 그보다 더 상승했을 수도 있다는 측면에서 볼 때 주택 공급 정책이 일정 부분 성공적이었다고 판단된다.

47 국회기획재정위원회, "역대정부 주택정책의 평가와 시사점"(2017), https://finance.na.go.kr:444/finance/reference/reference01.do?mode=view&articleNo=521434(검색일: 2017.12.21).

48 김덕례, 「새 정부의 부동산정책과 향후 시장 전망」, ≪주택금융월보≫(2013.1), 32쪽.

49 안장원, "'2000만원 득 보려고 닭장 짓나' 공공재건축 퇴짜 놓는 이유", ≪중앙일보≫, 2020년 8월 18일 자, 1면.

50 서울정책아카이브, "서울시 행정구역의 변천과 도시공간구조의 발전"(2015), https://seoulsolution.kr/ko/content/서울시-행정구역의-변천과-도시공간구조의-발전(검색일: 2015.5.27).

제2장 집값은 왜 오르는가?

1 노태우 정부 기간 동안 서울 집값이 42.2% 상승했다는 사실을 봐서는 전적으로 성공적이라고 볼 수는 없다. 그러나 200만 호 주택 공급이 없었다면 그보다 더 상승했을 수도 있다는 면에서 볼 때 상당 부분 성공적이었다고 판단된다.

2 이명박 정부가 공급한 보금자리주택은 주변 시세의 85% 정도에 해당했던 것으로 평가된다. 자세한 내용은 조동근, "반값 보금자리주택, '우물쭈물하다가 이럴 줄 알았지'"(2007), http://www.keri.org/html/themes/m/web/view.jsp?menuId=issue_04&viewMode=

view_message&messageId=150903(검색일: 2011.4.12).

3 국가통계포탈, "인구총조사"(2007), https://kosis.kr/search/search.do(검색일: 2020.9.2).

4 당시 경기도(경성부, 인천부, 개성부 포함) 인구가 245만 1691명이다. 자세한 내용은 국가통계포탈, "인구총조사: 행정구역/성별 면적,인구 및 가구"(2007), https://kosis.kr/search/search.do(검색일: 2020.9.2) 참조.

5 서울 열린데이터광장, "서울시 상주(야간)·주간인구(12세 이상) 통계"(2017), http://data.seoul.go.kr/dataList/10077/S/2/datasetView.do(검색일: 2017.4.19).

6 서울 열린데이터광장, "서울시 인구추이(주민등록인구) 통계"(2020), http://data.seoul.go.kr/dataList/418/S/2/datasetView.do(검색일: 2020.2.26).

7 자세한 내용은 Sanghyun Lee, "Challenge in Building Design and the Construction Industry: The Future of Design and Construction in the Internet Age, Lecture Notes in Computer Science," *LNCS*, Vol.2105(10 October 2001) 참조.

8 Ian R. Gordon and Philip McCann, "Innovation, agglomeration, and regional developemnt," *Journal of Economic Geography* 5(2005), pp.523~543(Advanced Access published on 10 May 2005).

9 양천구는 26,559명/km^2로 서울시의 구 중에서 가장 높다. 동대문구가 25,537명/km^2, 동작구가 25,003명/km^2로 2, 3위를 기록하고 있다. 가장 낮은 구는 6,769명/km^2인 종로구다. 자세한 내용은 서울 열린데이터광장, "서울시 인구밀도 (구별) 통계 2019년"(2020), http://data.seoul.go.kr/dataList/10790/S/2/datasetView.do(검색일: 2020.2.26) 참조.

10 국가통계포털, "장래인구특별추계: 2017~2067 보도자료"(2019), https://www.kostat.go.kr/portal/korea/kor_nw/1/1/index.board?bmode=read&aSeq=373873(검색일: 2019.3.28).

11 신주현, "박정희 정권의 행정수도 이전 계획 비화", ≪신동아≫, 2004년 4월호.

12 에드워드 기번, 『로마제국쇠망사』, 강석승 옮김(서울: 동서문화사, 2007).

13 해리스(C. D. Harris)와 울먼(E. I. Ulman)이 1945년에 발표한 이론으로, 도시는 다수의 핵지대로 구성된다는 주장이다.

14 자세한 내용은 서수정, 『국민의 삶의 질 향상을 위한 공간복지 실현 및 공공건축 조성 정책방안 연구』(서울: 대통령소속 국가건축정책위원회, 2015) 참조.

15 정재헌, "분당 백궁·정자지구 용도변경 논란", ≪중앙일보≫, 2000년 4월 27일 자, 1면.

16 우광택, "건축용 철근 품귀현상 철근 파동 조짐", KBS NEWS, 1993년 6월 14일.

17 김미영, "'저가 매물 거둬들여라'…끊이지 않는 집값 담합", ≪이데일리≫, 2020년 10월 20일.

제3장 정말 공급이 문제인가?

1 문재인 정부의 공급은 무주택자, 신혼부부, 청년 독립가구 같은 주거 약자를 지향한다고 강조했다. 증가한 주택 수요에 대응하기 위해 주택을 공급한다고 한 적은 없다.

2 예를 들면 SH 공사의 청신호 같은 것들이다.

3 자세한 내용은 centreforlondon, "Nothing ignites a policy debate like the subject of

London's green belt. You might think Brexit had eclipsed it, but the discussion at a roundtable we held on the issue showed that the flame still burns bright"(2019), https://www.centreforlondon.org/blog/green-belt/(검색일: 2019.8.6) 참조.

4 자세한 내용은 국가법령정보센터, "국토해양부공고 제2011-490호, 최저주거기준"(2011), https://www.law.go.kr/LSW/admRulLsInfoP.do?admRulSeq=2000000059613(검색일: 2011.5.27) 참조.

5 이와 유사한 일은 영국에서도 있었다. 1970년대 영국은 재정위기를 겪은 후 공공주택 건설을 크게 줄였다. 재정 위기 탓도 있었지만 과거 20년 동안의 기록적인 주택 건설과 적당한 인구 증가로 공급이 더 이상 중요한 문제가 아니라는 인식이 팽배해졌기 때문이다. 자세한 내용은 조시 라이언-콜린스·토비 로이드·로리 맥팔렌, 『땅과 집값의 경제학』, 137쪽 참조.

6 서울 열린데이터광장, "서울시 주택현황 및 보급률(새로운 산정방식)(2014년 이전) 통계"(2018), http://data.seoul.go.kr/dataList/10111/S/2/datasetView.do(검색일: 2018.2.6), 서울 열린데이터광장, "서울시 주택현황 및 보급률(새로운 산정방식)(2015년 이후) 통계"(2020), http://data.seoul.go.kr/dataList/10941/S/2/datasetView.do(검색일: 2020.1.22).

7 서울 열린데이터광장, "서울시 주택점유형태별 가구(일반가구) 통계"(2018), http://data.seoul.go.kr/dataList/230/S/2/datasetView.do(검색일: 2018.5.9).

8 가수요를 판단하는 방법은 다양하다. 건설교통부의 2005년 7월 21일 문건을 보면 가수요를 판단하는 나름의 기준을 제시하고 있다. 건설교통부는 이 문건에서 세 가지 기준을 제시하는데, 거래 총 건수 중에서 다주택자가 차지하는 비율, 주택담보대출금의 사용 지역, 매매가 대비 전세 비율이 그것이다. 첫째 기준에 대해서는, 2000~2005년간 강남, 서초, 송파, 강동구 소재 9개 아파트 단지의 거래 내역을 조사해서 58.5%가 3주택 이상 주택 보유자가 취득한 건수임을 밝히고 있으며 이 다주택자들의 구매는 가수요가 분명하다고 주장한다. 둘째 기준에 대해서는, 이 기간에 시중에 풀린 주택담보대출금의 43%가 강남, 서초, 송파, 분당, 용인 등의 급등 지역에 사용되었다고 분석한다. 셋째 기준에 대해서는, 매매가 대비 전세 비율이 시세 대비 현저하게 낮은 경우도 가수요라고 보고 있다. 이 비율이 50% 이하이면 가수요라고 판단하는데, 가격이 급격히 상승하고 있는 지역에서 이런 현상이 나타나고 있다고 밝힌다. 이렇게 세 가지 기준을 제시하면서 당시 가격 상승은 가수요에 의한 것이라고 판단하고 이런 경우라면 공급을 확대한다고 해서 집값을 잡을 수는 없다고 주장한다. 자세한 내용은 박철웅, "공급 확대한다고 부동산 잡힐까?"(2005), https://www.korea.kr/special/policyFocusView.do?newsId=80082730&pkgId=49500064(검색일: 2005.7.21) 참조.

9 자세한 내용은 김희호·박세운, 「소득변동이 주택가격에 미치는 동태적 효과: 전세가비율과 담보대출규모를 고려할 때」, ≪부동산학연구≫, 21권 4호(2015), 35~49쪽 참조.

10 자세한 내용은 Jakob B. Madsen, "A behavioral model of house prices," *Journal of Economic Behavior & Organization*, Vol.82, No.1(2012), pp.21~38 참조.

11 한국도시연구소 홍정훈과 김기태의 연구는 영끌의 실체가 2030세대의 무리한 패닉 바잉이라기보다는 소득과 자산을 축적한 상위 20% 가구의 무리 없는 주택 구입이라고 해석한다. 이들은 갭투자를 통해 서울 아파트 평균 가격 이상의 금액대 주택까지도 구입할 수 있는 능력을 갖춘 것으로 본다. 자세한 내용은 홍정훈·김기태, 「'영끌'하는 2030 세대와 1가

구 1주택 소유 체제」, ≪한국사회보장학회 정기학술발표논문집≫, 2020권 2호(2020), 99~107쪽 참조.

12 통계청, "장래인구추계: 2017~2067년"(2019), http://kostat.go.kr/portal/korea/kor_nw/1/1/index.board?bmode=read&aSeq=373873(검색일: 2019.3.28).

13 한진주, "평당 5000만 원, 최고 분양가 아파트 '완판의 비결'", ≪아시아경제≫, 2014년 10월 6일.

14 김경민, "한강변 재건축에 무슨 일이", ≪매일경제≫, 2009년 9월 5일 자, 1면.

15 조성신, "신반포1차아파트, 용적률 상향 최고 38층으로 건립", ≪매일경제≫, 2014년 2월 6일 자, 1면.

16 김의준·김양수·신명수, 「수도권 아파트 가격의 지역간 인과성 분석」, 109~117쪽; 최명섭·김의준·방정욱, 「공간종속성을 고려한 서울시 아파트 가격의 공간 영향력」, 61~80쪽 참조.

17 정병묵, "'명품브랜드' 달아야 뜬다… 아파트 '개명' 나선 주민들", ≪이데일리≫, 2019년 2월 1일.

18 서울 주택 공급에서 독점적 지위를 차지하고 있는 유명 건설사들의 시장 독점적 행위를 막기 위해서 과거에 지속적으로 추진되었으나 성과를 거두지 못한 지방 건설사의 서울 진출을 지원하는 방법도 효과적일 수 있다. 자세한 내용은 정현권, "지방건설사 서울 진출 늘어", ≪매일경제≫, 2002년 12월 18일 자, 1면 참조.

19 이런 면에서 볼 때 2020년 12월 현재 국토부 장관 후보자가 내세우는 토지임대부, 환매조건부 아파트 공급은 집값 상승을 억제하는 데 그리 효과적일 것 같지 않다. 오히려 서울 내에 상대적으로 투자 가치가 높은 땅의 소진을 더욱 가속화해 투자 대상 적격 아파트의 희소성만 더욱 부각시키는 방향으로 작용할 수 있다. 이렇게 되면 집값 상승 억제의 효과가 아니라 집값 상승을 부추기는 결과를 가져올 수 있다.

20 이 문제와 관련해서는 김우석의 연구를 참조할 만하다. 김우석, 「서울시 주택시장에서 주택유형별 매매가격과 전세가격의 동태적 상호관계」, ≪주택도시연구≫, 9권 3호(2019), 17~34쪽.

21 자세한 내용은 서영욱, "서울아파트 30년간 얼마나 올랐을까?… 강북 28배 vs 강남 60배", ≪EBN≫, 2017년 3월 6일.

제4장 집값은 언제까지 오를 것인가?

1 ≪한겨레≫, http://www.hani.co.kr/(검색일: 2020.8.30).

2 이창무·김현아·조만, 「소득대비 주택가격 비율(PIR)의 산정방식 및 그 수준에 대한 국제비교」, ≪주택연구≫, 20권 4호(2012), 5~25쪽.

3 허의도, 『낭만아파트: 바보, 문제는 아파트야! 우리 시대 위험한 문화코드 읽기』(서울: 플래닛미디어, 2008).

4 윤대녕의 소설 『고래등』을 보면 자기 소유의 집이 우리나라 사람들에게 어떤 의미를 가지는지를 잘 보여준다.

5 통계청, "소득10분위별 가구당 가계수지(전국, 2인 이상) 2019년 4/4분기"(2020), https://

kosis.kr/statHtml/statHtml.do?orgId=101&tblId=DT_1L9H008(검색일: 2020.2.20).

6 백윤미, "월급의 20%라는 서울 주거비는 비싼 것일까… '맨해튼의 절반, 상하이보단 높아'", ≪조선비즈≫, 2020년 6월 11일.

7 홍용덕, "이재명, 임대료 논란에 '중산층용 장기공공임대 대량공급이 핵심'", ≪한겨레≫, 2020년 7월 26일 자, 1면.

8 토마 피케티, 『21세기 자본』, 장경덕·유엔제이 옮김(파주: 글항아리, 2014), 146쪽 참조.

9 안장원, "국민소득 추월한 서울 집값… '마·용·성' 중소형에도 종부세", ≪중앙일보≫, 2019년 3월 16일 자, 1면.

10 통계청, "시도별 1인당 지역내총생산, 지역총소득, 개인소득"(2020), https://kosis.kr/statHtml/statHtml.do?orgId=101&tblId=DT_1C86(검색일: 2020.12.23)에 따르면 2018년 서울시의 1인당 지역 총소득은 4836만 원이다.

11 토마 피케티, 『21세기 자본』, 273쪽 참조.

12 전월세전환율을 더 낮게 잡으면 서울의 임대료는 더욱 상승할 여력을 가지고 있다.

13 이 주장을 뒷받침하는 연구로 김우석의 연구를 참조할 만하다. 그는 "아파트의 경우 단독주택과 연립주택과는 다르게 전세시장의 영향력과 매매시장의 전세시장에 대한 의존도가 매우 높은 것으로 나타나"고 있음을 증명한다. 김우석, 「서울시 주택시장에서 주택유형별 매매가격과 전세가격의 동태적 상호관계」, ≪주택도시연구≫, 9권 3호(2019), 17~34쪽.

14 토마 피케티, 『21세기 자본』, 71쪽 참조.

15 같은 책, 252쪽 참조.

16 전월세 전환율은 2020년 10월부터 '주택임대차보호법'을 개정해서 4%에서 2.5%로 감경되었다. 자세한 내용은 박성우, "10월부터 전월세 전환율 4%→2.5% … 정부 '초과 금액 반환청구 가능'", ≪조선비즈≫, 2020년 8월 19일 참조.

17 KB부동산, "2020.7월 '[월간]KB주택가격동향' 조사결과"(2020), https://onland.kbstar.com/quics?page=C059744&cc=b061784:b061784(검색일: 2020.7.27), 서울시 종합 평균 전세가는 3억 8214만 원이다.

18 현재 상황을 계량하기 위해 이 시점까지 적용되고 있던 전월세 전환율을 적용했다.

19 토마 피케티, 『21세기 자본』, 238쪽 참조.

20 통계청, "소득10분위별 가구당 가계수지(전국, 2인 이상) 2010년 4/4분기"(2020), https://kosis.kr/statHtml/statHtml.do?orgId=101&tblId=DT_1L9H008(검색일: 2020.2.20).

제5장 현실적이고 구체적인 집값 대책

1 고현곤, "재건축 억제… 투기세력 색출에 초점 전문가들 '방향 맞지만 이미 늦었다'", ≪중앙일보≫, 2002년 8월 10일 자, 1면.

2 이정훈, "홍 부총리 '서초 반포자이 등 집값 하락… 부동산 대책 성과 있어'", ≪한겨레≫, 2020년 9월 8일 자, 1면.

3 진중언, "홍남기 '반포자이 4억 하락'은 법인 매물 편법 거래였다", ≪조선일보≫, 2020년 9월 9일 자, 1면.

4 정해용, "카카오게임즈, 9600만원 넣으면 5주 받는다… 증거금 58조 사상 최대", ≪조선비

즈≫, 2020년 9월 2일.

5 서울 밖에 거주하면서 서울로 통근하는 사람들이 132만 명이다. 이들은 매년 10조 원의 이동비용을 지불한다. 통근에 소요되는 시간에 최저 시간급을 곱해서 얻은 금액이다. 132만 명은 서울 열린데이터광장, "서울시 상주(야간)·주간인구(12세 이상) 통계"(2017), http://data.seoul.go.kr/dataList/10077/S/2/datasetView.do(검색일: 2017.4.19)를 참조한 수치다.

6 조시 라이언-콜린스·토비 로이드·로리 맥팔렌, 『땅과 집값의 경제학』, 142쪽 참조.

7 토마 피케티, 『21세기 자본』, 313쪽 참조. 장하성은 다르게 말하기도 한다. 그는 우리나라 가구가 돈이 돈을 벌 수 있을 정도의 부를 보유하지 못하는 것은 과다한 주택비용 때문이라고 분석한다. 주택에 돈을 과다하게 투입하다 보니 다른 자본 증식의 기회를 가지지 못한다는 주장이다. 하지만 주택을 구매함으로써 임대 수입을 올릴 수 있음은 물론이거니와 매매에 위한 차익 실현을 통해 돈이 돈을 버는 장치로, 즉 자본으로서 주택을 활용하고 있는 것도 분명하다. 관련된 내용은 장하성, 『왜 분노해야 하는가: 분배의 실패가 만든 한국의 불평등』(성남: 헤이북스, 2015) 참조.

8 규제만으로는 부유한 중산층의 구매 수요를 조절할 수 없다는 주장에 대한 증거로 서울에 규제가 심해지면 지방으로 구매자금이 쏠린다는 점을 들 수 있다. 자세한 내용은 진명선, "지방 아파트로 쏠리는 유동자금… 매맷값 상승률 수도권 2배", ≪한겨레≫, 2020년 12월 10일 자, 1면 참조.

9 ≪한겨레21≫, 776-791호(2009), http://www.hani.co.kr/(검색일: 2020.8.30).

10 자세한 내용은 서미숙, "정권 따라 춤추는 임대주택 정책… 연속성 있을까", 연합뉴스, 2017년 11월 29일 참조.

11 청와대, "[전문] 문재인 대통령 2021년 신년사", ≪대한민국 정책 브리핑≫, 2021년 1월 11일.

12 서울 시내 주거 건물 연면적을 주거용 토지면적으로 나누어서 얻은 값이다. 서울 시내 주거용 토지 면적의 총합은 3억 2602만 4047m^{2}이고, 서울시 주거용 건물 연면적 총합은 2억 1679만 528m^{2}다.

13 1991~2014년 시기에 준공된 아파트의 평균 용적률은 234%다. 자세한 내용은 박성대, "1990년 이전 준공 아파트가 재건축 사업성 좋은 이유", ≪중앙일보≫, 2014년 9월 25일 자, 1면 참조.

14 해당 시기의 인구는 1789년 『호구총수』의 인구를 사용했다.

15 이사벨라 비숍, 『조선과 그 이웃나라들』, 신복룡 옮김(집문당, 2000).

16 ≪동아일보≫, "김현미 '빵' 발언에… "빵투아네트 같은" "헨젤과 그레텔이냐"", 2020년 12월 1일 자.

17 국토교통부, "그린벨트 입지규제 확 푼다… 해제절차도 간소화", ≪대한민국 정책브리핑≫, 2015년 5월 6일.

18 국토교통부 보도자료, "2019년말 기준 전국 도시개발구역 현황통계 발표", 2020년 3월 25일.

19 김성연, 「개발제한구역 관리의 문제점 및 개선방안」(2013년 6월), 감사연구원, 36쪽.

20 물론 이 과정에서 아파트를 건설해서 공급하는 것이 공공의 이익에 절대적으로 부합하느냐에 대해서는 논쟁의 여지가 있기는 하다. 일부에서는 현행 "공공토지의 비축에 관한 법

률"을 철저하게 따를 경우 택지 공급은 불가능하다고 주장하기도 한다. 그러나 다른 한편에서는 택지 활용 가능성을 옹호하기도 한다.

21 이갑섭, 「후분양제도와 보증기관 리스크 관리」, ≪주택금융리서치≫, 제1호(2018).

22 신규 아파트를 낮은 가격으로 공급할 경우 인근 집값이 하락할 수 있는 예로는 이명박 정부의 보금자리주택을 들 수 있다. 자세한 내용은 김경민, "위기의 보금자리주택, 집값 하락에 주민 반발… '전세난'도 부추겨", ≪매일경제≫, 2011년 9월 24일 자, 1면 참조.

23 자세한 내용은 이상대·김은경·서순탁, 「주요 선진국 수도권 규제정책의 전환과 우리나라 시사점」, ≪경기연구원 CEO Report≫, 5호(2008), 1~24쪽 참조.

24 주택산업연구원, "역대 정부(박정희~문재인)의 부동산 정책 SUMMARY"(2020), http://blog.daum.net/kjs1906/2378(검색일: 2020.7.24).

25 일부 혁신도시 지역에서는 땅값 상승이 나타났다. 그러자 언론들은 전 국토를 투기판으로 만들고 있다고 비판했다. 자세한 내용은 "땅 투기 부채질하는 高위험 개발실험", ≪동아일보≫, 2009년 10월 8일 자, 1면; "행정도시… 기업도시… 혁신도시…개발 바람타고 전국토 '투기 광풍'", ≪한겨레≫, 2005년 7월 20일 자, 1면 참조.

26 자세한 내용은 전원재판부 2004헌마554, "신행정수도의건설을위한특별조치법 위헌확인"(2004), https://www.law.go.kr/헌재결정례/(2004헌마554)(검색일: 2004.10.21) 참조.

27 정약용, 『여유당문집 18권: 두 아들에게 보여주는 가계』(서울: 문헌편찬위원회, 1938).

28 2020년 미국 대통령 선거에서 드러난 바에 따르면 기업이 거주 비용이 낮은 조지아 등으로 이주함으로써 민주당 성향 유권자의 비율이 늘어났고 이것이 바이든의 득표로 이어졌다. 즉, 미국은 여기서 주장하는 논리가 구현된 사례의 증거가 된다.

29 도시를 만드는 비용은 주로 투자자가 부담하고 도시 유지비용은 주로 사용자가 부담하는 구도로 발전해 왔다. 그런데 도시 유지비용을 사용자가 주로 부담하는 게 옳은가에 대해서는 의문의 여지가 있다. 예를 들어 임금에 교통비가 포함되기도 하는데, 이것은 유지비용의 일정 부분을 투자자가 부담하는 것이 합리적이라는 방증이다. 교통영향 평가에 의한 교통유발 부담금 또한 하나의 사례다. 역사적으로 볼 때 사용자가 도시 유지비를 전적으로 부담하는 형식에서 점차 투자자와 사용자가 분담하는 방향으로 발전해 왔고, 투자자의 부담 비율이 상향하는 추세를 보인다. 향후 이런 추세는 더 강화될 것으로 보이는데, 이는 투자 수익 증가액보다 유지비용 증가액이 더 커지는 특이점이 도래하는 시기가 앞당겨질 수 있음을 의미한다.

30 윤홍현, "1인당 주거면적 1990년 9m^2→작년 33m^2", ≪전북일보≫, 2011년 2월 15일 자, 1면.

제6장 집은 사는(buy) 것이 아니라 사는(live) 곳이라는데

1 *The New York Times*, "The Richest Neighborhoods Emptied Out Most as Coronavirus Hit New York City"(2020), https://www.nytimes.com/interactive/2020/05/15/upshot/who-left-new-york-coronavirus.html(검색일: 2020.5.15).

2 *The New York Times*, "New Yorkers Are Fleeing to the Suburbs: 'The Demand Is

Insane'"(2020), https://www.nytimes.com/2020/08/30/nyregion/nyc-suburbs-housing-demand.html?searchResultPosition=1(검색일: 2020.8.30).

3 *The New York Times*, "Suburban Home Sales Boom as People Move Out of N.Y.C" (2020), https://www.nytimes.com/2020/08/31/nyregion/suburbs-nyc-pandemic.html?searchResultPosition=1(검색일: 2020.8.31).

제7장 팽창형 거대도시의 소멸

1 서울정책아카이브, "비교대상도시 소개"(2020), https://seoulsolution.kr/ko/main-characteristics-of-cities(검색일: 2020.7.24).

2 노명환·박지배·김정하·이혜민·박재영·김진호·김형인·고가영·이은해·김지영, 『서양 사람들은 어떻게 살았을까: 생활문화로 보는 서양사』(서울: 푸른역사, 2012), 112쪽.

3 에드워드 기번, 『로마제국쇠망사』.

4 위키백과, "파리(프랑스)"(2020), https://ko.wikipedia.org/wiki/파리_(프랑스)#인구_변화(검색일: 2020.7.24).

5 나무위키, "런던/인구"(2020), https://namu.wiki/w/런던/인구(검색일: 2020.8.28).

6 『호구총수』 기준.

7 나무위키, "런던/인구"(2020), https://namu.wiki/w/런던/인구(검색일: 2020.8.28).

8 Discovery HD, "도시의 탄생, 파리"(2018), https://www.discovery.com/(검색일: 2018.3.20).

9 에드워드 기번, 『로마제국쇠망사』, 141쪽 참조.

10 Alfred Fierro, *Histoire et dictionnaire de Paris*(Robert Laffont, 1996).

11 길드가 통제하는 도시에서는 직공의 수, 생산량, 거래량 등을 엄격히 규제했다. 자세한 내용은 위키백과, "길드"(2020), https://ko.wikipedia.org/wiki/길드(검색일: 2020.8.28) 참조.

12 Pardailhe-Galabrun Annik, "Les deplacements des Parisiens dans la ville aux XVIIeme et XVIIIeme siecles. Un essai de problematique"(1983), https://www.persee.fr/doc/hes_0752-5702_1983_num_2_2_1324(검색일: 2020.8.28).

13 1828년 파리에 시간을 맞추어 운영되는 공용 옴니버스가 도입되었다.

14 소비되지 않는 소비력이 독이 되는 사례가 서울 집값 상승이다.

15 로런스 스티븐 로리(Laurence Stephen Lowry, 1887~1976)는 산업화된 도시 풍경을 주로 그린 화가다.

16 찰스 디킨스, 『어려운 시절』, 장남수 옮김(서울: 푸른미디어, 1997).

17 윤정섭, 『都市計劃史: 比較硏究』(서울: 建友社, 1984), 198쪽.

18 같은 책, 58쪽.

19 국토연구원, 『공간이론의 사상가들』(서울: 한울, 2001), 195쪽.

20 케빈 린치, 『도시형태론』, 양동양 옮김(서울: 기문당, 1986), 81쪽.

21 '탄소 제로 공장(Zero Carbon Factory)' 같은 것이 대표적인 예가 될 수 있다. 많은 기업이 이런 공장을 지향한다. 이유는 당연히 공장을 도시 안에 위치시키는 것이 여러모로 유리

하기 때문이다. 전기 사용으로 도시 내로 다시 들어올 수 있게 된 공장은 현대뿐만 아니라 가까운 미래에도 공장이 추구하는 전형이 된다. 자세한 내용은 Sarwant Singh, *New mega trends: implications for our future lives*(New York: Palgrave Macmillan, 2012), p.56 참조.

22 *The Economist* (2020), https://www.economist.com/(검색일: 2015.6.6).

23 1938년 런던 지역에만 적용되는 '그린벨트법(Green Belt Act)'이 제정되었다. 이 법은 규정된 용도로만 토지의 이용을 제한해서 런던의 성장을 규제하고 농지를 포함한 런던 외곽의 자연 녹지를 보호하고자 했다.

24 에디트 엔넨, 『도시로 본 중세 유럽』, 안상준 옮김(서울: 한울, 1997), 112~123쪽 참조.

25 CBSNEWS, "The GM Trolley Conspiracy: What Really Happened"(2020), https://www.cbsnews.com/news/the-gm-trolley-conspiracy-what-really-happened/(검색일: 2020.9.2).

26 관련 내용은 찰스 몽고메리, 『우리는 도시에서 행복한가: 행복한 도시를 꿈꾸는 사람들의 절박한 탐구의 기록들』, 윤태경 옮김(서울: 미디어윌, 2014); 에드워드 글레이저, 『도시의 승리: 도시는 어떻게 인간을 더 풍요롭고 더 행복하게 만들었나?』, 이진원 옮김(서울: 해냄출판사, 2011) 참조.

27 서울을 다핵화 노력과 관련해서는 서여림·김기호, 「1960년대 이후 도시기본계획이 서울 도시공간구조 변화에 미친 영향: '다핵도심구상'의 실천을 중심으로」, ≪한국도시설계학회지 도시설계≫, 17권 3호(2016), 5~23쪽 참조.

28 서울 도심 재개발은 고층 고밀도로의 재개발이었지만 서울 도심의 유동 인구 현황 및 활용도라는 측면에서 보자면 예상치 못한 결과를 가져왔다. 1970~1980년대를 거쳐 도심이 재개발되는 동안 도심 주거가 급격히 감소하고 야간 공동화 현상이 발생했다. 1990년대 이후에는 이런 부작용을 감안해 전면 철거 재개발 방식보다는 수복재개발과 보전재개발 방식으로 방향을 전환했다. 관련 내용은 서울정책아카이브, "서울시의 도심부 관리정책 변화"(2015), https://seoulsolution.kr/ko/content/서울시의-도심부-관리정책-변화(검색일: 2015.5.8) 참조.

29 허재준, "4차 산업혁명이 일자리에 미치는 변화와 대응"(2017), https://www.posri.re.kr/files/file_pdf/63/14802/63_14802_file_pdf_1507687508.pdf(검색일: 2017.10.12); 고용노동부, "4차 산업혁명 미래 일자리 전망"(2017), http://file.ltoss.co.kr/updata/newout/upload/185/18022617054500001989/고용정보원보고서-4차산업혁명미래일자리전망171215.pdf(검색일: 2017.10.12).

30 김영록, "[이세돌 알파고 중계] 알파고 또 신수, 송태곤 9단 '상상할 수 없는 착점, 아자황 실수 아니냐'", ≪조선일보≫, 2016년 3월 10일 자, 1면.

31 고용노동부, "4차 산업혁명 미래 일자리 전망"(2017), http://file.ltoss.co.kr/updata/newout/upload/185/18022617054500001989/고용정보원보고서-4차산업혁명미래일자리전망171215.pdf, p. 14-19(검색일: 2017.10.12).

32 CNN Business, "London endured plagues, fires and wars. Will it weather Covid-19?"(2020) https://edition.cnn.com/videos/business/2020/08/12/london-uk-coronavirus-covid-19-pandemic-black-pkg-intl-ldn-vpx-duplicate.cnn(검색일: 2020.8.12).

33 CNN 10, "From City To City | September 2, 2020"(2020), https://www.youtube.com/watch?v=DCgmZ7hcYNk(검색일: 2020.9.2).

34 자세한 내용은 국토교통부 통계자료; 황효진, "[화제의 분양현장] 위례신도시 상업용지 비율 1.9% 판교, 광교, 분당보다 낮아…", ≪동아일보≫, 2016년 3월 18일 자, 1면 참조.

35 박수철, "4~6월 美GDP, 코로나19 충격에 40% 감소 전망… 전후 최악", ≪동아일보≫, 2020년 4월 25일 자, 1면; ≪경향비즈≫, "[정태인의 경제시평] 동아시아 방역이 '선방'한 이유", 2020년 11월 24일.

지은이 **이상현**

서울대학교 건축학과를 졸업하고 미국 미시건대학교에서 석사학위를, 하버드대학교에서 박사학위를 받았다. 현재 명지대학교 건축대학에서 건축 및 도시 설계를 가르치고 있으며, '도시 공간과 인간의 삶'에 대한 연구를 계속하고 있다.
대표 저작으로는 『길들이는 건축 길들여진 인간』(2013년 문화체육관광부 우수교양도서, 2013년 네이버 오늘의 책, 2019년 대한건축학회 소우저작상), 『몸과 마음을 살리는 행복공간 라운징』, 『건축감상법』, 『마을사람과 뉴타운키즈』(2018년 우수출판콘텐츠 제작지원 사업 선정)가 있으며, 주요 논문으로는 「도시공간 내 통행량 추정을 위한 네트워크 특성 지표 개발」(2012년 대한건축학회 논문상)이 있다.

집값은 잡을 수 있는 것인가

대한민국 집값의 현실과 전망

지은이 | 이상현
펴낸이 | 김종수
펴낸곳 | 한울엠플러스(주)
편집 | 신순남

초판 1쇄 인쇄 | 2021년 3월 22일
초판 1쇄 발행 | 2021년 3월 31일

주소 | 10881 경기도 파주시 광인사길 153 한울시소빌딩 3층
전화 | 031-955-0655
팩스 | 031-955-0656
홈페이지 | www.hanulmplus.kr
등록번호 | 제406-2015-000143호

Printed in Korea.
ISBN 978-89-460-8060-7 03320

※ 책값은 겉표지에 표시되어 있습니다.